毕业就当系列丛书
·设计院系列·

理论实际相联·快速适应职场的葵花宝典

理论+经验 → 基础+实务

以专家的高度·给您面对面的指导和帮助

毕业就进设计院
地基基础设计

主编　葛春梅

哈尔滨工业大学出版社

内 容 简 介

本书主要介绍设计人员应掌握的各种设计知识、设计原则、设计方法及工程设计实例,主要包括概述、工程地质勘察、浅基础设计原理、扩展基础设计、联合基础设计、筏形基础和箱形基础、桩基础设计、基坑工程设计、特殊土地基设计等内容。

本书适用于初涉建筑地基基础设计岗位的人员,以及初涉建筑施工领域的大学毕业生。

图书在版编目(CIP)数据

毕业就进设计院:地基基础设计/葛春梅主编. —哈尔滨:哈尔滨工业大学出版社,2011.5
(毕业就进系列丛书·设计院系列)
ISBN 978-7-5603-3254-3

Ⅰ.①毕… Ⅱ.①葛… Ⅲ.①地基-基础(工程)-建筑设计 Ⅳ.①TU47

中国版本图书馆 CIP 数据核字(2011)第 064695 号

责任编辑	郝庆多
封面设计	刘长友
出版发行	哈尔滨工业大学出版社
社　　址	哈尔滨市南岗区复华四道街10号 邮编150006
传　　真	0451-86414749
网　　址	http://hitpress.hit.edu.cn
印　　刷	哈尔滨市石桥印务有限公司
开　　本	787mm×1092mm 1/16 印张14.5 字数350千字
版　　次	2011年5月第1版 2011年5月第1次印刷
书　　号	ISBN 978-7-5603-3254-3
定　　价	28.00元

(如因印装质量问题影响阅读,我社负责调换)

编 委 会

主　编　葛春梅

参　编　于　贺　　王　慧　　田文静　　刘　磊
　　　　　　齐丽娜　　曲彦泽　　孙　聘　　张　军
　　　　　　远程飞　　胡　君　　唐　颖　　袁旭东
　　　　　　雷　杰

前　言

随着科学技术迅猛发展,新技术、新材料、新工艺、新规范的更新换代越来越快,迫切要求提高从业人员的素质。虽然相关建筑类高等教育院校每年都向社会输送大量的学生,但很多大学毕业生就业后不能够很好地胜任工作。究其原因,大学生对实际建筑工程缺乏经验,对实际工作没有深入的了解。而地基基础是建筑结构的重要组成部分,它承受着建(构)筑物的全部荷载,建筑设计的合理与否,直接关系着整个工程的效果、质量及安全。为了提高初涉建筑地基基础设计岗位人员的专业知识和业务能力,我们在读者已有专业基础理论的前提下,参照国家现行的《建筑地基基础设计规范》(GB 50007—2002)、《建筑桩基技术规范》(JGJ 94—2008)等规范和规程,组织编写了本书。

本书共分为7章,包括概述、工程地质勘察、浅基础设计原理、扩展基础设计、联合基础设计、筏形基础和箱形基础、桩基础设计、基坑工程设计、特殊土地基设计等方面的内容。本书仅供初涉建筑地基基础设计岗位的人员,以及初涉建筑施工领域的大学毕业生使用。

由于作者水平有限,加之时间仓促,虽然在编写过程中反复推敲核实,但仍不免有疏漏之处,恳请广大读者热心指正,以便作进一步修改和完善。

编　者
2011.3

目　录

第1章　概　述 ··· 1
　1.1　地基基础分类 ·· 1
　1.2　土力学知识 ··· 2
　1.3　基础施工图 ·· 10
第2章　工程地质勘察 ··· 22
　2.1　建筑工程地质勘察基本要求 ··· 22
　2.2　勘探与取样 ·· 32
　2.3　岩石工程勘察报告 ·· 35
第3章　浅基础设计原理 ·· 42
　3.1　地基基础设计原则 ·· 42
　3.2　基础埋置深度 ·· 45
　3.3　地基承载力确定 ··· 50
　3.4　基础底面尺寸 ·· 54
　3.5　地基变形计算 ·· 59
　3.6　地基稳定性计算 ··· 65
　3.7　降低不均匀沉降的措施 ··· 67
第4章　扩展基础设计 ··· 72
　4.1　无筋扩展基础 ·· 72
　4.2　钢筋混凝土扩展基础 ·· 75
第5章　联合基础设计 ··· 83
　5.1　柱下条形基础 ·· 83
　5.2　十字交叉条形基础 ·· 90
第6章　筏形基础和箱形基础 ··· 93
　6.1　筏形基础 ··· 93
　6.2　箱形基础 ·· 101
第7章　桩基础设计 ··· 115
　7.1　桩的选型与布置 ·· 115
　7.2　桩基的设计原则 ·· 124
　7.3　单桩的竖向承载力 ··· 127
　7.4　群桩的竖向承载力 ··· 135
　7.5　桩基负摩阻力、抗拔承载力与沉降计算 ····································· 139
　7.6　水平荷载下桩基础 ··· 152

7.7 桩承台设计与计算 …………………………………………………… 161
第8章 基坑工程设计 …………………………………………………… 172
　8.1 支护结构上的土压力 ……………………………………………… 172
　8.2 支护结构设计 ……………………………………………………… 176
第9章 特殊土地基设计 ………………………………………………… 189
　9.1 软土地基 …………………………………………………………… 189
　9.2 湿陷性黄土地基 …………………………………………………… 193
　9.3 膨胀土地基 ………………………………………………………… 205
　9.4 红黏土地基 ………………………………………………………… 209
　9.5 盐渍土地基 ………………………………………………………… 212
　9.6 冻土地基 …………………………………………………………… 215
附录 ……………………………………………………………………… 222
　附录 A　常见荷载取值 ……………………………………………… 222
参考文献 ………………………………………………………………… 224

第1章 概 述

1.1 地基基础分类

【基 础】

◆ **基础**

基础是建筑物本身的组成部分,它是建筑物在地面以下的结构部分,所以应满足强度、刚度和耐久性要求。

基础的作用是支承上部结构荷载,并将荷载传给地基,所以基础应有一定的埋置深度,使基础底面埋入到好的土层中。

◆ **地基**

所谓地基就是承受基础荷载的那部分土体,它应满足强度、稳定性和变形的要求。

当地基为多层土时,与基础底面相接触的土层称为持力层。持力层直接承受基础底面传给它的荷载,因此,持力层应是工程性质好的土层。

持力层下面的土层称为下卧层。地基土层可能不止一层,凡在持力层下面的土层均称为下卧层。

【实 务】

◆ **按处理方式划分**

按处理方式不同,可将地基分为天然地基和人工地基如图1.1所示。所谓天然地基就是不需要对地基进行处理就可以直接放置基础的天然土层。若天然土层的土质过于软弱或有不良的地质条件,需要人工加固或处理后才能修建基础,这种地基称为人工地基。

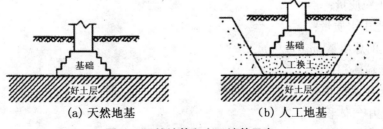

图1.6 天然地基和人工地基示意

天然地基施工简单、造价低,而人工地基施工复杂、造价较高,因此通常情况下应选择天然地基。

◆按埋深及施工工艺划分

根据埋置深度及施工工艺特点不同,可将基础分为浅基础和深基础。通常将埋置深度较浅(在5 m以内),且只需经过开挖、排水等简单施工就可以建造起来的基础称为浅基础,如图1.2(a)所示。由于浅层土质不良或建筑物荷载过大需将基础底面置于较深的(在5 m以上)良好的土层上,且施工较为复杂的基础称为深基础,如图1.2(b)所示。

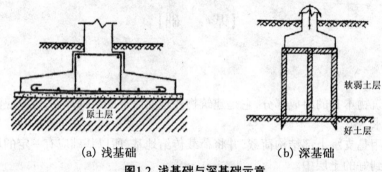

(a) 浅基础　　　　　　(b) 深基础

图1.2 浅基础与深基础示意

1.2 土力学知识

【基　础】

◆土力学

利用力学的一般原理,研究土的应力、应变、强度、稳定性和渗透性及其随时间变化规律的科学称为土力学。土力学的研究对象是地理表面地层中的土体——地基。

◆土的组成

通常情况下,土是由固体的颗粒、水和空气三部分组成,而这三部分之间的比例是可变的。为了便于说明,取一个单元体表示土的三个组成部分,如图1.3所示,其符号表示如下:

m_s——土粒质量;

m_w——土中水质量;

m——土的总质量,$m = m_s + m_w$;

V_s——土粒体积;

V_w——土中水体积;

V_a——土中气体积;

V_v——土中孔隙体积,$V_v = V_w + V_a$;

V——土的总体积,$V = V_s + V_w + V_a$。

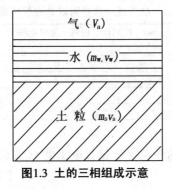

图1.3 土的三相组成示意

1. 固相

固相包括多种矿物成分组成的土的骨架。

2. 液相

液相主要是水(溶解有少量的可溶盐类)。

3. 气相

气相主要是空气和水蒸气,有时还有沼气等。

各相的性质及相对含量的大小直接影响土体的性质,土粒大小和形状、矿物成分及排列和联结特征是决定土的物理力学性质的重要因素。土粒矿物成分与土粒大小有关,如粗大土粒常常保留原生矿物,多呈块状或柱状;细小土粒主要是次生矿物,多呈片状。

【实 务】

◆ 地基土的工程分类

中华人民共和国国家标准《建筑地基基础设计规范》(GB 50007—2002)对地基土的工程分类为:岩石、碎石土、砂土、粉土、黏性土和人工填土。

1. 岩石

颗粒间牢固联结,呈整体或具有节理、裂隙的岩体称为岩石,根据其坚固性可分为硬质岩石和软质岩石。

(1)岩石的坚硬程度应根据岩块的饱和单轴抗压强度 f_{rk} 按表1.1划分为坚硬岩、较硬岩、较软岩、软岩和极软岩。

表1.1 岩石按坚硬程度划分

坚硬程度类别	坚硬岩	较硬岩	较软岩	软岩	极软岩
饱和单轴抗压强度标准值 f_{rk}/MPa	$f_{rk} > 60$	$60 \geq f_{rk} > 30$	$30 \geq f_{rk} > 15$	$15 \geq f_{rk} > 5$	$f_{rk} \leq 5$

(2)岩体完整程度应按表1.2划分为完整、较完整、较破碎、破碎和极破碎,当缺乏试验数据时可按表1.3执行。

表1.2 岩体完整程度划分

完整程度等级	完整	较完整	较破碎	破碎	极破碎
完整性指数	>0.75	0.75~0.55	0.55~0.35	0.35~0.15	<0.15

注:完整性指数为岩体纵波波速与岩块纵波波速之比的平方。

表1.3 缺乏试验数据时岩体完整程度划分

名称	结构面组数	控制性结构面平均间距/m	代表性结构类型
完整	1~2	>1.0	整状结构
较完整	2~3	0.4~1.0	块状结构
较破碎	>3	0.2~0.4	镶嵌状结构
破碎	>3	0.2	碎裂状结构
极破碎	无序	—	散体状结构

2. 碎石土

碎石土是粒径大于2 mm的颗粒含量超过全重的50%的土。碎石土是根据土的粒径级配中各粒组的含量和颗粒形状分为漂石、块石、卵石、碎石、圆砾和角砾,其分类标准见表1.4。碎石土的密实度可按表1.5分为松散、稍密、中密和密实。

表1.4 碎石土的分类

土的名称	颗粒形状	粒组含量
漂石	圆形及亚圆形为主	粒径大于200 mm的颗粒超过全重的50%
块石	棱角形为主	
卵石	圆形及亚圆形为主	粒径大于20 mm的颗粒超过全重的50%
碎石	棱角形为主	
圆砾	圆形及亚圆形为主	粒径大于2 mm的颗粒超过全重的50%
角砾	棱角形为主	

注:分类时应根据粒组含量由大到小以最先符合者确定。

表1.5 碎石土的密实度

重型圆锥动力触探锤击数 $N_{63.5}$	$N_{63.5} \leq 5$	$5 < N_{63.5} \leq 10$	$10 < N_{63.5} \leq 20$	$N_{63.5} > 20$
密实度	松散	稍密	中密	密实

注:1. 本表适用于平均粒径小于等于50 mm且最大粒径不超过10 mm的卵石、碎石、圆砾、角砾。对于平均粒径大于50 mm或最大粒径大于100 mm的碎石土,可按《建筑地基基础设计规范》(GB 50007—2002)附录B鉴别其密实度。

2. 表内 $N_{63.5}$ 为经综合修正后的平均值。

3. 砂土

砂土是指粒径大于2 mm的颗粒含量不超过全重50%,且粒径大于0.075 mm的颗粒含量超过全重50%的土。按粒组含量砂土分为:砾砂、粗砂、中砂、细砂和粉砂,其分类标准见表1.6。密实与中密实状态的砾砂、粗砂、中砂为优良地基。稍密实的砾砂、粗砂、中砂为良好地基。密实状态的粉砂与细砂为良好地基,饱和疏松状态的粉砂与细砂为不良地基。(砂土密实度在表1.7中列出)

表1.6 砂土的分类

土的名称	粒组含量
砾砂	粒径大于2 mm的颗粒含量占全重25%~50%
粗砂	粒径大于0.5 mm的颗粒含量超过全重50%
中砂	粒径大于0.25 mm的颗粒含量超过全重50%
细砂	粒径大于0.075 mm的颗粒含量超过全重85%
粉砂	粒径大于0.075 mm的颗粒含量超过全重50%

注:分类时应根据粒组含量栏从上到下以最先符合者确定。

4. 粉土

粉土为介于砂土与黏性土之间,塑性指数 $I_p \leq 10$,粒径大于0.075 mm的颗粒含量不超过总质量50%的土。粉土分为砂质粉土与黏质粉土两种:砂质粉土塑性指数小于或等于7;黏质粉土塑性指数大于7,小于或等于20。

粉土的工程性质与其粒径级配、包含物、密实度和湿度等有关。密实粉土为良好地基,饱和稍密的粉土地震时易产生液化现象,为不良地基。

5. 黏性土

塑性指数 $I_p > 10$ 时的土称为黏性土,这种土中含有相当数量的黏粒(小于 0.005 mm 的颗粒)。黏性土可分为粉质黏土和黏土。

粉质黏土:塑性指数 $10 < I_p \leqslant 17$

黏土:塑性指数,$I_p > 17$

黏性土与粒组含量、矿物亲水性、成因类型及沉淀环境因素等有关。密实硬塑的黏性土为优良地基,疏松流塑状态的黏性土为软弱地基。

6. 人工填土

由于人类各种活动而形成的堆积物称为人工填土。人工填土按其性质及成因分为素填土、压实填土、杂填土和冲填土四种。

(1)素填土。由碎石土、砂土、粉土、黏性土等组成的填土称为素填土。

(2)压实填土。经过压实或夯实的素填土称为压实填土。

(3)杂填土。含有建筑物垃圾、工业废料、生活垃圾等杂物的填土称为杂填土。其成分复杂,平面、立面分布很不均匀,无规律,杂填土的地基最差。

(4)冲填土。由水力冲填泥沙形成的填土称为冲填土。

◆ 地基土的物理性质指标

1. 土的密度

单位体积土的质量称为土的密度(又称天然密度或湿密度),以 ρ 表示:

$$\rho = \frac{m}{V} \tag{1.1}$$

通过土工试验测定,单位为 g/cm³。

其常见值为:

砂土:$\rho = 1.6 \sim 2.0$ g/cm³

黏性土和粉土:$\rho = 1.8 \sim 2.0$ g/cm³

2. 土的重力密度

单位体积土所受的重力称为土的重力密度,简称重度,以 γ 表示:

$$\gamma = \frac{G}{V} = \rho g \tag{1.2}$$

式中 g——重力加速度,$g = 9.80665 \approx 10$ m/s²

土的重度单位为 kN/m³。土的重度值等于土的密度乘以重力加速度,土的密度可用环刀法和灌水法测定。

3. 土的相对密度

土粒密度(单位体积的质量)与 4 ℃时纯水密度之比称为土粒的相对密度,以 d_s 表示:

$$d_s = \frac{\rho_s}{\rho_w} = \frac{m_s}{V_s} \times \frac{1}{\rho_w} = \frac{m_s}{V_s \rho_w} \tag{1.3}$$

其常见值为：

砂土：2.65~2.69

粉土：2.70~2.71

粉质黏土：2.72~2.73

黏土：2.73~2.74

常用的测定方法有比重瓶法和经验法。

4. 土的含水量

土的含水量是土中水的质量与土粒质量之比，称为土的含水量，用百分数表示，即

$$W = \frac{m_w}{m_s} \times 100\% \tag{1.4}$$

其常见值为：

砂土：$W = 0\% \sim 40\%$

黏性土：$W = 20\% \sim 60\%$

含水量是表示土的湿度的一个指标。天然土的含水量变化范围很大。含水量越小，土越干，反之土越湿或饱和。土的含水量对黏性土和粉土的性质影响较大，对碎石土没有影响。

常用的测定方法有烘干法、酒精燃烧法和铁锅炒干法。

5. 土的孔隙比

土中孔隙体积与土粒体积之比称为土的孔隙比，以 e 表示，即

$$e = \frac{V_v}{V_s} \tag{1.5}$$

常见值：黏性土和粉土的孔隙比变化较大。$e < 0.6$ 的土是密实的，压缩性小；$e > 1.0$ 的土是疏松的，压缩性高。

6. 土的孔隙率

土中孔隙体积与总体积之比称为土的孔隙率（用百分数表示），以 n 表示：

$$n = \frac{V_v}{V} \times 100\% \tag{1.6}$$

常见值：$n = 30\% \sim 50\%$。

7. 土的饱和度

土中水的体积与孔隙体积之比，称为土的饱和度（用百分数表示），以 S_r 表示：

$$S_r = \frac{V_w}{V_v} \tag{1.7}$$

常见值：$S_r = 0 \sim 1$。

工程应用：砂土与粉土以饱和度作为划分标准，$S_r \leq 50$ 为稍湿，$50 < S_r \leq 80$ 为很湿，$S_r > 80$ 为饱和。

8. 土的干密度与土的干重度

单位体积土中土粒的质量称为土的干密度，以 ρ_d 表示，即

$$\rho_d = \frac{m_s}{V} \tag{1.8}$$

常见值:一般为 $1.3 \sim 1.8 \text{ g/cm}^3$

土的干密度通常用于衡量填方工程,如路基和人工压实地基。土的干密度是土体压实质量控制的标准。土的干密度越大,表面土体压得越密实,工程质量越好。

土的单位体积内土粒所受的重力称为土的干重度,以 γ_d 表示,即

$$\gamma_d = \frac{G_s}{V} = \frac{m_s}{V}g = \rho_d g \tag{1.9}$$

9. 土的饱和密度、饱和重度及有效重度

土的饱和密度是指土孔隙充满水时,单位体积土的质量,用 ρ_{sat} 表示,即

$$\rho_{sat} = \frac{m_s + V_v \rho_w}{V} \tag{1.10}$$

饱和重度是土中孔隙完全被水充满时土的重度,用 γ_{sat} 表示,即:

$$\gamma_{sat} = \frac{G_s + V_v \gamma_w}{V} \tag{1.11}$$

有效重度又称浮重度,是指地下水位以下的土受到水的浮力作用,扣除水浮力后单位体积土所受的重力,用 γ' 表示,即

$$\gamma' = \frac{G_s - V_s \gamma_w}{V} = \gamma_{sat} - \gamma_w \tag{1.12}$$

式中 γ_w——水的重度,$\gamma_w \approx 10 \text{ kN/m}^3$。

上述各项土的物理性质指标可归纳总结如下:

(1)土的三项基本物理指标:土的密度 ρ、土的相对密度 d_s、土的含水量 w,这些为直接测定指标。

(2)反映土的松密程度的指标:土的孔隙比 e、土的孔隙率 n。

(3)反映土中含水程度的指标:土的含水量 w、土的饱和度 S_r。

(4)特定条件下土的密度(重度):土的干密度 ρ_d(干重度 γ_d)、饱和密度 ρ_{sat}、饱和重度 γ_{sat} 及有效重度 γ'。

◆ 地基土的物理状态指标

土的物理状态指标是研究土的松密程度和软硬程度,可将其分为无黏性土和黏性土。对于无黏性土是指土的密实程度,对于黏性土则是指土的软硬程度或称为黏性土的稠度。

1. 无黏性土的密实度

砂土、碎石土统称为无黏性土。土的密实度通常指单位体积土中固体颗粒的含量。天然状态下的砂、碎石等处于从紧密到松散的不同物理状态。密实状态的单粒结构,强度大,压缩性小,可作为良好的天然地基;疏松状态的单粒结构在荷载作用下,会产生较大变形,是不良地基。单粒结构最主要的物理状态指标是密实度。

描述砂土密实状态可采用下述三种指标。

(1)孔隙比。砂土的密实度可用天然孔隙比 e 来衡量。一般当 $e < 0.6$ 时,属于密实的砂土,是良好的地基。当 $e > 1.0$ 时,为松散状态,不宜做天然地基。

(2)相对密度。砂土的密实程度可以用孔隙比 $e = V_v/V_s$ 这一标准来衡量。砂土的种类不同,最松状态孔隙比(最大孔隙比)e_{max} 与最密实状态孔隙比(最小孔隙比)e_{min} 是不同的。

所以,仅仅依靠孔隙比 e 的绝对值大小,还不能判断砂土实际的密实程度,可用天然孔隙比 e 与一种砂的最松状态孔隙比 e_{max} 和最密状态孔隙比 e_{min} 进行比较,看 e 靠近 e_{max} 或靠近 e_{min},以此来判别它的密实度。相对密度用下式计算:

$$D_r = \frac{e_{max} - e}{e_{max} - e_{min}} \times 100\% \tag{1.13}$$

式中 e 是砂土的实际孔隙比。$D_r = 0$ 时,即 $e = e_{max}$,砂土处于最松散的状态。$D_r = 100\%$,即 $e = e_{min}$,砂土处于最密实状态。用相对密度 D_r 判定砂土密实度的标准如下:

疏松: $D_r \leqslant 1/3$

中密: $1/3 < D_r \leqslant 2/3$

密实: $D_r > 2/3$

用相对密度(D_r)在理论上划分砂土的密实度是比较合理的,但要准确测定砂土的最大孔隙比和最小孔隙比却十分困难,试验结果常有较大误差。同时也由于很难在地下水位以下的砂层中取得砂样,砂土天然孔隙比很难测定,这就使相对密度的应用受到限制。

(3)标准贯入试验(SPT 试验),天然砂土的密实度以原位标准贯入试验的锤击数 N 为标准进行评定。

试验方法:用规定的锤重(63.5 kg)和落距(76 cm),把标准贯入器(带有刃口的开管,外径 50 mm,内径 35 mm)打入土中,记录贯入 30 cm 所需的锤击数 N。锤击数 N 值的大小反映土的贯入阻力大小,也就是密实度的大小,其判别标准见表 1.7。

表 1.7 按 N 值划分砂土密实度

砂土密实度	松散	稍密	中密	密实
标准贯入试验的锤击数 N	$N \leqslant 10$	$10 < N \leqslant 15$	$15 < N \leqslant 30$	$N > 30$

注:当用静力触探探头阻力判定砂土密实度时,可根据当地经验确定。

2. 黏性土的物理特征

黏性土颗粒很细,所含黏土矿物成分较多,因此水对其性质影响较大。黏土从泥浆到坚硬经历了几个不同的物理状态。同一种黏土,当含水量小时,呈半固体坚硬状态;当含水量适量增加,土粒间距离加大,土呈现可塑状态;如含水量再增加,土中出现较多自由水时,黏性土变成液体流动状态,体积增加。就是说,黏土随着含水量的增加分别处于固态、半固态、可塑及流动状态。

黏土的稠度反映土粒之间的连接强度随着含水量高低而变化的性质,其中,各不同状态之间分界含水量具有重要意义,稠度界限如图 1.4 所示。

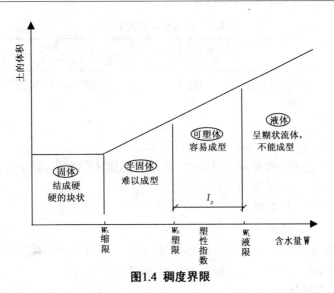

图1.4 稠度界限

(1)液限。黏土由可塑状态转到流动状态(液体)的界限含水量称为液限,即黏土呈可塑状态的上限含水量,用符号 W_L 表示。

测定方法:常用锥式液限仪或碟式液限仪测定。

(2)塑限。黏土由可塑状态转变为半固体状态的界限分界含水量称为塑限,用字母 W_p 表示。

测定方法:常用搓条法和液限、塑限联合试验法测定。

(3)缩限。黏性土呈半固体状态与固态之间的分界含水量称为缩限,用字母 W_s 表示。

测定方法:用收缩皿法测定。

应该注意以上各指标都是在实验室里按照规定的方法把试料充分搅拌后测出的黏性土的特征值。而现场的黏性土可能得不到充分的搅拌,所以,有时现场土的含水量比液限 W_L 大,可地基土并没有流动。

(4)塑性指数。可塑性是黏性土区别于砂土的重要特征。黏性从液限到塑限含水量的变化范围愈大,土的可塑性愈好。这个范围称为塑性指数,用字母 I_p 表示。

$$I_p = W_L - W_p \tag{1.14}$$

塑性指数 I_p 习惯上用不带百分号的数值表示。塑性指数 I_p 表示黏性土处于可塑状态的含水量变化范围。由于塑性指数在一定程度上反映影响黏性土特征的各种因素,所以工程上常按塑性指数对黏土进行分类。

(5)液性指数。液性指数是黏性土的天然含水量和塑限的差值(除去百分号)与塑性指数之比,用 I_L 表示,即

$$I_L = \frac{W - W_p}{W_L - W_p} = \frac{W - W_p}{I_p} \tag{1.15}$$

液性指数 I_L 是判别黏土软硬状态的指标。当土的天然含水量 $I_L \leq 0$ 时,$W \leq W_p$,土处于坚硬状态;当 $I_L > 1$ 时,$W > W_L$,土处于流动状态;当 W 在 W_p 之间,即 I_L 变化在 0~1 之间时,则处于可塑性状态。根据液性指数 I_L 数值,可将黏性土划分为五种状态,其划分标准见表1.8。

表 1.8　黏性土状态的划分

稠度状态	坚硬	硬塑	可塑	软塑	流塑
液性指数 I_L	$I_L \leq 0$	$0 < I_L \leq 0.25$	$0.25 < I_L \leq 0.75$	$0.75 < I_L \leq 1$	$I_L > 1$

(6)活动度。黏土的塑性指数与土中胶粒含量百分数的数值,称为活动度,用 A 表示,即

$$A = \frac{I_P}{m} \tag{1.16}$$

式中 m——土中胶粒,$d < 0.002$ mm 的含量百分数。

活动度反映黏性土中所含矿物的活动性,根据活动度 A 的大小,黏土分为:

$A < 0.75$　　　　　　不活动黏土
$0.75 < A < 1.25$　　　正常黏土
$A > 1.25$　　　　　　活动黏土

(7)灵敏度。原状黏性土的无侧限抗压强度与原土结构完全破坏的重塑土的无侧限抗压强度之比称为灵敏度,用 S_t 表示。根据灵敏度 S_t 的大小可分为:

$S_t > 4$　　　　　高灵敏土
$2 < S_t \leq 4$　　　中灵敏土
$S_t \leq 2$　　　　　低灵敏土

1.3　基础施工图

基础施工图主要是将建筑基础部分的详细构造绘制成图,通常包括基础平面图、基础断面图和钢筋详图。基础施工图是施工放线、开挖基槽、砌筑基础等的依据。

【基　　础】

◆ 基础的形成

基础的组成如图 1.5 所示。基础下面的地层称为地基。为进行基础施工而开挖的土坑称为基坑。埋入地下的墙称为基础墙。基础墙下加宽放大的砌体称为大放脚。大放脚下最宽部分的一层称为垫层。室内地面下一皮砖处墙体上的防潮材料称为防潮层,若此处有地圈梁则不做防潮层,因为地圈梁已起到防潮作用,防潮层可以阻止地下水因毛细作用而侵蚀地面以上的砌体。

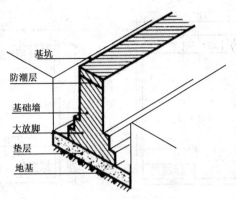

图1.5 基础的组成

◆ 国家建筑制图标准

为了使建筑工程图纸准确统一,图面简洁清晰,便于进行技术交流,满足设计、施工、管理等,国家制定了《房屋建筑制图统一标准》(GB/T 50001—2001)、《总图制图标准》(GB/T 50103—2001)、《建筑制图标准》(GB/T 50104—2001)、《建筑结构制图标准》(GB/T 50105—2001)等制图标准,分别对图幅大小、图线线型、尺寸标注、图例符号和字体等内容做了统一的规定。

1. 图纸幅面

(1)图纸幅面及图框尺寸应符合表1.9中的规定及图1.6~1.8的格式。

表1.9 幅面及图框尺寸　　　　　　　　　　　　　　　　　单位:mm

尺寸代号 \ 幅面代号	A0	A1	A2	A3	A4
$b \times l$	841×1 189	594×841	420×594	297×420	210×297
c	10			5	
a	25				

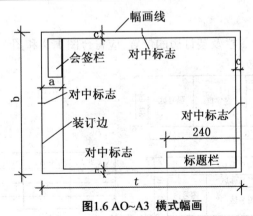

图1.6 A0~A3 横式幅画

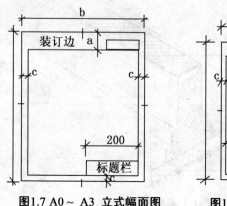

图1.7 A0～A3 立式幅面图　　图1.8 A4 立式幅面

(2)需要微缩复制的图纸,其一个边上应附有一段准确米制尺度,四个边上均附有对中标志,米制尺度的总长应为 100 mm,分格应为 10 mm。对中标志应画在图纸各边长的中点处,线宽应为 0.35 mm,伸入框内应为 5 mm。

(3)图纸的短边一般不加长,长边可加长,但应符合表1.10中的规定。

表1.10　图纸长边加长尺寸　　　　　　　　　　　　　　　　单位:mm

幅面尺寸	长边尺寸	长边加长后尺寸						
A0	1 189	1 486	1 635	1 783	1 932	2 080	2 230	2 378
A1	841	1 051	1 261	1 471	1 682	1 892	2 102	—
A2	594	743	891	1 041	1 189	1 338	1 486	1 635
	594	1 783	1 932	2 080	—			
A3	420	630	841	1 051	1 261	1 471	1 682	1 892

注:有特殊需要的图纸,可采用 $b×l$ 为 841 mm×891 mm 与 1 189 mm×1 261 mm 的幅面。

(4)图纸以短边作为水平边的称为立式,以短边作为垂直边的称为横式。一般 A0～A3 图纸应横式使用,必要时才使用立式。

(5)一个工程设计中,每个专业所使用的图纸,通常不应多于两种幅面,不含目录及表格的应采用 A4 幅面。

2.标题栏与会签栏

(1)图纸的标题栏、会签栏及装订边的位置,应符合图1.9和图1.10的规定。

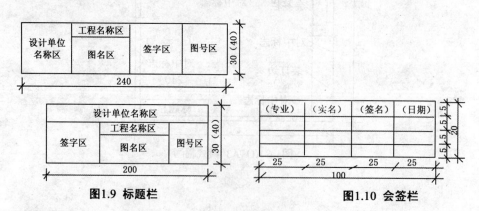

图1.9 标题栏　　　　　　图1.10 会签栏

(2)标题栏应按图1.9所示,根据工程需要选择确定其尺寸、格式及分区。签字区应包含实名列和签名列。涉外工程的标题栏内,各项主要内容的中文下方应附有译文,设计单位的上方或左方,应加"中华人民共和国"字样。

(3)会签栏应按图 1.10 的格式绘制,其尺寸应为 100 mm × 20 mm,栏内应填写会签人员所代表的专业、姓名、日期(年、月、日),一个会签栏不够时,可另加一个,两个会签栏应并列,不需要会签的图纸可不设会签栏。

3. 图线

(1)图线宽度选取。图线的宽度 b 应从下列线宽系列中选取 2.0 mm、1.4 mm、1.0 mm、0.7 mm、0.5 mm、0.35 mm。每个图样应根据复杂程度与比例大小,先选定基本线宽 b,再选用表 1.11 中相应的线宽组。

表 1.11 线宽组 单位:mm

线宽比	线宽组					
b	2.0	1.4	1.0	0.7	0.5	0.35
$0.5b$	1.0	0.7	0.5	0.35	0.25	0.18
$0.25b$	0.5	0.35	0.25	0.18	—	—

注:1. 需要微缩的图纸,不宜采用 0.18 mm 及更细的线宽。
  2. 同一张图纸内,各不同线宽中的细线,可统一采用较细的线宽组的细线。

(2)常见线型宽度及用途,工程建设制图常见线型宽度及用途见表 1.12。

表 1.12 工程建设制图常见线型宽度及用途

名 称		线 型	线 宽	一 般 用 途
实线	粗	———	b	主要可见轮廓线
	中	———	$0.5b$	可见轮廓线
	细	———	$0.25b$	可见轮廓线、图例线
虚线	粗	- - - - -	b	见各有关专业制图标准
	中	- - - - -	$0.5b$	不可见轮廓线
	细	- - - - -	$0.25b$	不可见轮廓线、图例线
单点长画线	粗	—·—·—	b	见各有关专业制图标准
	中	—·—·—	$0.5b$	见各有关专业制图标准
	细	—·—·—	$0.25b$	中心线、对称线等
双点长画线	粗	—··—··—	b	见各有关专业制图标准
	中	—··—··—	$0.5b$	见各有关专业制图标准
	细	—··—··—	$0.25b$	假想轮廓线、成型前原始轮廓线
折断线		—／—	$0.25b$	断开界线
波浪线		∼∼∼	$0.25b$	断开界线

(3)图框线、标题栏线。工程建设制图,图纸的图框和标题栏线,可采用表 1.13 的线宽。

表 1.13 图框线、标题栏线的宽度 单位:mm

幅面代号	图框线	标题栏外框线	标题栏分格线、会签栏线
A0、A1	1.4	0.7	0.35
A2、A3、A4	1.0	0.7	0.35

(4)其他规定。

1)同一张图纸内,相同比例的各种图样应该选用相同的线宽组。

2)相互平行的图线的间隙不应小于其中的粗线宽度,且不应小于 0.7 mm。

3)虚线、单点长画线或双点长画线的线段长度和间隔应分别相等。

4)当在较小图形中绘制单点长画线或双点长画线有困难时,可用实线代替。

5)单点长画线或双点长画线的两端,不应该是点。点画线与点画线交接或点画线与其他图线交接时,应该是线段交接。

6)虚线与虚线交接或虚线与其他图线交接时,应是线段交接。虚线为实线的延长线时,不得与实线连接。

7)图线不得与文字、数字或符号重叠、混淆,不可避免时,应首先保证文字、数字或符号等的清晰。

4. 比例

绘图所用的比例,应根据图样的用途及被绘对象的复杂程度选用,绘图所用的比例见表1.14,并应优先采用表中的常用比例。

表1.14 绘图所用的比例

常用比例	1:1、1:2、1:5、1:10、1:20、1:50、1:100、1:150、1:200、1:500、1:1 000、1:2 000、1:5 000、1:10 000、1:20 000、1:50 000、1:100 000、1:200 000
可用比例	1:3、1:4、1:6、1:15、1:25、1:30、1:40、1:60、1:80、1:250、1:300、1:400、1:600

5. 标高

(1)应采用不涂黑的三角形表示标高符号,如图1.11所示。

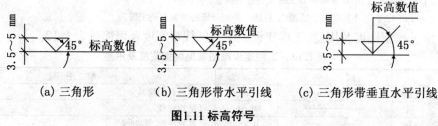

(a) 三角形　　　　(b) 三角形带水平引线　　　(c) 三角形带垂直水平引线

图1.11 标高符号

(2)标高符号的尖端应指在被标注的高度或其引线上,尖端可向上或向下,如图1.12所示。

(3)一个详图同时表示不同标高或稠密管线标高时,可采用一个标高符号表示,标高数值应按自上而下、由大到小进行标注,如图1.13所示。

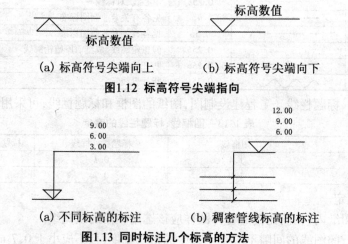

(a) 标高符号尖端向上　　　(b) 标高符号尖端向下

图1.12 标高符号尖端指向

(a) 不同标高的标注　　　(b) 稠密管线标高的标注

图1.13 同时标注几个标高的方法

(4)标高为负值时,应在标高数值前加注负号"-"。

(5)同一图样中标高的有效位数和标注方式应一致。

6. 引线标注

(1)引线标注方式应符合下列规定。

1)引线应以细实线绘制,应采用与水平方向成 30°、45°、60°和 90°的直线或再折为水平线表示,索引详图或编号的引线应对准圆心,如图 1.14(a)所示。文字说明应标注在水平折线的上方或端部,如图 1.14(b)、(c)所示。

2)同时引出几个相同部分的引线,应采用平行线表示,如图 1.14(d)所示;也可采用集中于一点的放射线表示,如图 1.14(e)所示。

3)多层构造或多层管线可采用公共引线并通过被引出的各层。标写文字说明或编号时应从上而下,并与被说明的层次相互一致,如图 1.14(f)所示。

(2)当引线终端指向物体轮廓之内时,应用圆点表示,如图 1.15(a)所示;当指向物体的轮廓线上时,应用箭头表示,如图 1.15(b)所示;当指在尺寸线上时,不应绘出圆点和箭头,如图 1.15(c)所示。

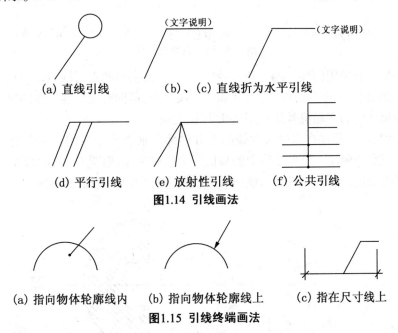

(a) 直线引线　　(b)、(c) 直线折为水平引线

(d) 平行引线　　(e) 放射性引线　　(f) 公共引线

图1.14　引线画法

(a) 指向物体轮廓线内　(b) 指向物体轮廓线上　(c) 指在尺寸线上

图1.15　引线终端画法

7.尺寸标注

(1)图样的尺寸应以标注的尺寸数值为准。

(2)长度单位应选用法定计量单位。标高必须以 m 为单位,其他尺寸的单位应采用 mm,并可不标注其单位符号;当采用其他单位时应在图样中加以说明。

(3)应采用细实线绘制尺寸界线和尺寸线。尺寸界线可从图形的轮廓线、轴线或中心线引出。轮廓线、轴线或中心线也可作为尺寸界线,尺寸界线应超出尺寸线 2~3 mm。

(4)尺寸线应平行于被标注的线段,且不应超出尺寸界线。图样中的图线不允许作为尺寸线。

(5)尺寸界线应与尺寸线垂直,当标注困难时,尺寸界线可不垂直于尺寸线,但应互相平行,如图 1.16 所示。

(6)当图样采用断开画法时,应标注整体尺寸数值且尺寸线不得间断,如图 1.17 所示。

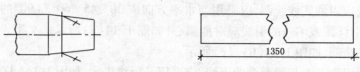

图1.16 尺寸界线与尺寸线不垂直的画法　　图1.17 断开画法的尺寸标注方法

(7)尺寸线的终端标注规定。

1)应用实心箭头、斜短线或圆点表示尺寸线的终端符号,如图1.18所示。斜短线的倾斜方向应按顺时针方向与尺寸界线成45°角,并通过尺寸线与尺寸界线的交点,如图1.18(b)所示。斜短线应长2~3 mm,宽度应为尺寸线宽度的两倍。

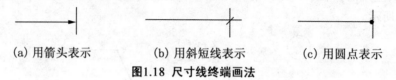

(a) 用箭头表示　　(b) 用斜短线表示　　(c) 用圆点表示

图1.18 尺寸线终端画法

2)同一张图中采用的尺寸线终端符号应一致,但箭头与圆点可同时使用在同一张图中。

3)同一张图中需同时标注线段尺寸和圆弧尺寸时,可同时使用箭头和斜短线。

4)曲线尺寸线的终端符号应采用箭头表示。

(8)尺寸数值应标注在水平尺寸线的上方中部和垂直尺寸线的左侧中部。弧形尺寸线上尺寸数值应水平标注。斜尺寸线上的数值应沿斜向标注,如图1.19(a)所示。尺寸数值不应被任何图线通过,当必须通过时,该图线应断开,如图1.19(b)所示。

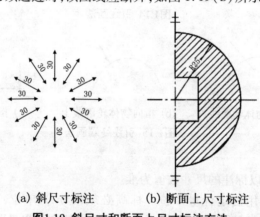

(a) 斜尺寸标注　　(b) 断面上尺寸标注

图1.19 斜尺寸和断面上尺寸标注方法

(9)尺寸数值的标注位置狭窄时,最外侧的数值可标注在尺寸界线外侧,中间相邻的数值可在尺寸线上下错开或引出标注,如图1.20所示。

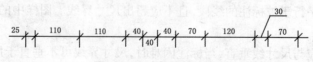

图1.20 尺寸数值标注方法

(10)标注圆弧、球面的半径或直径的尺寸时,应在圆直径数值前加注符号 Φ,在圆半径数值前加注符号 R,在球直径数值前加注符号 $S\Phi$,在球半径数值前加注符号 SR,如图1.21所示。

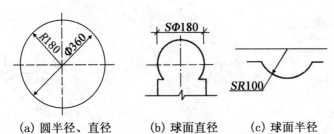

(a) 圆半径、直径　　(b) 球面直径　　(c) 球面半径

图1.21 圆弧球面直径和半径尺寸标注方法

（11）当圆的直径或圆弧半径较小时，可将尺寸线引出标注尺寸，如图1.22所示。

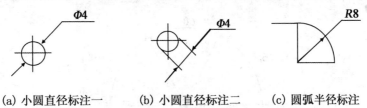

(a) 小圆直径标注一　　(b) 小圆直径标注二　　(c) 圆弧半径标注

图1.22 图小圆直径或圆弧半径尺寸标注方法

（12）当圆弧半径过大或在图纸范围内无法标出其圆心位置时，可按如图1.23所示标注。

（13）标注弧长和弦长时，尺寸界线应与该弦垂直。弦长尺寸线应绘成直线并与弦平行，如图1.24（a）所示，弧长的尺寸线应绘成同心圆弧，尺寸数值应加注弧长符号"⌒"，如图1.24（b）所示。当弧度较大时，尺寸界线可沿径向引出，如图1.24（c）所示。

（14）标注角度时，尺寸线应绘成以顶角为圆心的圆弧，尺寸界线应沿径向引出。应用箭头表示尺寸线终端，如位置不够时可用圆点表示。角度数值应水平标注，如图1.25所示。

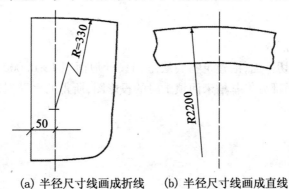

(a) 半径尺寸线画成折线　　(b) 半径尺寸线画成直线

图1.23 大圆半径尺寸线标注方法

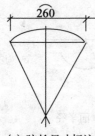 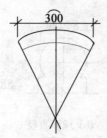 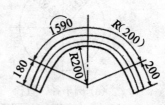

(a) 弦长尺寸标注　　　(b) 弧长尺寸标注　　　(c) 弧度较大的弧长尺寸标注

图1.24 弦长和弧长的标注方法

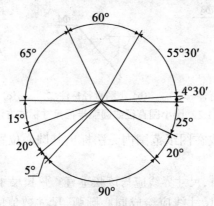

图1.25 角度标注方法

【实　务】

◆基础平面图

1. 基础平面图的形成

假想用一水平剖切平面,沿建筑物底层室内设计地面(即 ±0.000)把整幢建筑物切开,移去上面部分,对下面部分作基槽未回填土时的投影图,所得的水平剖视图称为基础平面图,如图 1.26 所示。

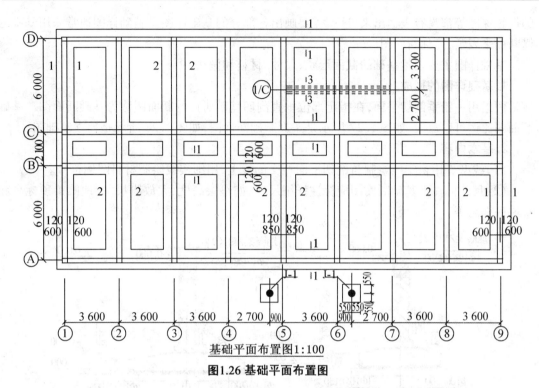

图1.26 基础平面布置图

2. 基本内容

(1)比例。为了便于施工对照,基础平面图的比例、定位轴线编号与建筑施工图的底层平面图必须完全相同,如图1.26所示。

(2)剖切位置及编号。各种墙因承受外力的大小不同,其下所设基础的大小也不同,所以应采用不同的编号加以区分,并画出详图的剖切位置及其编号。若为柱下独立基础,则应注写其编号。如图1.26所示给出了三种剖切位置,并标注独立基础 J-1。基础平面图中还应给出地沟、过墙洞的设置情况。因设过墙洞而引起的基底下降可用移出断面表示。

(3)基础平面图的线型。基础平面图是一个剖视图,因此它的线型与剖视图画法相同,即被剖切到的墙、柱轮廓线用粗实线绘制,基础底面轮廓线用细实线绘制,不需画出基础台阶或大放脚的轮廓线。

(4)尺寸标注。基础平面图主要标注轴线之间的距离,轴线到垫层边、墙边的距离,垫层宽度和墙厚等尺寸。另外还要注写必要的文字说明,如混凝土强度等级,砖、砂浆的标号等。

(5)图名。基础平面布置图完成后,应书写图名和比例,并在其下画一粗实线。

3. 看图示例

如图1.26所示可以看出,整幢房屋的墙下都是条型基础,柱下为独立基础。以①轴线的基础为例,轴线两侧的中实线为基础墙的边线,墙厚240,细线是条形基础宽度线,宽为1 200。J-1为方形独立基础,长宽均为1 100,条形基础有 1-1、2-2、3-3 三种断面,其中 3-3 断面处基础是由地面加厚所形成的,为不可见构件,用中虚线表示。

◆ 基础详图

基础平面图只表明了基础的平面布置,而基础各部分的形状、大小、材料、构造以及基础的埋置深度等都没有表达出来,这就需要画出各部分的基础详图。基础详图通常采用基础的横断面来表示,简称断面图。

基础详图主要表达基础的截面形状、尺寸、材料和做法。

1. 基础详图的形成

假想用一铅垂剖切平面,在指定部位垂直剖切基础所得的断面图称为基础断面图。基础断面图比例可以放大,如图 1.27 所示是条形基础断面图,如图 1.28 所示是独立基础图。

2. 基本内容

(1)线型。用粗实线绘制与剖切平面相交的线上,用细实线绘制材料图例符号。

(2)尺寸标注。基础断面图应标注详细尺寸,如垫层高度、大放脚尺寸、地圈梁顶标高和垫层底标高等。

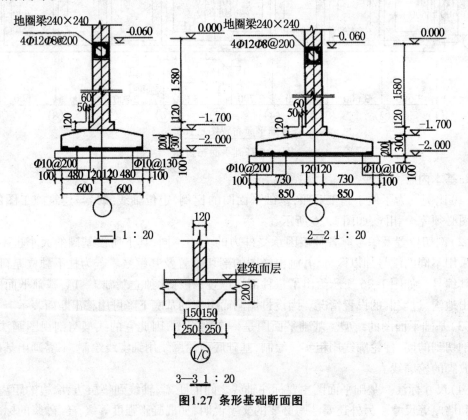

图 1.27 条形基础断面图

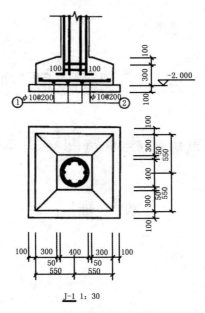

图 1.28 独立基础图

(3)轴线编号。基础断面图是基础施工的依据,它表达了基础断面所在轴线位置及其编号。如果是通用断面图,在轴线圆圈内不加编号(如图 1.27 中的 1-1、2-2 断面图所示);如果是特定断面图,则应注明轴线编号(如图 1.27 中的 3-3 断面图所示)。基础断面图详细地表明了基础断面形状、大小及所用材料、地圈梁的位置和做法、基础埋置深度及施工所需尺寸。

(4)图名、比例。基础断面图的图名与基础平面图中的编号相对应,在图名下画一粗实线表示;通常比例为 1:15、1:20、1:25 等。

3. 看图示例

如图 1.27 中的 1-1 断面图基础为钢筋混凝土条型基础,其下有 100 mm 厚混凝土垫层,垫层两边应比基础宽 100 mm,其上有一层砖砌大放脚,基础墙上做有 240 mm × 240 mm 的地圈梁取代防潮层。基底标高为 -2.000 m,地圈梁顶标高为 -0.06 m。

如图 1.28 所示是钢筋混凝土独立基础图,该基础为四棱台。其下设有 100 mm 厚的垫层,垫层四周宽出基础 100 mm,基底纵横向配筋。

第2章 工程地质勘察

2.1 建筑工程地质勘察基本要求

【基 础】

◆ **地质构造**

1. 褶皱构造

在水平运动的作用下,地壳中层状岩层使原始的水平产状的岩层弯曲起来,形成褶皱构造,如图2.1所示。

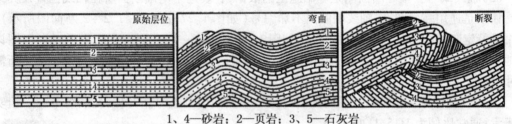

1、4—砂岩；2—页岩；3、5—石灰岩
图2.1 地壳水平运动过程

褶皱的基本单元,即岩层的一个弯曲,称为褶曲。褶曲虽然有各式各样的形式,但基本形式只有背斜和向斜两种,如图2.2所示。背斜由核部地质年代较老到翼部较新的岩层组成,横剖面呈凸起弯曲的形态；向斜则由核部新岩层和翼部老岩层组成,横剖面呈向下凹曲的形态。

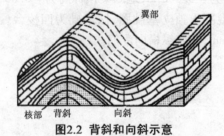

图2.2 背斜和向斜示意

2. 断裂构造

岩体由于受力断裂使原有的连续完整性遭受破坏而形成断裂构造。沿断裂面两侧的岩层未发生位移或仅有微小错动的断裂构造称为节理；反之,如发生了相对的位移,则称为断层。

(1)节理。岩层因地壳运动引起的剪应力形成的断裂称为剪节理,其通常是闭合的,常呈两组平直相交的X形。岩层受力弯曲时,外凸部位由拉应力引起的断裂称为张节理,其裂隙明显,节理面粗糙。除此之外,由于岩浆冷凝收缩或因基岩风化作用产生的裂隙统称为非构造节理。

在褶皱山区,岩层强烈破碎,顺向坡岩体易沿岩层层面和节理面滑动,而丧失稳定性。此外,节理发育的岩体加速了风化作用的进行,从而使岩体的完整性大幅度降低。

(2)断层。分居于断层面两侧相互错动的两个断块如图2.3(a)、(b)所示,其中位于断层面之上的称为上盘,位于断层面之下的称为下盘。若按断块之间的相对错动的方向来划分,上盘下降,下盘上升的断层称正断层;反之,上盘上升,下盘下降的断层称逆断层;如两断块水平互错,则称为平移断层,如图2.3(c)所示。

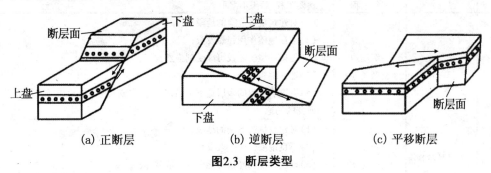

图2.3 断层类型

◆ 地形和地貌

地形指的是地表形态的外部特征,如高低起伏、坡度大小和空间分布等。但是,如果研究地形形成的地质原因和年代,及其在漫长的地质历史中不断演化的过程及将来的发展趋势,那么,这种从地质学和地理学观点考察的地表形态就称为地貌。在岩土工程勘察中,常按地形的成因类型、形态类型等进行地貌单元的划分。由于每种地貌单元都有其形成和演化的历史过程,从而反映出不同的特征和性质,所以,在建筑场址选择、地基处理以及勘察工作的安排时,都应考虑地貌条件。常见的地貌单元见表2.1。

表2.1 常见的地貌单元

地貌名称	地貌特点及说明
山地	山地是由地壳上升运动或岩浆活动等复杂过程演变形成的。它同时又受到流水及其他外力的剥蚀作用,于是呈现出崎岖不平、复杂多变的地貌。按构造形式的不同可将山地分为断块山、褶皱断块山和褶皱山;按山的绝对高度和相对高度的不同可将山地分为最高山、高山、中山和低山。山区的暂时性水流和河流,侵蚀山地形成冲沟和河谷,并在山坡、山麓和河谷堆积了坡积物、洪积物和冲积物,从而形成了各种侵蚀和堆积地貌,如河谷阶地和洪积锥等
丘陵	丘陵是山地经过外力地质作用长期剥蚀切割而成的外貌低矮平缓的起伏地形。丘陵地区的基岩一般埋藏较浅,丘顶裸露,岩石风化严重,有时表层为残积物所覆盖;谷底则往往堆积有较厚的洪积物或坡积物;边缘地带则常堆积有结构疏松的新近堆积物。在丘陵地区的挖方地段,岩石外露,承载力高,填方地段的承载力则较低,因此要特别注意地基软硬不均以及边坡稳定性等问题
平原	平原是高度变化微小,表面平坦或者只有轻微波状起伏的地区。在我国东部地区,大河流的中下游,河谷非常开阔,沉积作用十分强烈,每当雨季,洪水溢出河床,淹没河床以外的广大面积,沉积细小的物质,形成一片广阔的冲积平原。冲积平原的基岩一般埋藏较深,第四纪沉积层很厚,其中细颗粒的含量大,地下水位高,地基土的承载力较低。但由于地形平坦,地层较均匀,所以一般常选作建筑场地。在冲积平原上,凡是地形比较低洼或水草茂盛的地段,可能是过去的河漫滩、湖泊或牛轭湖,常分布有较厚的带状淤泥,对工程建设不利

◆岩石工程勘察分级

岩石工程勘察分级见表2.2。

表2.2 岩石工程勘察分级

序号	分类依据	级别	条件
1	工程重要性	一级工程	重要工程,后果很严重
		二级工程	一般工程,后果严重
		三级工程	次要工程,后果不严重
2	场地复杂程度	一级场地（复杂场地）	(1)对建筑抗震危险的地段； (2)不良地质作用强烈发育； (3)地质环境已经或可能受到强烈破坏； (4)地形地貌复杂； (5)有影响工程的多层地下水、岩溶裂隙水或其他水文地质条件复杂、需专门研究的场地
		二级场地（中等复杂场地）	(1)对建筑抗震不利的地段； (2)不良地质作用一般发育； (3)地质环境已经或可能受到一般破坏； (4)地形地貌较复杂； (5)基础位于地下水位以下的场地
		三级场地（简单场地）	(1)抗震设防烈度等于或小于6度,或对建筑抗震有利的地段； (2)不良地质作用不发育； (3)地质环境基本未受破坏； (4)地形地貌简单； (5)地下水对工程无影响
3	地基复杂程度	一级地基（复杂地基）	(1)岩土种类多,很不均匀,性质变化大,需特殊处理； (2)严重湿陷、膨胀、盐渍、污染的特殊性岩土,以及其他情况复杂,需作专门处理的岩土
		二级地基（中等复杂地基）	(1)岩土种类较多,不均匀,性质变化较大； (2)除一级地基2)以外的特殊性岩土
		三级地基（简单地基）	(1)岩土种类单一、均匀,性质变化不大； (2)无特殊性岩土
4	工程重要性等级、场地复杂程度等级和地基复杂程度等级	甲级	在工程重要性、场地复杂程度和地基复杂程度等级中,有一项或多项为一级
		乙级	除勘察等级为甲级和丙级以外的勘察项目
		丙级	工程重要性、场地复杂程度和地基复杂程度等级均为三级

注：建筑在岩质地基上的一级工程,当场地复杂程度等级和地基复杂程度等级均为三级时,岩土工程勘察等级可定为乙级。

【实　务】

◆ 工程地质勘察的阶段划分

建设工程勘察工作的各阶段及工作内容见表2.3。

表2.3　岩土工程勘察的阶段划分

序号	阶段	工作内容
1	编制岩土工程勘察纲要	进行某项工程的岩土工程勘察时，首先应编制该工程的勘察工作纲要，使整个勘察按纲要有计划进行。勘察纲要是勘察工作的指导性文件，因此应充分重视
2	可行性研究勘察（也称为选址勘察）	可行性研究勘察应满足确定场址方案的要求，如需要应取得两个以上场址的资料，对拟选场址的稳定性和适宜性做出评价与方案比较
3	初步勘察（简称为初勘）	初勘应满足初步设计或扩大初步设计的要求，应对场地内建筑地段的稳定性做出进一步评价，并为确定建筑总平面布置、选择主要建筑物地基基础设计方案和不良地质现象的防治进行初步论证
4	详细勘察（简称为详勘）	详勘应按单体建筑物或建筑群提出详细的岩土工程资料和设计、施工所需的岩土参数；对建筑地基做出岩土工程评价，并对地基类型、基础形式、地基处理、基坑支护、工程降水和不良地质作用的防治等提出建议

◆ 房屋建筑和构筑物勘察基本要求

1. 可行性研究勘察

可行性研究勘察，应对拟建场地的稳定性和适宜性做出评价，并应符合下列要求：

(1)搜集区域地质、地形地貌、地震、矿产、当地的工程地质、岩土工程和建筑经验等资料。

(2)在充分搜集和分析已有资料的基础上，通过踏勘了解场地的地层、构造、岩性、不良地质作用和地下水等工程地质条件。

(3)当拟建场地工程地质条件复杂，已有资料不能满足要求时，应根据具体情况进行工程地质测绘和必要的勘探工作。

(4)当有两个或两个以上拟选场地时应进行比选分析。

2. 初步勘察

(1)勘察内容。初步勘察应对场地内拟建建筑地段的稳定性做出评价，并进行下列主要工作：

1)搜集拟建工程的有关文件、工程地质和岩土工程资料以及工程场地范围的地形图。

2)初步查明地质构造、地层结构、岩土工程特性、地下水埋藏条件。

3)查明场地不良地质作用的成因、分布、规模、发展趋势，并对场地的稳定性做出评价。

4)对抗震设防烈度等于或大于6度的场地，应对场地和地基的地震效应做出初步评价。

5)季节性冻土地区，应调查场地土的标准冻结深度。

6)初步判定水和土对建筑材料的腐蚀性。

7)高层建筑初步勘察时，应对可能采取的地基基础类型、基坑开挖与支护、工程降水方案进行初步分析评价。

（2）基本要求。初步勘察的勘探工作应符合下列要求：

1）勘探线应垂直地貌单元、地质构造和地层界线布置。

2）每个地貌单元均应布置勘探点，在地貌单元交接部位和地层变化较大的地段，勘探点应予加密。

3）在地形平坦地区，可按网格布置勘探点。

4）对岩质地基，勘探线和勘探点的布置，勘探孔的深度，应根据地质构造、岩体特性风化情况等按地方标准或当地经验确定对土质地基应符合以下第5）~9）条的规定。

5）初步勘察勘探线勘探点间距可按表2.4确定，局部异常地段应予加密。

表2.4 初步勘察勘探线、勘探点间距　　　　　　　　　　　　　　单位：m

地基复杂程度等级	勘探线间距	勘探点间距
一级（复杂）	50~100	30~50
二级（中等复杂）	75~150	40~100
三级（简单）	150~300	75~200

注：1. 表中间距不适用于地球物理勘探。
　　2. 控制性勘探点宜占勘探点总数的1/5~1/3，且每个地貌单元均应有控制性勘探点。

6）初步勘察探孔的深度可按表2.5确定。

表2.5 初步勘察探孔的深度　　　　　　　　　　　　　　　　　单位：m

工程重要性等级	一般性勘探孔	控制性勘探孔
一级（重要工程）	≥15	≥30
二级（一般工程）	10~15	15~30
三级（次要工程）	6~10	10~20

注：1. 勘探孔包括钻孔、探井和原位测试孔等。
　　2. 特殊用途的钻孔除外。

7）当遇下列情形之一时，应适当增减勘探孔深度。

①当勘探孔的地面标高与预计整平地面标高相差较大时，应按其差值调整勘探孔深度。

②在预定深度内遇基岩时，除控制性勘探孔仍应钻入基岩适当深度外，其他勘探孔达到确认的基岩后即可终止钻进。

③在预定深度内有厚度较大，且分布均匀的坚实土层（如碎石土、密实砂、老沉积土等）时，除控制性勘探孔应达到规定深度外，一般性勘探孔的深度可适当减小。

④当预定深度内有软弱土层时，勘探孔深度应适当增加，部分控制性勘探孔应穿透软弱土层或达到预计控制深度。

⑤对重型工业建筑应根据结构特点和荷载条件适当增加勘探孔深度。

8）初步勘察采取土试样和进行原位测试应符合下列要求。

①采取土试样和进行原位测试的勘探点应结合地貌单元、地层结构和土的工程性质布置，其数量可占勘探点总数的1/4~1/2。

②采取土试样的数量和孔内原位测试的竖向间距，应按地层特点和土的均匀程度确定；每层土均应采取土试样或进行原位测试，其数量不宜少于6个。

9）初步勘察应进行下列水文地质工作。

①调查含水层的埋藏条件，地下水类型，补给排泄条件，各层地下水位，调查其变化幅度，必要时应设置长期观测孔，监测水位变化。

②当需绘制地下水等水位线图时,应根据地下水的埋藏条件和层位,统一量测地下水位。

③当地下水可能浸湿基础时,应采取水试样进行腐蚀性评价。

3. 详细勘察

(1)勘察内容。详细勘察应按单体建筑物或建筑群提出详细的岩土工程资料和设计、施工所需的岩土参数;对建筑地基做出岩土工程评价,并对地基类型、基础形式、地基处理、基坑支护、工程降水和不良地质作用的防治等提出建议。主要应进行下列工作:

1)搜集附有坐标和地形的建筑总平面图,场区的地面整平标高,建筑物的性质、规模、荷载、结构特点、基础形式、埋置深度、地基允许变形等资料。

2)查明不良地质作用的类型、成因、分布范围、发展趋势和危害程度,提出整治方案的建议。

3)查明建筑范围内岩土层的类型、深度、分布、工程特性、分析和评价地基的稳定性、均匀性和承载力。

4)对需进行沉降计算的建筑物,提供地基变形计算参数,预测建筑物的变形特征。

5)查明埋藏的河道、沟浜、墓穴、防空洞、孤石等对工程不利的埋藏物。

6)查明地下水的埋藏条件,提供地下水位及其变化幅度。

7)在季节性冻土地区,提供场地土的标准冻结深度。

8)判定水和土对建筑材料的腐蚀性。

(2)基本要求。详细勘察勘探点按下列要求布置:

1)勘探点宜按建筑物周边线和角点布置,对无特殊要求的建筑物可按建筑物或建筑群的范围布置。

2)同一建筑物范围内的主要受力层或有影响的下卧层起伏较大时,应加密勘探点,查明其变化。

3)重大设备基础应单独布置勘探点,重大的动力机器基础和高耸建筑物,勘探点不宜少于3个。

4)详细勘察的单栋高层建筑勘探点布置应满足对地基土均匀性评价的要求,且不应少于4个;对密集的高层建筑群,勘探点可适当减少,但每栋建筑至少应有1个控制性勘探点。

详细勘察勘探点间距可按表2.6确定。

表2.6　详细勘察勘探点间距　　　　　　　　　　　　　　　单位:m

地基复杂程度等级	勘探点间距
一级(复杂)	10~15
二级(中等复杂)	15~30
三级(简单)	30~50

详细勘察勘探点深度自基底算起,应符合下列规定:

1)勘探孔深度应能控制地基主要受力层,当基础底面宽度$b \leqslant 5$ m时,勘探孔的深度对条形基础不应小于$3b$,对单独柱基不应小于$1.5b$,且不应小于5 m。

2)对高层建筑和需作变形验算的地基,控制性勘探孔的深度应超过地基变形计算深度;高层建筑的一般性勘探孔应达到基底下0.5~$1.0b$,并深入稳定分布的地层。

3)地基变形计算深度,对中、低压缩性土可取附加压力等于上覆土层有效自重压力20%的深度,对高压缩性土层可取附加压力等于自重压力10%的深度。

4)建筑总平面内的裙房或仅有地下室部分(或当基底附加压力 $P_0 \leq 0$ 时)的控制性勘探孔的深度可适当减小,但应深入稳定分布地层,且根据荷载和土质条件不宜少于基底下 $0.5 \sim 1.0\ b$。

5)对仅有地下室的建筑或高层建筑的裙房,当不能满足抗浮设计要求,需设置抗浮桩或锚杆时,勘探孔深度应满足抗拔承载力评价的要求。

6)当有大面积地面堆载或软弱下卧层时,应适当增加控制性勘探孔的深度;当在上述规定深度内遇基岩或厚层碎石土等稳定地层时,勘探孔深度应根据情况进行调整。

7)大型设备基础勘探孔深不宜小于基础底面宽度的2倍。

8)当需进行地基整体稳定性验算时,控制孔深度应满足验算要求;当需进行地基处理时,勘探孔的深度应满足地基处理设计与施工的要求。

9)详勘勘探手段宜采用钻探与触探相配合;在复杂地质条件、湿陷性土、膨胀岩土、风化岩和残积土地区,宜布置适量探井。

土试样采取与原位测试应符合下列要求:

1)采取土试样和进行原位测试的勘探点数量,应根据地层结构、地基土均匀性和设计要求确定,对地基基础设计等级为甲级的建筑每栋不应少于3个。

2)每个场地每一主要土层的原状土试样或原位测试数据不应少于6件(组)。

3)在地基主要受力层内,对厚度大于0.5 m的夹层或透镜体,应采取土试样或进行原位测试。

4)当土层性质不均匀时,应增加取土数量或原位测试工作量。

◆桩基础工程勘察基本要求

1. 勘察内容

(1)查明场地各层岩土的类型、深度、分布、工程特性和变化规律。

(2)当采用基岩作为桩的持力层时,应查明基岩的岩性、构造、岩面变化、风化程度,确定其坚硬程度、完整程度和基本质量等级,判定有无洞穴、临空面、破碎岩体或软弱岩层。

(3)查明水文地质条件,评价地下水对桩基设计和施工的影响,判定水质对建筑材料的腐蚀性。

(4)查明不良地质作用,可液化土层和特殊性岩土的分布及其对桩基的危害程度,并提出防治措施的建议。

(5)评价成桩可能性,论证桩的施工条件及其对环境的影响。

2. 勘察要求

(1)土质地基勘探点间距应符合下列规定:

1)对端承桩宜为 $12 \sim 24$ m,相邻勘探孔揭露的持力层层面高差宜控制为 $1 \sim 2$ m。

2)对摩擦桩宜为 $20 \sim 35$ m;当地层条件复杂,影响成桩或设计有特殊要求时,勘探点应适当加密。

3)复杂地基的一柱一桩工程,宜每柱设置勘探点。

桩基岩土工程勘察宜采用钻探和触探以及其他原位测试相结合的方式进行,对软土、黏性土、粉土和砂土的测试手段,宜采用静力触探和标准贯入试验;对碎石土宜采用重型或超重型圆锥动力触探。

(2)勘探孔的深度应符合下列规定：

1)一般性勘探孔的深度应达到预计桩长以下 $3 \sim 5\ d$（d 为桩径），且不得小于 3 m；对大直径桩，不得小于 5 m。

2)控制性勘探孔深度应满足下卧层验算要求；对需验算沉降的桩基，应超过地基变形计算深度。

3)钻至预计深度遇软弱层时，应予加深；在预计勘探孔深度内遇稳定坚实岩土时，可适当减小。

4)对嵌岩桩，应钻入预计嵌岩面以下 $3 \sim 5\ d$，并穿过溶洞、破碎带，到达稳定地层。

5)对可能有多种桩长方案时，应根据最长桩方案确定。

◆地基处理工程勘察基本要求

1. 勘察内容

(1)换填垫层法的岩土工程勘察宜包括下列内容。

1)查明待换填的不良土层的分布范围和埋深。

2)测定换填材料的最优含水量、最大干密度。

3)评定垫层以下软弱下卧层的承载力和抗滑稳定性，估算建筑物的沉降。

4)评定换填材料对地下水的环境影响。

5)对换填施工过程应注意的事项提出建议。

6)对换填垫层的质量进行检验或现场试验。

(2)预压法的岩土工程勘察宜包括下列内容。

1)查明土的成层条件，水平和垂直方向的分布，排水层和夹砂层的埋深和厚度，地下水的补给和排泄条件等。

2)提供待处理软土的先期固结压力、压缩性参数、固结特性参数和抗剪强度指标、软土在预压过程中强度的增长规律。

3)预估预压荷载的分级和大小、加荷速率、预压时间、强度的可能增长和可能的沉降。

4)对重要工程，建议选择代表性试验区进行预压试验；采用室内试验、原位测试、变形和孔压的现场监测等手段，推算软土的固结系数、固结度与时间的关系和最终沉降量，为预压处理的设计施工提供可靠依据。

5)检验预压处理效果，必要时进行现场载荷试验。

(3)强夯法的岩土工程勘察宜包括下列内容。

1)查明强夯影响深度范围内土层的组成、分布、强度、压缩性、透水性和地下水条件。

2)查明施工场地和周围受影响范围内的地下管线和构筑物的位置、标高；查明有无对振动敏感的设施，是否需在强夯施工期间进行监测。

3)根据强夯设计，选择代表性试验区进行试夯，采用室内试验、原位测试、现场监测等手段，查明强夯有效加固深度，夯击能量、夯击遍数与夯沉量的关系，夯坑周围地面的振动和地面隆起，土中孔隙水压力的增长和消散规律。

(4)桩土复合地基的岩土工程勘察宜包括下列内容。

1)查明暗塘、暗浜、暗沟、洞穴等的分布和埋深。

2)查明土的组成、分布和物理力学性质，软弱土的厚度和埋深，可作为桩基持力层的相对硬层的埋深。

3）预估成桩施工可能性（有无地下障碍、地下洞穴、地下管线、电缆等）和成桩工艺对周围土体、邻近建筑、工程设施和环境的影响（噪声、振动、侧向挤土、地面沉陷或隆起等），桩体与水土间的相互作用（地下水对桩材的腐蚀性，桩材对周围水土环境的污染等）。

4）评定桩间土承载力，预估单桩承载力和复合地基承载力。

5）评定桩间土、桩身、复合地基、桩端以下变形计算深度范围内土层的压缩性，任务需要时估算复合地基的沉降量。

6）对需验算复合地基稳定性的工程，提供桩间土、桩身的抗剪强度。

7）任务需要时应根据桩土复合地基的设计，进行桩间土、单桩和复合地基载荷试验，检验复合地基承载力。

(5) 注浆法的岩土工程勘察宜包括下列内容。

1）查明土的级配、孔隙性或岩石的裂隙宽度和分布规律，岩土渗透性，地下水埋深、流向和流速，岩土的化学成分和有机质含量；岩土的渗透性宜通过现场试验测定。

2）根据岩土性质和工程要求选择浆液和注浆方法（渗透注浆、劈裂注浆、压密注浆等），根据地区经验或通过现场试验确定浆液浓度、黏度、压力、凝结时间、有效加固半径或范围，评定加固后地基的承载力、压缩性、稳定性或抗渗性。

3）在加固施工过程中对地面、既有建筑物和地下管线等进行跟踪变形观测，以控制灌注顺序、注浆压力、注浆速率等。

4）通过开挖、室内试验、动力触探或其他原位测试，对注浆加固效果进行检验。

5）注浆加固后，应对建筑物或构筑物进行沉降观测，直至沉降稳定为止，观测时间不宜少于半年。

2. 基本要求

(1) 针对可能采用的地基处理方案，提供地基处理设计和施工所需的岩土特性参数。

(2) 预测所选地基处理方法对环境和邻近建筑物的影响。

(3) 提出地基处理方案的建议。

(4) 当场地条件复杂且缺乏成功经验时，应在施工现场对拟选方案进行试验或对比试验，检验方案的设计参数和处理效果。

(5) 在地基处理施工期间，应进行施工质量和施工对周围环境和邻近工程设施影响的监测。

◆既有建筑物的增载和保护工程勘察基本要求

1. 勘察内容

建筑物的增层、增载和邻近场地大面积堆载的岩土工程勘察应包括下列内容。

(1) 分析地基土的实际受荷程度和既有建筑物结构、材料状况及其适应新增荷载和附加沉降的能力。

(2) 勘探点应紧靠基础外侧布置，有条件时宜在基础中心线布置，每栋单独建筑物的勘探点不宜少于 3 个；在基础外侧适当距离处，宜布置一定数量勘探点。

(3) 勘探方法除钻探外，宜包括探井和静力触探或旁压试验；取土和旁压试验的间距，在基底以下一倍基宽的深度范围内宜为 0.5 m，超过该深度时可为 1 m；必要时，应专门布置探井查明基础类型、尺寸、材料和地基处理等情况。

(4)压缩试验成果中应有 $e-\lg p$ 曲线,并提供先期固结压力、压缩指数、回弹指数和与增荷后土中垂直有效压力相应的固结系数,以及三轴不固结不排水剪切试验成果;当拟增层数较多或增载量较大时,应作载荷试验,提供主要受力层的比例界限荷载、极限荷载、变形模量和回弹模量。

(5)岩土工程勘察报告应着重对增载后的地基土承载力进行分析评价,预测可能的附加沉降和差异沉降,提出关于设计方案、施工措施和变形监测的建议。

2. 基本要求

(1)既有建筑物的增载和保护的岩土工程勘察应符合下列要求。

1)搜集建筑物的荷载、结构特点、功能特点和完好程度资料,基础类型、埋深、平面位置,基底压力和变形观测资料;场地及其所在地区的地下水开采历史,水位降深、降速、地面沉降、形变,地裂缝的发生,发展等资料。

2)评价建筑物的增层、增载和邻近场地大面积堆载对建筑物的影响时,应查明地基土的承载力,增载后可能产生的附加沉降和沉降差;对建造在斜坡上的建筑物尚应进行稳定性验算。

3)对建筑物接建或在其紧邻新建建筑物,应分析新建建筑物在既有建筑物地基土中引起的应力状态改变及其影响。

4)评价地下水抽降对建筑物的影响时,应分析抽降引起地基土的固结作用和地面下沉、倾斜、挠曲或破裂对既有建筑物的影响,并预测其发展趋势。

5)评价基坑开挖对邻近既有建筑物的影响时,应分析开挖卸载导致的基坑底部剪切隆起,因坑内外水头差引发管涌,坑壁土体的变形与位移、失稳等危险;同时还应分析基坑降水引起的地面不均匀沉降的不良环境效应。

6)评价地下工程施工对既有建筑物的影响时,应分析伴随岩土体内的应力重分布出现的地面下沉、挠曲等变形或破裂,施工降水的环境效应,过大的围岩变形或坍塌等对既有建筑物的影响。

(2)建筑物接建、邻建的岩土工程勘察应符合下列要求。

1)除应符合上述勘察内容中的第1)款的要求外,尚应评价建筑物的结构和材料适应局部挠曲的能力。

2)除按《岩土工程勘察规范》(GB 50021—2001)中房屋建筑和构筑物的有关要求对新建建筑物布置勘探点外,尚应为研究接建、邻建部位的地基土、基础结构和材料现状布置勘探点,其中应有探井或静力触探孔,其数量不宜少于3个,取土间距宜为1 m。

3)压缩试验成果中应有 $e-\lg p$ 曲线,并提供先期固结压力、压缩指数、回弹指数和与增荷后土中垂直有效压力相应的固结系数,以及三轴不固结不排水剪切试验成果。

4)岩土工程勘察报告应评价由新建部分的荷载在既有建筑物地基土中引起的新的压缩和相应的沉降差;评价新基坑的开挖、降水、设桩等对既有建筑物的影响,提出设计方案、施工措施和变形监测的建议。

(3)评价地下水抽降影响的岩土工程勘察应符合下列要求。

1)研究地下水抽降与含水层埋藏条件、可压缩土层厚度、土的压缩性和应力历史等的关系,做出评价和预测。

2) 勘探孔深度应超过可压缩地层的下限,并应取土试验或进行原位测试。

3) 压缩试验成果中应有 $e - \lg p$ 曲线,并提供先期固结压力、压缩指数、回弹指数和与增荷后土中垂直有效压力相应的固结系数,以及三轴不固结不排水剪切试验成果。

4) 岩土工程勘察报告应分析预测场地可能产生地面沉降、形变、破裂及其影响,提出保护既有建筑物的措施。

(4) 评价基坑开挖对邻近建筑物影响的岩土工程勘察应符合下列要求。

1) 搜集分析既有建筑物适应附加沉降和差异沉降的能力,与拟挖基坑在平面与深度上的位置关系和可能采用的降水、开挖与支护措施等资料。

2) 查明降水、开挖等影响所及范围内的地层结构,含水层的性质、水位和渗透系数,土的抗剪强度、变形参数等工程特性。

3) 岩土工程勘察报告除应符合《岩土工程勘察规范》(GB 50021—2001)中基坑工程的要求外,尚应着重分析预测坑底和坑外地面的卸荷回弹,坑周土体的变形位移和坑底发生剪切隆起或管涌的危险,分析施工降水导致的地面沉降的幅度、范围和对邻近建筑物的影响,并就安全合理的开挖、支护、降水方案和监测工作提出建议。

(5) 评价地下开挖对建筑物影响的岩土工程勘察应符合下列要求。

1) 分析已有勘察资料,必要时应做补充勘探测试工作。

2) 分析沿地下工程主轴线出现槽形地面沉降和在其两侧或四周的地面倾斜、挠曲的可能性及其对两侧既有建筑物的影响,并就安全合理的施工方案和保护既有建筑物的措施提出建议。

3) 提出对施工过程中地面变形、围岩应力状态、围岩或建筑物地基失稳的前兆现象等进行监测的建议。

2.2 勘探与取样

【基　　础】

◆地质勘探

地质勘探是指通过各种手段、方法对地质进行勘查、探测,确定合适的持力层,根据持力层的地基承载力来确定基础类型,计算基础参数的调查研究活动。

◆岩石工程勘探特点

(1) 勘探范围取决于场地评价和工程影响所涉及的空间,除了深埋隧道和为了解专门地质问题而进行的勘探外,通常限定于地表以下较浅的深度范围内。

(2) 除了深入岩体的地下工程和某些特殊工程外,大多数工程都坐落于第四系土层或基岩风化壳上。为了工程安全、经济和正常使用,对这一部分地质体的研究应特别详细。例如,应按土体的成分、结构和工程性质详细土层,尤其是软弱土层需给予特别的主要。风化岩体要根据其风化特性进行风化壳垂直分带。

(3)为了准确查明岩土的物理力学性质,在勘探过程中必须注意保持岩土的天然结构和天然湿度,尽量减少人为的扰动破坏。为此需要采用一些特殊的勘探技术。

(4)为了实现地质、水文地质、岩土工程性质的综合研究,以及与现场试验、监测等紧密结合,要求岩土工程勘探发挥综合效益,对勘探工程的结构、布置和施工顺序也有特殊的要求。

【实　务】

◆勘探方法

勘探方法主要有掘探、钻探和地球物理勘探等。

1. 掘探

掘探是在建筑场地或地基内挖掘探坑、探槽、探井或平洞。它们多用于大型边坡、地下工程。探坑、探井和平洞采用直径为 0.8~1.0 m 的圆形断面或 1.0 m×1.2 m 的矩形断面。探坑一般浅于 5 m,竖井深不宜超过 20 m。在掘探过程中应详细记录编号、位置、标高、尺寸及深度等,描述岩土性状及地质界线应在指定深度取样。

2. 钻探

(1)钻探是用钻机打钻孔获取地下地质资料的一种勘探方法。按动力来源的不同,钻探可分为人工钻和机动钻。按破碎岩土方法的不同,钻探可分为回转、冲击、振动和冲洗四种,其适用范围见表2.7。

表 2.7　钻探方法的适用范围

钻探方法		钻进地层					勘察要求	
		黏性土	粉土	砂土	碎石土	岩石	直观鉴别,采取不扰动试样	直观鉴别,采取扰动试样
回转	螺旋钻探	++	+	+	−	−	++	++
	无岩芯钻探	++	++	++	+	++	−	−
	岩芯钻探	++	++	++	+	++	++	++
冲击	冲击钻探	−	+	++	++	−	−	−
	锤击钻探	++	++	++	+	−	++	++
振动钻探		++	++	++	+	−	+	++
冲洗钻探		+	++	++	−	−	−	−

(2)工程地质钻探要求岩芯采取率应尽量提高,通常岩石应不低于80%,破碎岩石应不低于65%。为确保岩芯的采取,对需要重点查明的部位,如滑动带、软弱夹层等应使用双层岩芯管取样或采用完整取样法取样。

3. 地球物理勘探

地球物理勘探是根据各种岩石之间的密度、磁性、电性、弹性、放射性等物理性质的差异,选用不同的物理方法和物探仪器,测量工程区的地球物理场的变化,以了解其水文地质和工程地质条件的勘探和测试方法。

地球物理勘探的方法有很多种,常用的主要有重力勘探、磁法勘探、电法勘探和地震勘探。

(1)重力勘探。重力勘探是利用组成地壳的各种岩体、矿体间的密度差异所引起的地表的重力加速度值的变化而进行的一种地质勘探方法，它是以牛顿万有引力定律为基础的。只要勘探地质体与其周围岩体有一定的密度差异，就可以用精密的重力测量仪器找出重力异常。然后，结合工作地区的地质和其他物探资料，对重力异常进行定性解释和定量解释，便可以推断覆盖层以下密度不同的矿体与岩层埋藏情况，进而找出隐伏矿体存在的位置和地质构造情况。

（2）磁法勘探。自然界的岩石和矿石具有不同磁性，可以产生不同的磁场，它使地球磁场在局部地区发生变化，出现地磁异常，利用仪器发现和研究这些磁异常，进而寻找磁性矿体和研究地质构造的方法称为磁法勘探。它包括地面、航空、海洋磁法勘探及井中磁测等。磁法勘探主要用来寻找和勘探有关矿产，进行地质填图，研究与油气有关的地质构造及大地构造等问题。

（3）电法勘探。电法勘探是根据岩石和矿石电学性质（如导电性、电化学活动性、电磁感应特性和介电性，即所谓"电性差异"）来找矿和研究地质构造的一种地球物理勘探方法。它是通过仪器观测人工的、天然的电场或交变电磁场，分析、解释这些场的特点和规律达到找矿勘探的目的。电法勘探分为直流电法和交流电法两类。研究直流电场的，统称为直流电法，主要包括充电法、电阻率法、自然电场法和直流激发极化法等；研究交变电磁场的，统称为交流电法，主要包括大地电磁场法、交流激发极化法、电磁法、无线电波透视法和微波法等。按工作场所的差别，电法勘探又分为地面电法、坑道和井中电法、航空电法和海洋电法等。

（4）地震勘探。地震勘探是利用人工激发的地震波在弹性不同的地层内传播规律来勘探地下的地质情况。在地面某处激发的地震波向地下传播时，遇到不同弹性的地层分界面就会产生反射波或折射波返回地面，用专门的仪器可记录这些波，分析所得记录的特点，如波的传播时间、振动形状等，通过专门的计算或仪器处理，能较准确地测定这些界面的深度和形态，判断地层的岩性。

◆取样方法及要求

1. 用贯入式取土器钻孔取样

（1）取土器应平稳下放，不得冲击孔底。取土器下放后，应核对孔深和钻具长度，发现残留浮土厚度超过要求时，应提起取土器重新清孔。

（2）采取Ⅰ级原状土试样，应采用快速、连续的静压方式贯入取土器，贯入速度不小于 0.1 m/s。当利用钻机的给进系统施压时，应保证具有连续贯入的足够行程。采取Ⅱ级原状土试样可使用间断静压方式或重锤少击方式。

（3）在压入固定活塞取土器时，为避免活塞向下移动，应将活塞杆牢固地与钻架连接起来。在贯入过程中监视活塞杆的位移变化时，可在活塞杆上设定相对于地面固定点的标志，测记其高差，活塞杆位移量不得超过总贯入深度的1%。

（4）贯入取样管的深度宜控制在总长的90%左右。贯入深度应在贯入结束后仔细量测并记录。

（5）为切断土样与孔底土的联系，提升取土器之前可以回转2~3圈或者稍加静置之后再提升。

（6）提升取土器应做到均匀平稳，避免磕碰。

2. 用回旋式取土器钻孔取样

(1) 采用单动、双动二(三)重管采取原状土试样,必须保证平稳回转钻进,使用的钻杆应事先校直。为避免钻具抖动,造成土层的扰动,可在取土器上加节重杆。

(2) 冲洗液应采用泥浆。钻进参数应根据各场地地层特点通过试钻确定或根据已有经验确定。

(3) 取样开始时应将泵压、泵量减到能维持钻进的最低限度,然后随着进尺的增加,逐渐增加到正常值。

(4) 回转取土器应具有可改变内管超前长度的替换管靴。内管管口至少应与外管齐平,随着土质变软,可使内管超前增加到 50~150 mm。对软硬交替的土层,应采用具有自动调节功能的改进型单动二(三)重管取土器。

(5) 在硬塑以上的硬质黏性土、密实砾砂、碎石土和软岩中,可使用双动三重管取样器采取原状土试样。对于非胶结的砂、卵石层,取样时可在底靴上加置逆爪。

(6) 在有充分经验的地区和可靠操作的保证下,采用无泵反循环钻进工艺,用普通单层岩芯管采取的砂样可作为Ⅱ级原状土试样。

3. 探井、探槽取样

(1) 探井、探槽中采取的原状土试样宜用盒装。土样容器可采用 ϕ120 mm×200 mm 或 120 mm×120 mm×200 mm、150 mm×150 mm×200 mm 等规格。对于含有粗颗粒的非均质土可按实验设计要求确定尺寸。土样容器宜做成装配式并具有足够刚度,避免土样因自重过大而产生变形。容器应有足够净空,使土试样盛入后四周上下都留有 10 mm 的间隙。

(2) 采取原状土试样的步骤如下。

1) 整平取样处的表面。

2) 按土样容器净空轮廓,除去四周土体,形成土柱,其大小比容器内腔尺寸小 20 mm。

3) 套上容器边框,边框上缘高出土样柱约 10 mm,然后浇入热蜡液,蜡液应填满土样与容器之间的空隙至框顶,并与之齐平,待蜡液凝固后,将盖板用螺钉拧上。

4) 挖开土样根部,使之与母体分离,再颠倒过来削去根部多余土料,使之低于边框约 10 mm,再浇满热蜡液,待凝固后拧上底盖板。

在探井、探槽中按照上述要求采取的盒状土样,可作为Ⅰ级原状土试样。

2.3 岩石工程勘察报告

【基　础】

◆ **工程地质条件**

工程地质条件是指对工程建设有影响的各种地质因素的总称,包括地形、地貌、地层、岩性、地质构造、水文地质条件,各种自然地质现象,岩土物理力学特性等。

◆ 工程地质分区

工程地质分区是指为满足分析、评价、利用、改造的要求，在工作区域内根据工程地质条件的差异而划分的若干块段。

◆ 工程地质单元

工程地质单元是指按地质年代、形成条件、岩性特征、岩土单元、工程性能等因素的差异划分，作为工程地质研究对象的地质体，可以是一个地层，一个断裂带，一个软弱夹层等。

【实　务】

◆ 岩石工程勘察报告内容要求

(1)岩土工程报告书应包括文字、图表两部分，文字部分应包括正文和附件。
(2)报告书正文宜包括以下内容。
1)前言。
2)场地工程、水文地质条件。
3)岩土的工程性能评价。
4)场地地震效应评价。
5)各类工程的岩土工程分析、评价。
6)环境工程地质分析、评价。
7)结论和建议。
(3)报告书正文应结构严谨，概念清晰，用词规范，叙述准确，计算正确，数据齐全，论证有据，结论明确，建议切实可行；文字叙述中不得使用空洞、模糊的表述。
(4)报告书中涉及的各种计算应列出计算公式并说明其来源，列出各计算参数的选值和计算结果。
(5)报告书文字部分的附件宜包括下列内容。
1)岩土工程勘察委托任务书。
2)建设单位或设计单位的其他有关技术要求。
3)有关的会议纪要、会商记录、函电。
4)参加本项目勘察工作的责任人名单。
(6)报告书应附以下基本图表。
1)勘探点主要数据一览表。
2)勘探点平面布置图。
3)工程地质图。
4)工程地质柱状图。
5)工程地质剖面图。
6)各种原位测试成果图。
7)土工试验结果报告和曲线图。

8)土质、水质化学分析报告。
(7)报告书宜根据工程的要求附以下图表。
1)区域的工程地质图、水文地质图、构造地质图。
2)基岩面、地下水位或其他参数的平面或剖面的等值线图。
3)不连续面分析统计图表。
4)各种稳定性分析计算的平面或剖面图。
5)工程要求的其他图表。

◆资料整理要求

1. 现场资料整理

(1)现场资料整理应包括工程地质测绘、钻探、槽井探、各种原位测试、工程物探等各项现场工作的原始资料的整理、编号、清绘等工作。

(2)现场资料整理必须保证数据和资料的真实、准确、齐全,并有清晰、完整的记录。

(3)现场资料应及时整理。当发现资料有疑点或发现不符合要求的资料时应及时采取纠正措施。

(4)现场资料严禁涂改。当书写错误需改正时,应采用直线划去,在旁边写上更正的内容。当现场资料被损或不清时,应重新誊清并附上原稿。

2. 室内资料整理

(1)岩土工程勘察的室内资料整理宜包括下列工作内容。
1)确定场地所在的大地构造单元和分析场地内的地质构造特征。
2)确定场地的地貌单元和分析岩土体生成环境。
3)划分场地的工程地质分区、工程地质单元(层)。
4)统计、分析岩土体的工程特性指标。
5)计算、分析场地内特殊土的工程特性参数。
6)分析评价场地的水文地质条件。
7)分析评价场地的地震效应。
8)工程建设所需的各种岩土工程分析、计算,如地基承载力、边坡稳定性、坝体稳定性等。
9)编绘有关上述各项内容的各种图件。

(2)工程地质单元的划分应按下列顺序进行:地貌单元—地质年代—成因类型—岩性特征(岩土类别);次级单元可按工程性能划分,或按岩性的相变划分;单元宜按地质年代自新向老顺序编号。

(3)对岩土的工程特性参数应进行数理统计,并应符合下列要求。
1)按工程地质单元和次级单元分别统计;每一参数的统计样本数不得小于6个。
2)统计结果应提供平均值f_m、标准差σ和变异系数δ。
3)统计中应舍弃异常值,异常值舍弃方法可采用正负3倍标准差法,Crubbs法或Chauvent法,也可采用其他方法。
4)统计中风险概率α宜采用0.05,在初勘或可行性研究阶段勘察时可采用0.01。
5)岩土参数的标准值可按式(2.1)进行计算,当采用$\alpha=0.05$时,可采用式(2.2)计算。

$$f_k = f_m \pm t_\alpha \frac{\sigma_f}{\sqrt{n}} \tag{2.1}$$

$$f_k = f_m [1 \pm (\frac{1.704}{\sqrt{n}} + \frac{4.678}{n^2})\delta] \tag{2.2}$$

式中 f_k——参数标准值;

f_m——参数平均值;

σ_f——参数统计的标准差;

t_α——学生氏函数;

n——参数统计样本数;

δ——参数变异系数。

6)当统计样本数少于6个时,应提供其算术平均值。

(4)主要图件内容宜符合下列要求。

1)勘探点平面布置图的内容:

①拟建工程位置。

②勘探点位置、编号及勘探手段、勘探点地面标高、勘探深度和地下水稳定水位深度。

③剖面线位置及编号。

④相关地形地物、指北针。

2)工程地质图的内容:

①地质构造、地质界线及产状。

②地貌单元界线。

③工程地质分区及编号。

④各种不良地质现象及编号。

⑤勘探点位置及编号,剖面线位置及编号。

⑥地下水露头等水文地质现象。

⑦地形、地貌、水系、指北针。

⑧代表性地质剖面和地质柱状图。

3)工程地质柱状图的内容:

①各工程地质单元的年代、成因、定名、岩性描述。

②岩性图例、地下水水位。

③取样和测试位置。

④岩土的主要工程特性指标。

4)工程地质剖面图的内容:

①勘探点在剖面上的位置、编号、地面标高、勘探深度、勘探点间距。

②分层界线及其在勘探点揭示处的深度和标高、地层符号、图例、地层产状(以视倾角表示)。

③地下水稳定水位及其深度、观测日期。

④各种不良地质现象。

⑤取岩土试样的位置、样品类别。

⑥原位测试的位置、测试数据或曲线。

(5)主要图件的比例尺宜符合下列要求。

1)勘探点平面布置图宜根据勘察阶段和勘察范围大小采用 1:500~1:2 000。

2)工程地质图宜采用与勘探点平面布置图一致的比例尺

3)工程地质柱状图的比例尺宜采用 1:20~1:50,且不宜小于 1:100。

4)工程地质剖面图的垂直比例尺宜采用 1:100~1:200。垂直比例尺与水平比例尺之比宜为 2~3,且最大不宜大于 5。用作斜坡稳定性计算的剖面图的垂直比例尺与水平比例尺宜相同。

◆报告书编制要求

(1)各类工程的岩土工程勘察报告书总体结构和基本内容应符合本节规定。对工业废渣堆场、井巷工程、线路工程、岸边工程,报告书除应符合本节规定外,尚应符合本章其他相应各节的规定。

(2)报告书的前言宜包含下列内容。

1)工程的业主、设计单位、委托单位、完成单位、勘察阶段、勘察日期。

2)工程概况,包括规模、类型、有产建(构)筑物几何尺寸、基础类型、尺寸、结构荷载等,并按有关规范确定工程安全等级、岩土工程勘察等级。

3)业主和设计单位对勘察工作的技术要求。

4)本项勘察执行的主要技术标准。

5)勘察方案、使用的手段、机具、方法,为达到规定要求而采取的措施。

6)完成的主要实物工作量。

7)勘探点测放方法和坐标、高程系统。

8)工作中与业主、设计单位或其他有关单位就勘察事宜的会商、会议等情况。

9)工作过程中的方案调整,或其他有关问题。

(3)报告书应详细阐述场地工程、水文地质条件,并宜包括下列内容。

1)场地自然地理和地形、地貌:

①场地地理位置,必要时有经纬度或其他坐标。

②场地地形形态、最大和最小高程,相对高差等。

③场地所属地貌的成因类型和地貌单元。

④地表水系概况。

⑤场地气象条件、降水、冻深等。

2)区域地质:

①区域地层及其岩性、产状、分布;岩浆活动时代,岩石类别、岩性、产状。

②场地所属大地构造单元,区域褶皱和断裂构造,特别是活动性断裂构造。

3)场地地层,宜按地貌单元或工程地制裁分区分别叙述:

①沉积、沉积变质和喷出成因的地层宜按其地质年代、成因、岩性特征和工程性能划分工程地质单元(层)或次级单元(亚层),然后分别描述其岩性、产状、空间分布等。

②侵入岩类岩石宜按岩体、岩相带、风化程度和裂隙发育程度划分工程地质单元,然后分别描述其岩性、产状、分布等。

4)场地水文地质条件:

①地下水贮存层位、埋藏深度及标高、地下水类型、补给条件、变化幅度,当有多层地下水时应分别叙述。
　　②地表水流速、流量、最高洪水位、冲刷深度、与地下水的水力联系。
　　5)不良地质现象,阐明其类型、规模、性质、分布及对工程的危害性。
　　(4)报告书对岩土参数的统计分析和选值应包括下列内容。
　　1)各种岩、土原位和室内试验的结果及其统计值,统计指标包括样本数、最大值、最小值、平均值、标准差、变异系数。
　　2)承载能力极限状态计算需要的岩土参数应提供按式(2.1)和式(2.2)计算的标准值。
　　3)标准贯入试验应列出实测的锤击数,需要时,列出修正锤击数。
　　(5)报告书应对场地内岩土的工程性能进行分析评价,其内容宜包括以下内容。
　　1)对地基岩土变形指标及性能的评价。
　　2)对特殊性土的分析、评价,必要时进行分区评价。
　　3)场地水、土对建筑材料腐蚀性的评价。
　　4)确定地基岩土的承载力标准值。
　　5)需采用桩基础时,确定岩土对桩的极限侧阻力标准值和极限端阻力标准值。
　　(6)当工程处于抗震设防烈度为6~9度的地区时,应进行场地地震效应评价,并应包括下列内容。
　　1)场地所在地区的工程抗震设防烈度(必要时应有专门的地震小区划确定的烈度)或地震动参数。
　　2)分析评价场地及其附近的活动断裂或发震断裂对场地的影响。
　　3)场地土类型和场地类别。
　　4)场地的地震效应分析评价。(液化、震陷、崩塌、滑坡等)
　　5)建(构)筑物抗震设防参数的取值。
　　注:当进行专门的地震危险性分析工作时,应有专门的报告,在勘察报告中对1)、2)两款内容可引用和从简。
　　(7)报告书应根据工程要求和场地地质条件、岩土的工程特性,对各类岩土工程问题作出全面、准确的分析评价,提出合理、可行的建议,并应包括下列内容。
　　1)场地稳定性分析评价:
　　①地质构造对场地建设的影响。
　　②活动断裂或发震断裂对场地的影响。
　　③特殊性土或软弱岩土对工程建设的影响。
　　④各种不良地质现象对工程建设的影响。
　　⑤场地稳定性和建设适宜性评价。
　　2)地基的分析评价:
　　①天然地基的可行性分析。(地基承载力设计值计算,软弱下卧层验算等)
　　②人工地基的可行性分析。(人工地基的方法选择,地基承载力评价,软弱下卧层验算,设计所城的岩土参数,设计和施工应注意的问题等)
　　3)桩基础的分析:
　　①桩型和桩的几何尺寸选择。

②桩端的持力层的选择。
③单桩竖向极限承载力的估算。
④必要时做布桩分析。
⑤桩基施工时可能出现的问题及处理对策建议。

4）边坡稳定性分析：
①边坡的类型、分区及其工程地质和水文地质条件。
②岩土的结构面分析。
③边坡稳定性分析的参数选值。
④边坡稳定性分析计算。（计算模型的选择，边界条件，参数，计算结果）
⑤边坡稳定性的评价。
⑥边坡治理的建议。

5）基坑工程分析：
①基坑工程设计的岩土参数选值。
②基坑边坡稳定性分析。
③地下水对基坑工程的影响。
④基坑工程和降水工程对环境的影响。
⑤基础支护方法建议。
⑥降水方法建议。

6）环境地质问题分析：
①工程建设引起地下水位改变导致的环境问题。
②工程建设改变岩土体稳定性的问题。
③工程可能诱发地质灾害。
④其他环境地质问题。
⑤上述问题的防治对策建议。

7）其他岩土工程问题的分析评价，如各种不良地质现明的分析评价和防治等。

（8）报告书的结论和建议应对各项勘察技术要求阐明结论性意见，阐述应清晰、明确，不应有含意模糊的表述；对工程涉及的岩土工程问题均应提出建议意见。

第3章 浅基础设计原理

在进行设计工作之前,应了解作用在建筑物之上有哪些荷载及这些荷载的性质和可能的取值,并掌握荷载组合的一般原则及相关规范的规定等。

本章主要讨论天然地基上浅基础的设计原理和计算方法,这些原理和方法也基本适用于人工地基上的浅基础。

3.1 地基基础设计原则

【基　　础】

◆**地基基础设计所需资料**

(1)建筑物场地的地形图和建筑平面图。

(2)拟建工程范围内的地质资料。

(3)拟建建筑物的平、立、剖面图,作用于基础上的荷载,设备基础资料和各种管道布置图。

(4)材料供应情况、施工技术和设备力量。

◆**浅基础设计内容及步骤**

(1)选择建筑物基础材料和构造类型。

(2)确定基础的埋置深度。

(3)确定地基土的承载力。

(4)确定基础的底面尺寸。若持力层中存在软弱下卧层,还需验算软弱下卧层的承载力。

(5)根据规范要求,验算地基的变形。

(6)对建在斜坡上或有水平荷载作用的建筑物,验算其抗倾覆及抗滑移稳定性。

(7)绘制基础施工图,编写施工说明。

【实　　务】

◆**地基基础设计等级**

根据地基复杂程度、建筑物规模和功能特征以及由于地基问题可能造成建筑物破坏或影响正常使用的程度,《建筑地基基础设计规范》(GB 50007—2002)将地基基础设计分为三个设计等级,设计时应根据具体情况按表3.1选用。

表3.1 地基基础设计等级

设计等级	建筑和地基类型
甲级	重要的工业与民用建筑物; 30层以上的高层建筑; 体型复杂,层数相差超过10层的高低层连成一体的建筑物; 大面积的多层地下建筑物(如地下车库、商场、运动场等); 对地基变形有特殊要求的建筑物; 复杂地质条件下的坡上建筑物(包括高边坡); 对原有工程影响较大的新建建筑物; 场地和地基条件复杂的一般建筑物; 位于复杂地质条件及软土地区的二层及二层以上地下室的基坑工程
乙级	除甲级、丙级以外的工业与民用建筑物
丙级	场地和地基条件简单、荷载分布均匀的七层及七层以下民用建筑及一般工业建筑物;次要的轻型建筑物

◆地基设计一般规定

根据建筑物地基基础设计等级及长期荷载作用下地基变形对上部结构的影响程度,地基基础设计应符合下列规定:

(1)所有建筑物的地基计算均应满足承载力计算的有关规定。

(2)设计等级为甲、乙级的建筑物,均应按地基变形设计。(即应验算地基变形)

(3)表3.2所列范围内设计等级为丙级的建筑物可不作变形验算,如有下列情况之一时,仍应作变形验算。

1)地基承载力特征值小于130 kPa,且体型复杂的建筑。

2)在基础上及其附近有地面堆载或相邻基础荷载差异较大,可能引起地基产生过大的不均匀沉降时。

3)软弱地基上的建筑物存在偏心荷载时。

4)相邻建筑距离过近,可能发生倾斜时。

5)地基内有厚度较大或厚薄不匀的填土,其自重固结未完成时。

(4)对经常受水平荷载作用的高层建筑、高耸结构和挡土墙等,以及建造在斜坡上或边坡附近的建筑物和构筑物,尚应验算其稳定性。

(5)基坑工程应进行稳定性验算。

(6)当地下水埋藏较浅,建筑地下室或地下构筑物存在上浮问题时,尚应进行抗浮验算。

表 3.2 可不作地基变形验算设计等级为丙级的建筑物范围

地基主要受力层情况	地基承载力特征值 f_{ak}/kPa		$60 \leq f_{ak} < 80$	$80 \leq f_{ak} < 100$	$100 \leq f_{ak} < 130$	$130 \leq f_{ak} < 160$	$160 \leq f_{ak} < 200$	$200 \leq f_{ak} < 300$
	各土层坡度/%		≤5	≤5	≤10	≤10	≤10	≤10
建筑类型	砌体承重结构、框架结构/层数		≤5	≤5	≤5	≤6	≤6	≤7
	单层排架结构(6 cm柱距)	单跨 吊车额定起重量/t	5~10	10~15	15~20	20~30	30~50	50~100
		厂房跨度/m	≤12	≤18	≤24	≤30	≤30	≤30
		多跨 吊车额定起重量/t	3~5	5~10	10~15	15~20	20~30	30~75
		厂房跨度/m	≤12	≤18	≤24	≤30	≤30	≤30
	烟囱	高度/m	≤30	≤40	≤50	≤75		≤100
	水塔	高度/m	≤15	≤20	≤30	≤30		≤30
		容积/m³	≤50	50~100	100~200	200~300	300~500	500~1 000

注:1. 地基主要受力层系指条形基础底面下深度为 3 b(b 为基础底面宽度),独立基础下为 1.5 b,且厚度均不小于 5 m 的范围(二层以下一般的民用建筑除外)。
2. 地基主要受力层中如有承载力特征值小于 130 kPa 的土层时,表中砌体承重结构的设计,应符合《建筑地基基础设计规范》(GB 50007—2002)中软弱地基的有关要求。
3. 表中砌体承重结构和框架结构均指民用建筑,对于工业建筑可按厂房高度、荷载情况折合成与其相当的民用建筑层数。
4. 表中吊车额定起重量、烟囱高度和水塔容积的数值系指最大值。

◆荷载及荷载效应组合

1. 荷载取值

地基基础设计时,所采用的荷载效应最不利组合与相应的抗力限值应按下列规定采用。

(1)按地基承载力确定基础底面积及埋深时,传至基础底面上的荷载效应应按正常使用极限状态下荷载效应的标准组合,相应的抗力应采用地基承载力特征值。

(2)计算地基变形时,传至基础底面上的荷载效应按正常使用极限状态下荷载效应的准永久组合,不应计入风荷载和地震作用,相应的限值应为地基变形允许值。

(3)计算挡土墙土压力、地基和斜坡的稳定及滑坡推力时,荷载效应应按承载能力极限状态下荷载效应的基本组合,但其分项系数均为 1.0。

(4)在确定基础高度、支挡结构截面、计算基础或支挡结构内力、确定配筋和验算材料强度时,上部结构传来的荷载效应组合和相应的基底反力,应按承载能力极限状态下荷载效应的基本组合,采用相应的分项系数。

当需要验算基础裂缝宽度时,应按正常使用极限状态荷载效应标准组合。

(5)基础设计安全等级、结构设计使用年限、结构重要性系数应按有关规定采用,但结构重要性系数不应小于 1.0。

2. 荷载效应组合

(1)正常使用极限状态下荷载效应的标准组合 S_k 为:

$$S_k = S_{Gk} + S_{Q1k} + \psi_{c2}S_{Q2k} + \cdots + \psi_{cn}S_{Qnk} \tag{3.1}$$

式中 S_{Gk}——按永久荷载标准值 G_k 计算的荷载效应值;

S_{Qik}——按可变荷载标准值 Q_{ik} 计算的荷载效应值;

ψ_{ci}——可变荷载 Q_i 的组合系数,按《建筑结构荷载规范》(GB 50009—2001)的规定取值。

(2)荷载效应的准永久组合 S_k 为

$$S_k = S_{Gk} + \psi_{q1}S_{Q1k} + \psi_{q2}S_{Q2k} + \cdots + \psi_{qn}S_{Qnk} \tag{3.2}$$

式中 ψ_{qi}——准永久系数,按《建筑结构荷载规范》(GB 50009—2001)的规定取值。

(3)承载力极限状态下,由可变荷载效应控制的基本组合设计值 S 为:

$$S = \gamma_G S_{Gk} + \gamma_{Q1}S_{Q1k} + \gamma_{Q2}\psi_{c2}S_{Q2k} + \cdots + \gamma_{Qn}\psi_{cn}S_{Qnk} \tag{3.3}$$

式中 γ_G——永久荷载的分项系数,按《建筑结构荷载规范》(GB 50009—2001)的规定取值;

γ_{Qi}——第 i 个可变荷载的分项系数,按《建筑结构荷载规范》(GB 50009—2001)的规定取值。

(4)对由永久荷载效应控制的基本组合,也可采用简化规则,荷载效应基本组合的设计值 S 为

$$S = 1.35 S_k \leqslant R \tag{3.4}$$

式中 R——结构构件抗力设计值;

S_k——荷载效应的标准组合值。

3.2 基础埋置深度

【基　　础】

◆**作用和考察因素**

基础埋置深度是指基础底面到设计地面的距离。为了保证基础的安全,同时减小基础的尺寸,应尽量把基础放在好的土层上,即选择合适的地基持力层。基础埋置深度的大小直接影响着建筑物的安全和正常使用、基础施工技术措施、施工工期和工程造价等,因此,合理确定基础埋置深度是基础设计工作中的重要环节。

基础埋深的选择主要考虑以下几个方面:

(1)工程地质与水文条件。

(2)环境条件。(包括气候条件和相邻建筑物的影响)

(3)建筑物的结构形式、使用条件、荷载大小和性质。

为了保护基础不受人类和生物活动的影响,基础应埋置在地表以下,其最小埋深为 0.5 m,且基础顶面应低于室外设计地面 0.1 m,同时又要便于建筑物周围排水沟的布置。

◆**建筑功能和结构条件**

某些建筑物特定的使用功能要求其有特定的基础形式,如有些工程要求设置地下室,这就需要建造带封闭侧墙的筏板基础或箱形基础;而不同的结构形式及使用条件对基础也有不

同的要求,相应的基础埋深也不相同,如多层砖混结构房屋与高层框剪结构对基础的要求是不同的,这些要求常成为其基础埋深选择的先决条件。

结构物荷载大小和性质不同,对地基土的要求也不同,因而会影响基础埋置深度的选择。浅层某一深度的土层对荷载小的基础可能是很好的持力层,而对荷载大的基础就可能不宜作为持力层。荷载的性质对基础埋置深度也有明显的影响。对于承受水平荷载的基础,必须有足够的埋置深度来获得土的侧向抗力,以保证基础的稳定性,减少建筑物的整体倾斜,防止倾覆及滑移。

【实　　务】

◆工程地质条件

为了保证建筑物的安全,必须根据荷载的大小和性质为基础选择可靠的持力层。通常当上层土的承载力满足要求时,应选择浅埋,以减少造价;若其下有软弱土层时,则应验算软弱下卧层的承载力是否满足要求,并尽可能地增大基底到软弱下卧层的距离。

当上层土的承载力低于下层土时,若取下层土为持力层,则所需的基础底面积较小,但埋深较大;若取上层土为持力层,则情况相反。在工程应用中,应根据施工难易程度、工程造价等进行方案比较确定。必要时还可考虑采用基础浅埋加地基处理的设计方案。

对墙基础,如地基持力层顶面倾斜,可沿墙长将基础底面分段做成高低不同的台阶状。分段长度不宜小于相邻两段面高差的1~2倍,且不宜小于1 m。

对修建在坡高 H 和坡角 β 不太大的稳定土坡坡顶的基础(如图3.1所示),当垂直于坡顶边缘线的基础底面边长 $b \leqslant 3$ m,且基础底面外缘至坡顶边缘线的水平距离 $a \geqslant 2.5$ m 时,如果基础埋置深度 $d \geqslant (xb - a)\tan \beta$ 时,则土坡坡面附近由修建基础所引起的附加应力不影响土坡的稳定性。式中 x 取 3.5(对条形基础)或 2.5(对矩形基础),否则应进行坡体稳定性验算。

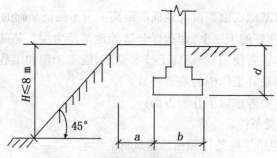

图3.1　土坡坡顶处基础的小埋深

◆水文地质条件

选择基础埋深时应注意地下水的埋藏条件和动态。对于天然地基上浅基础,应考虑将基础置于地下水位以上,以免给施工排水带来麻烦。对底面低于浅水面的基础,除必须考虑基坑排水、坑壁围护以及保护地基土不受扰动等措施外,还应考虑可能出现的其他施工与设计问题,如出现涌土、流砂的可能性;地下水对基础材料的化学腐蚀作用;轻型结构物由于地下水顶托的上浮托力;地下室防渗;地下水浮托力引起基础底板的内力等。

确定埋藏有承压含水层的地基(如图3.2所示)基础埋深时,必须控制基坑开挖深度,防止基坑因挖土减压而隆起开裂。要求基底到承压含水层顶间保留土层厚度(槽底安全厚度) h_0 为

$$h_0 > \frac{\gamma_2 h}{\gamma_0 k} \tag{3.5}$$

式中 h——承压水位高度(从承压含水层顶算起)(m);

γ_0——槽底安全厚度范围内土的加权平均重度,对地下水位以下的土取饱和重度(kN/m^3);

γ_w——承压水的重度(kN/m^3);

k——系数,一般取1.0,对宽基坑宜取0.7。

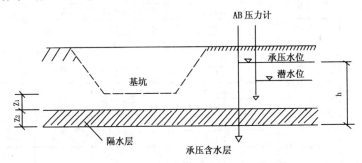

图3.2 基坑下埋藏有承压含水层的情况

◆ 地基冻融条件

土中水分冻结后,土体体积增大的现象称为冻胀;冻土融化后产生的沉陷称为融陷。季节性冻土在冻融过程中,反复地产生冻胀和融陷。由于冻胀和融陷的不均匀性,如果基础埋置在这种冻结深度内,则建筑物易开裂或不均匀沉降。

(1)地基土冻胀性分类。根据地基土的类别,冻前土的天然含水量、地下水位、平均冻胀率等因素将地基土的冻胀性分为不冻胀、弱冻胀、冻胀、强冻胀和特强冻胀五类,详见表3.3。

(2)冻胀性土地基的设计冻深。季节性冻土地基的设计冻深 Z_d 应按下式计算:

$$z_d = z_0 \psi_{zs} \psi_{zw} \psi_{ze} \tag{3.6}$$

式中 z_d——设计冻深,若当地有多年实测资料时,也可取 $z_d = h' - \triangle z$,h' 和 $\triangle z$ 分别为实测冻土层厚度和地表冻胀量;

z_0——标准冻深,系采用在地表平坦、裸露、城市之外的空旷场地中不少于10年实测最大冻深的平均值。当无实测资料时,按《建筑地基基础设计规范》(GB 50007—2002)附录F采用;

ψ_{zs}——土的类别对冻深的影响系数,按表3.4采用;

ψ_{zw}——土的冻胀性对冻深的影响系数,按表3.5采用;

ψ_{ze}——环境对冻深的影响系数,按表3.6采用。

表3.3 地基土的冻胀性分类

土的名称	冻前天然含水量 w/%	冻结期间地下水位距冻结面的最小距离 h_w/m	平均冻胀率 η/%	冻胀等级	冻胀类别
碎(卵)石,砾、粗、中砂(粒径小于0.075 mm颗粒的质量分数大于15%),细砂(粒径小于0.075 mm颗粒的质量分数大于10%)	$w \leq 12$	>1.0	$\eta \leq 1$	I	不冻胀
		≤1.0	$1 < \eta \leq 3.5$	II	弱冻胀
	$12 < w \leq 18$	>1.0			
		≤1.0	$3.5 < \eta \leq 6$	III	冻胀
	$w > 18$	>0.5			
		≤0.5	$6 < \eta \leq 12$	IV	强冻胀
粉砂	$w \leq 14$	>1.0	$\eta \leq 1$	I	不冻胀
		≤1.0	$1 < \eta \leq 3.5$	II	弱冻胀
	$14 < w \leq 19$	>1.0			
		≤1.0	$3.5 < \eta \leq 6$	III	冻胀
	$19 < w \leq 23$	>1.0			
		≤1.0	$6 < \eta \leq 12$	IV	强冻胀
	$w > 23$	不考虑	$\eta > 12$	V	特强冻胀
粉土	$w \leq 19$	>1.5	$\eta \leq 1$	I	不冻胀
		≤1.5	$1 < \eta \leq 3.5$	II	弱冻胀
	$19 < w \leq 22$	>1.5			
		≤1.5	$3.5 < \eta \leq 6$	III	冻胀
	$22 < w \leq 26$	>1.5			
		≤1.5	$6 < \eta \leq 12$	IV	强冻胀
	$26 < w \leq 30$	>1.5			
		≤1.5	$\eta > 12$	V	特强冻胀
	$w > 30$	不考虑			
黏性土	$w \leq w_p + 2$	>2.0	$\eta \leq 1$	I	不冻胀
		≤2.0	$1 < \eta \leq 3.5$	II	弱冻胀
	$w_p + 2 < w \leq w_p + 5$	>2.0			
		≤2.0	$3.5 < \eta \leq 6$	III	冻胀
	$w_p + 5 < w \leq w_p + 9$	>2.0			
		≤2.0	$6 < \eta \leq 12$	IV	强冻胀
	$w_p + 9 < w \leq w_p + 15$	>2.0			
		≤2.0	$\eta > 12$	V	特强冻胀
	$w > w_p + 15$	不考虑			

注:1. w_p——塑限含水量(%);
  w——在冻土层内冻前天然含水量的平均值。
2. 盐渍化冻土不在表列。
3. 塑性指数大于22时,冻胀性降低一级。
4. 粒径小于0.005 mm的颗粒含量大于60%时,为不冻胀土。
5. 碎石类土当充填物大于全部质量的40%时,其冻胀性按充填物土的类别判断。
6. 碎石土、砾砂、粗砂、中砂(粒径小于0.075 mm颗粒含量不大于15%)、细砂(粒径小于0.075 mm颗粒含量不大于10%)均按不冻胀考虑。

表3.4 土的类别对冻深的影响系数

土的类别	影响系数 ψ_{zs}
黏性土	1.00
细砂、粉砂、粉土	1.20
中、粗、砾砂	1.30
碎石土	1.40

表 3.5　土的冻胀性对冻深的影响系数

冻胀性	影响系数 ψ_{zw}
不冻胀	1.00
弱冻胀	0.95
冻胀	0.90
强冻胀	0.85
特强冻胀	0.80

表 3.6　环境对冻深的影响系数

周围环境	影响系数 ψ_{ze}
村、镇、旷野	1.00
城市近郊	0.95
城市市区	0.90

注：环境影响系数一项，当城市市区人口为 20 万~50 万时，按城市近郊取值；当城市市区人口大于 50 万小于或等于 100 万时，按城市市区取值；当城市市区人口超过 100 万时，按城市市区取值，5 km 以内的郊区应按城市近郊取值。

（3）冻胀性土基础埋深。当建筑基础底面之下允许有一定厚度的冻土层，可用下式计算基础的最小埋深：

$$d_{\min} = z_d - h_{\max} \tag{3.7}$$

式中　$h_{\max}$——基础底面下允许残留冻土层的最大厚度，按表 3.7 采用。

表 3.7　建筑基底下允许残留冻土层厚度 $h_{\max}$　　　　　　单位：m

冻胀性	基础形式	采暖情况	基底平均压力/kPa						
			90	110	130	150	170	190	210
弱冻胀土	方形基础	采暖	—	0.94	0.99	1.04	1.11	1.15	1.20
		不采暖	—	0.78	0.84	0.91	0.97	1.04	1.10
	条形基础	采暖	—	>2.50	>2.50	>2.50	>2.50	>2.50	>2.50
		不采暖	2.20	2.50	>2.50	>2.50	>2.50	>2.50	>2.50
冻胀土	方形基础	采暖	—	0.64	0.70	0.75	0.81	0.86	—
		不采暖	—	0.55	0.60	0.65	0.69	0.74	—
	条形基础	采暖	—	1.55	1.79	2.03	2.26	2.50	—
		不采暖	—	1.15	1.35	1.55	1.75	1.95	—
强冻胀土	方形基础	采暖	—	0.42	0.47	0.51	0.56	—	—
		不采暖	—	0.36	0.40	0.43	0.47	—	—
	条形基础	采暖	—	0.74	0.88	1.00	1.13	—	—
		不采暖	—	0.56	0.66	0.75	0.84	—	—
特强冻胀土	方形基础	采暖	0.30	0.34	0.38	0.41	—	—	—
		不采暖	0.24	0.27	0.31	0.34	—	—	—
	条形基础	采暖	0.43	0.52	0.61	0.70	—	—	—
		不采暖	0.33	0.40	0.47	0.53	—	—	—

注：1. 本表只计算法向冻胀力，如果基侧存在切向冻胀力，应采取防切向力措施。
　　2. 本表不适用于宽度小于 0.6 m 的基础，矩形基础可取短边尺寸按方形基础计算。
　　3. 表中数据不适用于淤泥、淤泥质土和欠固结土。
　　4. 表中基底平均压力数值为永久荷载标准值乘以 0.9，可以内插。

当有充分依据时，基底下允许残留冻土层厚度也可根据当地经验确定。当冻深范围内地基由不同冻胀性土层组成，基础最小埋深也可按下层土确定，但不得浅于下层土的顶面。

防止基础冻害的一个基本要求就是满足最小埋深,在冻胀较大的地基上,还应根据情况采取相应的防冻措施。

(4)冻胀性地基的防冻害措施。在冻胀、强冻胀、特强冻胀地基土,应采用下列防冻害措施。

1)对在地下水位以上的基础,基础侧面应回填非冻胀性的中砂或粗砂,其厚度不应小于 100 mm。对在地下水位以下的基础,可采用桩基础、自锚式基础(冻土层下有扩大板或扩底短桩)或采取其他有效措施。

2)宜选择地势高、地下水位低、地表排水良好的建筑场地。对低洼场地,宜在建筑四周向外一倍冻深距离范围内,使室外地坪至少高出自然地面 300~500 mm。

3)防止雨水、地表水、生产废水、生活污水浸入建筑地基,应设置排水设施。在山区应设截水沟或在建筑物下设置暗沟,以排走地表水和潜水流。

4)在强冻胀性和特强冻胀性地基上,其基础结构应设置钢筋混凝土圈梁和基础梁,并控制上部建筑的长高比,增强房屋的整体刚度。

5)当独立基础联系梁下或桩基础承台下有冻土时,应在梁或承台下留有相当于该土层冻胀量的空隙,以防止因土的冻胀将梁或承台拱裂。

6)外门斗、室外台阶和散水坡等部位宜与主体结构断开,散水坡分段不宜小于3%,宜下移填入非冻胀性材料。

7)对跨年度施工的建筑,入冬前应对地基采取相应的防护措施;按采暖设计的建筑物,当冬季不能正常采暖,也应对地基采取保温措施。

3.3 地基承载力确定

【基　础】

◆地基承载力的影响因素

地基承载力是在保证地基强度和稳定的条件下,建筑物不产生过大沉降和不均匀沉降时地基所承受荷载的能力。确定地基承载力时,应考虑的因素如下。

1. 土的物理力学性质

地基土的物理力学性质指标直接影响承载力的高低。

2. 地基土堆积年代及其成因

堆积年代愈久,地基承载力愈高,冲洪积土的承载力一般比坡积土要大。

3. 地下水

土的重度大小对承载力有影响,地下水位上升时,土的天然重度变为浮重度,承载力也应减小。另外地下水大幅度升降也会影响地基变形,湿陷性黄土遇水湿陷和膨胀土遇水膨胀、失水收缩,这些对承载力都有影响。

4. 建筑物性质

建筑物的结构型式、体型、整体刚度、重要性及使用要求不同,对允许沉降的要求也不同,因而对承载力的选取也不同。

5. 建筑物基础

基础尺寸及埋深也影响承载力。

【实 务】

◆ 地基承载力的确定方法

1. 按承载力理论计算公式确定

地基承载力的理论计算公式有很多种,这些理论公式都是基于一些假定的基础上的,因此,各种方法均有其各自的适用范围。《建筑地基基础设计规范》(GB 50007—2002)以地基临界荷载 $p_{1/4}$ 为基础的理论公式,并根据土的抗剪强度指标确定的地基承载力特征值可按下式计算:

$$f_a = M_b \gamma_b + M_d \gamma_m d + M_c c_k \quad (3.8)$$

式中 f_a ——由土的抗剪强度指标确定的地基承载力特征值(kPa);

M_b, M_d, M_c ——承载力系数,按表3.8确定;

γ ——基础底面以下土的重度,地下水位以下取浮重度(kN/m³);

γ_m ——基础底面以上土的加权平均重度(kN/m³),地下水位以下取浮重度;

c_k ——基底下一倍短边宽的深度内土的黏聚力标准值;

b ——基础底面宽度(m),大于6 m时按6 m取值,对于砂土小于3 m时按3 m取值;

d ——基础埋置深度(m),一般自室外地面标高算起。在填方整平地区,可自填土地面标高算起,但填土在上部结构施工后完成时,应从天然地面标高算起。对于地下室,如采用箱形基础或筏基时,基础埋置深度自室外地面标高算起;当采用独立基础或条形基础时,应从室内地面标高算起。

表3.8 承载力系数 M_b, M_d, M_c

土的内摩擦角标准值 φ_k/°	M_b	M_d	M_c
0	0	1.00	3.14
2	0.03	1.12	3.32
4	0.06	1.25	3.51
6	0.10	1.39	3.71
8	0.14	1.55	3.93
10	0.18	1.73	4.17
12	0.23	1.94	4.42
14	0.29	2.17	4.69
16	0.36	2.43	5.00
18	0.43	2.72	5.31
20	0.51	3.06	5.66
22	0.61	3.44	6.04
24	0.80	3.87	6.45
26	1.10	4.37	6.90
28	1.40	4.93	7.40
30	1.90	5.59	7.95
32	2.60	6.35	8.55
34	3.40	7.21	9.22
36	4.20	8.25	9.97
38	5.00	9.44	10.80
40	5.80	10.84	11.73

注：φ_k——基底下一倍短边宽深度内土的内摩擦角标准值。

式(3.8)适用于当偏心距小于或等于0.033倍基础底面宽度时的地基承载力计算,同时还需要满足变形要求。

当地基持力层土的透水性较差,在快速加载条件下,地基土因排水条件较差,有可能未充分固结而破坏,此时应采用不固结不排水抗剪强度计算短期承载力。根据不固结不排水内摩擦角 $\varphi_k = 0°$,查表3.8,得 $M_b = 0$,$M_d = 1.0$,$M_c = 3.14$。将 c_k 改为 c_u,可得到短期承载力设计值的计算公式如下：

$$f_a = q + 3.14c_u \tag{3.9}$$

式中 q——基础以上土重,$q = \gamma_m d$。

2. 按现场载荷试验确定

按照载荷板埋置深度,地基的载荷试验分为浅层和深层平板载荷试验。浅层平板载荷试验适用于确定浅部地基土层的承压板下应力主要影响范围内的承载力;深层平板载荷试验则适用于确定深部地基及大直径桩桩端土层在承压板下应力主要影响范围内的承载力。下面以浅层平板载荷试验为例,介绍其试验要点。

浅层平板载荷试验的承压板面积不应小于0.25 m²,对于软土不应小于0.5 m²;试验基坑宽度不应小于承压板宽度或直径的3倍,并应保持试验土层的原状结构和天然湿度。根据平板载荷试验所得到的 $p - s$ 曲线,可按以下三种情况确定地基承载力：

(1)当 $p - s$ 曲线上有比例界限时,取该比例界限所对应的荷载值。

(2)当极限荷载小于对应比例界限的荷载值的两倍时,取极限荷载值的1/2。

(3)不能按上述二款要求时,当压板面积为 $0.25 \sim 0.50$ m²,可取 $s/b = 0.01 \sim 0.015$ 所对应的荷载,但其值不应大于最大加载量的1/2。

同一土层参加统计的试验点不应少于3点,当试验实测值的极差不超过其平均值的30%时,取此平均值作为该土层的地基承载力特征值 f_{ak}。

3. 其他方法

除上述两种地基承载力的确定方法外,还可以采用静力触探方法和原位测试方法,以及基于工程经验的地基承载力表等经验方法确定地基承载力。

◆地基承载力的修正

载荷试验的影响深度约为荷载板宽度的 $2 \sim 3$ 倍,而载荷板的尺寸通常比真实基础的尺寸要小,载荷试验的尺寸效应不容忽视。因此,当基础的埋深和宽度与载荷板不同时,应对地基承载力特征值进行深度和宽度修正。其他原位测试方法以及工程经验方法也没有考虑实际基础尺寸和埋深对地基承载力的影响,同样需要进行深度和宽度修正。

《建筑地基基础设计规范》(GB 50007—2002)规定：当基础宽度大于3 m或埋置深度大于0.5 m时,从载荷试验或其他原位测试、经验值等方法确定的地基承载力特征值,应按下式修正：

$$f_a = f_{ak} + \eta_b \gamma (b - 3) + \eta_d \gamma_m (d - 0.5) \tag{3.10}$$

式中 f_a——修正后的地基承载力特征值(kPa);

f_{ak}——地基承载力特征值(kPa);

η_b,η_d——基础宽度和埋深的地基承载力修正系数,按基底下土的类别查表3.9取值;

γ——基础底面以下土的重度,地下水位以下取浮重度(kN/m^3);

b——基础底面宽度(m),当基宽小于3 m按3 m取值,大于6 m按6 m取值;

γ_m——基础底面以上土的加权平均重度,地下水位以下取浮重度(kN/m^3);

d——基础埋置深度(m),一般自室外地面标高算起。在填方整平地区,可自填土地面标高算起,但填土在上部结构施工后完成时,应从天然地面标高算起。对于地下室,如采用箱形基础或筏基时,基础埋置深度自室外地面标高算起;当采用独立基础或条形基础时,应从室内地面标高算起。

表 3.9 承载力修正系数

土 的 类 别		η_b	η_d
淤泥和淤泥质土		0	1.0
人工填土		0	1.0
e 或 I_L 大于等于 0.85 的黏性土		0	1.0
红黏土	含水比 $\alpha_w > 0.8$	0	1.2
	含水比 $\alpha_w \leq 0.8$	0.15	1.4
大面积压实填土	压实系数大于 0.95,黏粒含量 $\rho_c \geq 10\%$ 的粉土	0	1.5
	最大干密度大于 2.1 t/m^3 的级配砂石	0	2.0
粉土	黏粒含量 $\rho_c \geq 10\%$ 的粉土	0.3	1.5
	$\rho_c < 10\%$ 的粉土	0.5	2.0
e 及 I_L 均小于 0.85 的黏性土		0.3	1.6
粉砂、细砂(不包括很湿与饱和时的稍密状态)		2.0	3.0
中砂、粗砂、砾砂和碎石土		3.0	4.4

注:1. 强风化和全风化的岩石,可参照所风化成的相应土类取值;其他状态下的岩石不修正。

2. 地基承载力特征值按深层平板载荷试验确定时 η_d 取 0。

必须注意对于地基承载力修正公式(3.10),在不同时期,以及对于不同的规范,式中的某些经验值是不同的,式(3.10)可写成如下的通式:

$$f_a = f_{ak} + \eta_b \gamma (b - b_0) + \eta_d \gamma_m (d - d_0) \tag{3.11}$$

式中,b_0,d_0 为对应于宽度和埋深修正的经验值,其他符号意义不变,表 3.10 给出了不同规范和不同规范制定时期的 b_0 和 d_0 值。

表 3.10 b_0 和 d_0 值

规范名称	制定日期	b_0/m	d_0/m
工业与民用建筑地基基础设计规范(TJ 7—1974)	1974 年	3.0	1.5
建筑地基基础设计规范(GB 50007—2002)	2002 年	3.0	0.5
公路桥涵地基与基础设计规范(JTJ 024—1985)	1985 年	2.0	3.0

注:适用于基础最小边宽超过 2 m 或基础埋深超过 3 m,且基础 $h/d \leq 4$(h 为基础埋深,b 为基础最小边宽)。

【实 例】

【例 3.1】 某厂房墙基,上部轴向荷载 $F_k = 180$ kN/m,基础埋深 1.1 m,地基为粉质黏土,$\gamma = 19$ kN/m^3,$I_L = 0.75$,地基承载力特征值 $f_{ak} = 200$ kPa,试确定基础宽度。

解:

(1)初步确定基础宽度:

$$P_k = \frac{F_k + G_k}{A} \leqslant f_a, A \geqslant \frac{F_k}{f_a - \gamma_G d}, f_a 暂用 f_{ak} 代入公式得：$$

$$A \geqslant \frac{180}{200 - 20 \times 1.1} \text{m} = 1.01 \text{ m}$$

取基础宽 $b = 1.0$ m。

(2) 修正后地基承载力特征值计算：

查表 3.9 得，$I_L = 0.75 \leqslant 0.85$，承载力修正系数 $\eta_b = 0.3, \eta_d = 1.6$。

$b < 3$ m，按 3 m 计算：

$$\begin{aligned} f_a/\text{kPa} &= f_{ak} + \eta_b \gamma (b - 3) + \eta_d \gamma_m (d - 0.5) \\ &= 200 + 0 + 1.6 \times 19 \times (1.1 - 0.5) = 200 + 18.2 = 218.2 \end{aligned}$$

(3) 验算地基承载力：

$$P_k/\text{kPa} = \frac{F_k + G_k}{A} = \frac{180 + 20 \times 1.1 \times 1.0}{1.0} = 202 \text{ kPa} < f_a = 218.2 \text{kPa}$$

所以基础宽度取 1.0 m 满足要求。

3.4 基础底面尺寸

【实　务】

◆ **按地基承载力确定基础底面积**

计算基础底面积时，一般要有：作用于基础上的荷载；基础的埋深；地基的承载力特征值。需要注意的是，计算基础底面积时，需要知道修正后的地基承载力特征值 f_a，而 f_a 又与基础宽度、埋深有关，因此，应当采用试算法计算，即先假定 $b \leqslant 3$ m，这时仅按埋深确定修正后的地基承载力特征值，然后按地基承载力要求计算出基础宽度 b，如 $b \leqslant 3$ m，表示假设正确，算得的基础宽度即为所求，否则需重新假定 b 再进行计算。工业与民用建筑基础的宽度大多小于 3 m，因此通常情况下不需要进行二次计算。

1. 轴心受压基础底面积

地基按承载力计算时，要求作用在基础底面上的平均压力值应小于或等于修正后的地基承载力特征值，即

$$P_k = \frac{F_k + G_k}{A} \leqslant f_a \tag{3.12}$$

式中　p_k——相应于荷载效应标准组合时，基础底面处的平均压力值(kPa)；

F_k——相应于荷载效应标准组合时，上部结构传至基础顶面的竖向力值，(kN)；

G_k——基础自重和基础上的土重(kN)；

A——基础底面面积(m^2)。

把 $G_k = Ad\gamma_G$ 代入式(3.12)，整理得到矩形基础底面面积设计的公式：

$$A \geqslant \frac{F_k}{f_a - \gamma_G d} \tag{3.13}$$

对于条形基础,可沿基础长度方向取 $l=1\mathrm{~m}$ 为计算单元,则条形基础宽度 b 为:

$$b \geq \frac{F_k}{f_a - \gamma_G d} \tag{3.14}$$

此时 F_k 为沿长度 1 m、上部结构作用在基础顶面的荷载效应标准组合竖向力,如计算带有窗洞口的墙下基础时,荷载应取相邻窗洞中心线间的总荷载除以窗洞中心线间的距离。

2. 偏心受压基础底面积

受偏心荷载作用,基础底面尺寸不能用公式直接写出。通常的计算方法如下:

(1)通常计算方法及步骤。

1)按轴心荷载作用条件,初步估算所需的基础底面面积 A。

2)根据偏心距的大小,将基础底面面积扩大 10% ~40%,并适当地确定基础底面的长度 b 和宽度 l。

3)由调整后的基础底面尺寸计算基底最大压力和最小压力,并使其满足承载力验算的要求。这一计算过程可能要经过几次试算才能最后确定合适的基础底面尺寸。

(2)偏心受压计算公式:

$$\begin{matrix}P_{k\max}\\P_{k\min}\end{matrix} = \frac{F_k + G_k}{A} \pm \frac{M_k}{W} \tag{3.15}$$

式中 M_k——相应于荷载效应标准组合时,作用于基础底面的力矩值(kN·m);

W——基础底面的抵抗矩(m^3);

$P_{k\max}$——相应于荷载效应标准组合时,基础底面边缘的最大压力值(kPa);

$P_{k\min}$——相应于荷载效应标准组合时,基础底面边缘的最小压力值(kPa)。

把 $W = lb^2/6$(l 为垂直于力矩作用方向的基础底面边长)和 $M_k = (F_k + G_k)e$ 代入式(3.15)中得:

$$\begin{matrix}P_{k\max}\\P_{k\min}\end{matrix} = \frac{F_k + G_k}{A}\left(1 \pm \frac{6e}{b}\right) \tag{3.16}$$

式中 e——偏心距;

b——力矩作用方向基础底面边长。

当偏心距 $e > b/6$ 时(如图 3.3 所示),$p_{k\max}$ 应按下式计算:

$$P_{k\max} = \frac{2(F_k + G_k)}{3la} \tag{3.17}$$

式中 a——合力作用点至基础底面最大压力边缘的距离。

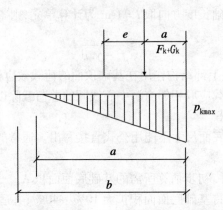

图3.3 偏心荷载($e>b/6$)下基底压力计算示意

(3)地基承载力验算：

$$\frac{1}{2}(p_{kmax} + p_{kmin}) \leq f_a \tag{3.18}$$

$$p_{kmax} \leq 1.2 f_a \tag{3.19}$$

通常偏心距宜控制在 $e \leq b/6$ 范围内。

3. 地基软弱下卧层验算

当地基受力层范围内有软弱下卧层时，验算下卧层的地基承载力公式为：

$$P_z + P_{cz} \leq f_{ax} \tag{3.20}$$

式中　p_z——相应于荷载效应标准组合时，软弱下卧层顶面处的附加压力值(kPa)；

　　　p_{cz}——软弱下卧层顶面处土的自重压力值(kPa)；

　　　f_{az}——软弱下卧层顶面处经深度修正后地基承载力特征值(kPa)。

当上层土与下层软弱土层的压缩模量比值大于或等于3时，对条形基础和矩形基础，可用压力扩散角方法求土中附加压力。该方法是假设基底处的附加压力 P_0 按某一扩散角 θ 向下扩散，在任意深度的同一水平面上的附加压力均匀分布（如图3.4所示）。根据扩散前后总压力相等的条件可得深度为 z 处的附加压力。

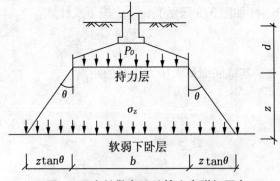

图3.4 压力扩散角法计算土中附加压力

条形基础：

$$P_z = \frac{bP_0}{b + 2z\tan\theta} \tag{3.21}$$

矩形基础：

$$P_z = \frac{lbP_0}{(b + 2z\tan\theta)(l + 2z\tan\theta)} \tag{3.22}$$

式中 b——矩形基础或条形基础底边的宽度(m);
　　　l——矩形基础底边的长度(m);
　　　P_0——基底附加压力(kPa), $P_0 = P_k - \gamma_0 d$;
　　　z——基础底面至软弱下卧层顶面的距离(m);
　　　θ——地基的压力扩散角(压力扩散线与垂直线的夹角),可按表 3.11 采用。

表 3.11　地基压力扩散角 θ

E_{s1}/E_{s2}	z/b	
	0.25	0.50
3	6°	23°
5	10°	25°
10	20°	30°

注:1. E_{s1} 为上层土压缩模量; E_{s2} 为下层土压缩模量。
　　2. $z/b < 0.25$ 时一般取 $\theta = 0°$,必要时,宜由试验确定; $z/b > 0.50$ 时, θ 值不变。

4. 考虑基础底面相交重合时面积的确定

在确定墙下条形基础或柱下条形基础底面时,应避免重复计入相交处的面积,特别是当基础槽宽较大时,重复计入相交处的面积将造成基底总面积小于所需的总面积,因而增加了基础的沉降量。

传统的砌体结构或钢筋混凝土剪力墙结构的条形基础宽度 B_i,是根据每道墙沿每开间的线性荷载标准组合值 N_{ki} 按下式确定:

$$B_i = \frac{N_{ki}}{f_a - \gamma_G d} \tag{3.23}$$

式中 f_a——修正后的地基承载力的特征值(kPa);
　　　γ_G——基础和其上填土的平均重度(kN/m³);
　　　d——基础埋置深度(m)。

对多道正交条形基础,按式(3.23)计算时,在相交处必然存在基底面积重复计入的问题,以往设计中为解决基底面积重复计入,通常根据经验将 B_i 乘以大于 1.0 的增大系数,或逐点将重叠面积算出后,再分配到相关的各道墙的基础宽度中。

◆按允许沉降确定基础底面积

根据地基附加应力分布和沉降计算原理可知,沉降量与基础底面积尺寸有关。当底面积的附加应力相同时,地基底面积增大,导致沉降量加大;当基础上外荷载不变时,基础底面积增加会使基础压力减小,从而降低地基中的附加应力水平,减小沉降。因此,从减小沉降差的观点来看,以某个承载力特征值来统一确定建筑物下各个基础底面积尺寸的做法未必合理,尤其是当地基的压缩性高,各基础的荷载轻重不一致时,如只按地基承载力确定各个基础的底面尺寸,则各基础之间的沉降差未必都能控制在允许范围之内,此时如适当调整基础底面尺寸,有可能使各柱基沉降趋于均匀,对框架等敏感性建筑而言,就能减少其与地基相互作用所产生的次应力,使常规分析更能符合实际情况。

1. 根据沉降相等的要求,按比例确定基础尺寸

根据弹性理论,某一基础的沉降 s_1 可按下式计算:

$$s_1 = \frac{1+\mu^2}{E_0} \omega P_{ok1} b_1 \tag{3.24}$$

对于第二个基础,其沉降 s_2 为

$$s_2 = \frac{1+\mu^2}{E_0}\omega P_{ok2} b_2 \tag{3.25}$$

式中　b_1、b_2——基础1和基础2的底面宽度(m)
　　　P_{ok1}、P_{ok2}——基础1和基础2的基底平均附加应力(kPa);
　　　ω——沉降影响系数;
　　　E_0,μ^2——土的弹性模量和泊松比。

在同一地基土中,当沉降量 $s_1 = s_2$ 时,而基础形状相同(即 ω 相等),则

$$P_{ok1} b_1 = P_{ok2} b_2 \tag{3.26}$$

在土的弹性模量不随深度而变化的情况下,式(3.24)才是正确的。但土的弹性模量常随深度而变化,考虑到这一因素,太沙基(Terzaghi)和彼克(Peck)提出了以下修正公式:

$$P_{ok2} = P_{ok1} \left(\frac{b_1}{b_2}\right)^2 \left(\frac{b_2+1}{b_1+1}\right)^2 \tag{3.27}$$

经过验证表明,式(3.27)带有一定的经验因素,偏于保守。

2.按给定沉降量确定基础底面尺寸

固结沉降计算式:

$$s = \frac{C_v H}{1+e_0}\lg\frac{P_0+\triangle q}{P_0} \tag{3.28}$$

式中　H——土层的高度;
　　　C_v——土层的固结指数;
　　　e_0——土层的初始孔隙比;
　　　P_0——土层的附加应力;
　　　$\triangle q$——土层的自重应力平均值。

将式(3.28)整理后可得:

$$\lg\frac{P_0+\triangle q}{P_0} = \frac{1+e_0}{C_v H}$$

再改写成:

$$\frac{P_0+\triangle q}{P_0} = 10^{ms}$$

$$m = \frac{1+e_0}{C_v H}$$

故有:

$$\triangle q = P_0(10^{ms}-1) \tag{3.29}$$

就某一设计问题,p_0,m,s 都可以根据该问题的几何尺寸和土工数据预先确定,通过式(3.29)用试算的方法确定满足给定沉降量的基础尺寸。

【实　　例】

【例3.2】　如图3.5所示为某桥墩基础,已知基础底面尺寸 $b = 4$ m,$l = 10$ m,作用在基础底面中心的荷载 $N = 4\ 000$ kN,$M = 2\ 800$ kN·m,计算基础底面的压力。

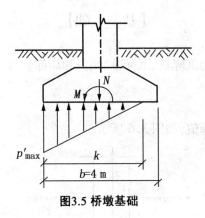

图3.5 桥墩基础

解:

$$e/m = \frac{M}{N} = \frac{2\,800}{4\,000} = 0.7 \text{ m} > \frac{4}{6} = 0.67$$

$$p'_{max}/kPa = \frac{2N}{3 \times (\frac{b}{2} - e)l} = \frac{2 \times 4\,000}{3 \times (\frac{2}{3} - 0.7) \times 10} = 888.9$$

【例3.3】 某构筑物基础 $4 \text{ m} \times 2 \text{ m}(b \times l)$,埋深 2 m,基础作用偏心荷载 $F_k = 680$ kN,偏心距 1.11 m,试求基底平均压力 P_k 和边缘最大压力 P_{kmax}。

解:

(1)基底平均压力:

$$P_k/kPa = \frac{F_k + G_k}{A} = \frac{680 + 20 \times 4 \times 2 \times 2}{4 \times 2} = 125$$

(2)最大压力 P_{kmax}:

$(F_k + G_k)$ 的偏心距 $e = 2 - 1.11 = 0.89 > b/6 = 0.67$ m

$$P_{kmax} = \frac{2(F_k + G_k)}{3la}$$

式中 l——垂直于力矩作用方向的基础底面边长;

a——合力作用点至基础底面最大压力边缘的距离,$a/m = 2.0 - 0.89 = 1.11$。

$$P_{kmax}/kPa = \frac{2 \times (680 + 320)}{3 \times 2 \times 1.11} = 300$$

3.5 地基变形计算

根据地基承载力的设计,通常可保证建筑物具有足够的安全度,但是,在荷载作用下,地基土总要产生压缩变形,使建筑物产生沉降。由于不同建筑物的结构类型、整体刚度、使用要求的差异,对地基变形的敏感程度、危害及变形要求也不同。所以,地基基础设计必须控制各类建筑结构不利的沉降,避免影响其正常使用。

【基　础】

地基的特征变形一般分为沉降量、沉降差、倾斜和局部倾斜。

◆沉降量

沉降量指基础某点的沉降值，如图3.6所示。

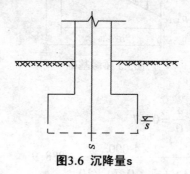

图3.6　沉降量s

对于单层排架结构，在低压缩性地基上通常不会因沉降而损坏，但在中高压缩性地基上，应该限制柱基沉降量，特别是要限制多跨排架中受荷较大的中排柱基的沉降量，以免支撑于其上的相邻屋架发生对倾而使端部相碰。

◆沉降差

沉降差指相邻柱基中点的沉降量之差，如图3.7所示。

框架结构主要因柱基的不均匀沉降使结构受剪扭曲而损坏，因此，应严格控制基础沉降差。

对于开窗面积不大的墙砌体所填充的边排柱，特别是房屋端部抗风柱之间的沉降差，以及当基础不均匀沉降时不产生附加应力的结构相邻柱基的沉降差也应予以注意。

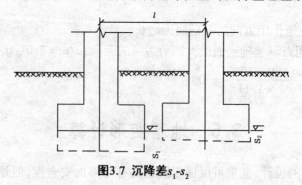

图3.7　沉降差s_1-s_2

◆倾斜

倾斜指基础倾斜方向两端点的沉降差与其距离的比值，如图3.8所示。

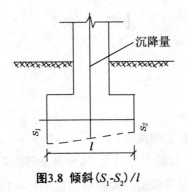

图3.8 倾斜 $(S_1-S_2)/l$

对于高耸结构以及长高比很小的高层建筑,其地基的主要特征变形是建筑物的整体倾斜。

高耸结构的重心高,基础倾斜使重心侧向移动引起的偏心力矩荷载,不仅使基底边缘压力 P_{max} 增加而影响倾斜稳定性,还会导致高烟囱等筒体的结构附加弯矩。因此,高耸结构基础的倾斜容许值随结构高度的增加而递减。一般地基土层的不均匀分布以及邻近建筑物的影响是高耸结构产生倾斜的重要原因。如果地基的压缩性比较均匀,且无邻近荷载的影响,对高耸结构,只要基础中心沉降量不超过允许值,可不作倾斜验算。

◆ **局部倾斜**

局部倾斜指砌体承重结构沿纵向 6~10 m 内基础两点的沉降差与其距离的比值,如图 3.9 所示。

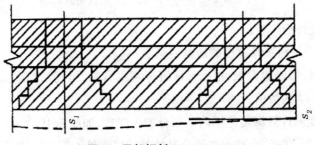

图3.9 局部倾斜 $(s_1-s_2)/l$

一般砌体承重结构房屋的长高比不太大,因地基沉降所引起的损坏,最常见的是房屋外纵墙由于相对挠曲引起的拉应力变形形成的裂缝,有裂缝呈正"八"字形的墙体正向挠曲(下凹)和呈倒"八"字形的反向挠曲(上凸)。但是墙体的相对挠曲不易计算,一般沿纵墙一定距离范围(6~10 m)内基础两点的沉降量计算局部倾斜,作为砌体承重墙结构的主要特征变形。

【实　务】

◆地基变形计算

1. 计算一般规定

在计算地基变形时,应符合下列规定:

(1)由于建筑地基不均匀、荷载差异很大、体型复杂等因素引起的地基变形,对于砌体承重结构应由局部倾斜值控制;对于框架结构和单层排架结构应由相邻柱基的沉降差控制;对于多层或高层建筑和高耸结构应由倾斜值控制;必要时尚应控制平均沉降量。

(2)在必要情况下,需要分别预估建筑物在施工期间和使用期间的地基变形值,以便预留建筑物有关部分之间的净空,选择连接方法和施工顺序。一般多层建筑物在施工期间完成的沉降量,对于砂土可认为其最终沉降量已完成80%以上,对于其他低压缩性土可认为已完成最终沉降量的50%~80%,对于中压缩性土可认为已完成20%~50%,对于高压缩性土可认为已完成5%~20%。

2. 地基变形计算公式

计算地基变形时,地基内的应力分布,可采用各向同性均质线性变形体理论。其最终变形量可按下式计算:

$$s = \psi_s s' = \psi_s \sum_{i=1}^{n} \frac{p_0}{E_{si}} (z_i \bar{\alpha}_i - z_{i-1} \bar{\alpha}_{i-1}) \tag{3.30}$$

式中　s——地基最终变形量(mm);

　　　s'——按分层总和法计算出的地基变形量;

　　　ψ_s——沉降计算经验系数,根据地区沉降观测资料及经验确定,无地区经验时可采用表3.12的数值;

　　　n——地基变形计算深度范围内所划分的土层数,如图3.10所示;

　　　p_0——对应于荷载效应准永久组合时的基础底面处的附加压力(kPa);

　　　E_{si}——基础底面下第i层土的压缩模量(MPa),应取土的自重压力至土的自重压力与附加压力之和的压力段计算;

　　　z_i、z_{i-1}——基础底面至第i层土、第$i-1$层土底面的距离(m);

　　　$\bar{\alpha}_i$、$\bar{\alpha}_{i-1}$——基础底面计算点至第i层土、第$i-1$层土底面范围内平均附加应力系数,可按《建筑地基基础设计规范》(GB 50007—2002)附录K采用。

表3.12　沉降计算经验系数 ψ_s

基底附加压力	$\bar{E}_s$/MPa				
	2.5	4.0	7.0	15.0	20.0
$P_0 \leqslant f_{ak}$	1.4	1.3	1.0	0.4	0.2
$P_0 \leqslant 0.75 f_{ak}$	1.1	1.0	0.7	0.4	0.2

注:$\bar{E}_s$ 为变形计算深度范围内压缩模量的当量值,应按下式计算:

$$E_s = \frac{\sum A_i}{\sum E_{si}}$$

式中 A_i——第 i 层土附加应力系数沿土层厚度的积分值。

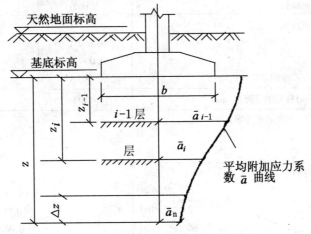

图3.10 基础沉降计算的分层示意

◆ 建筑物地基变形允许值

建筑物的地基变形允许值,按表 3.13 规定采用。对表中未包括的建筑物,其地基变形允许值应根据上部结构对地基变形的适应能力和使用上的要求确定。

表 3.13　建筑物的地基变形允许值

变形特征	地基土类别	
	中、低压缩性土	高压缩性土
砌体承重结构基础的局部倾斜	0.002	0.003
工业与民用建筑相邻柱基的沉降差		
1)框架结构	0.002 l	0.003 l
2)砌体墙填充的边排柱	0.000 7 l	0.001 l
3)当基础不均匀沉降时不产生附加应力的结构	0.005 l	0.005 l
单层排架结构(柱距为6m)柱基的沉降量/mm	(120)	200
桥式吊车轨面的倾斜(按不调整轨道考虑)		
纵向	0.004	
横向	0.003	
多层和高层建筑的整体倾斜		
$H_g \leq 24$	0.004	
$24 < H_g \leq 60$	0.003	
$60 < H_g \leq 100$	0.002 5	
$H_g > 100$	0.002	
体型简单的高层建筑基础的平均沉降量/mm	200	
高耸结构基础的倾斜		
$H_g \leq 20$	0.008	
$20 < H_g \leq 50$	0.006	
$50 < H_g \leq 100$	0.005	
$100 < H_g \leq 150$	0.004	
$150 < H_g \leq 200$	0.003	
$200 < H_g \leq 250$	0.002	
高耸结构基础的沉降量/mm		
$H_g \leq 100$	400	
$100 < H_g \leq 200$	300	
$200 < H_g \leq 250$	200	

注:1. 本表数值为建筑物地基实际最终变形允许值。

2. 有括号者仅适用于中压缩性土。

3. l 为相邻柱基的中心距离/(mm);H_g 为自室外地面起算的建筑物高度/(m)。

【实　　例】

【例3.4】　某矩形基础底面尺寸为 2 m × 2 m,基底附加压力 $p_0 = 185$ kPa,基础埋深 3.0 m,土层分布:0 ~ 4.0 m 粉质黏土,$\gamma = 18$ kN/m³,$E_s = 3.3$ MPa,$f_{ak} = 185$ kPa,4.0 ~ 7.0 m 粉土,$E_s = 5.5$ MPa,7 m 以下中砂,$E_s = 7.8$ MPa,有关数据见表 3.14,按照《建筑地基基础设计规范》(GB 50007—2002),当地基变形计算深度 $z_n = 4.5$ m 时试计算地基最终变形量。

第 3 章 浅基础设计原理

表 3.14 地基最终变形量相关参数

z/m	$\bar{\alpha}_i z_i - \bar{\alpha}_{i-1} z_{i-1}$	E_s/MPa	$\triangle s'/mm$	$s' = \sum \triangle s'/mm$
0	0	—	—	—
1	0.225×4	3.3	50.5	50.5
4	0.219×4	5.5	29.5	80.0
4.5	0.015×4	7.8	1.4	81.4

解：

计算 z_n 深度范围内压缩模量的当量值：$\bar{E}_s$

$$\bar{E}_s = \sum_1^n \triangle A_i / \sum_1^n \triangle A_i / E_{si}$$

$$= \frac{P_0(z_3\bar{\alpha}_3 - 0 \times \bar{\alpha}_0)}{P_0 \left[\frac{z_1\bar{\alpha}_1 - 0 \times \bar{\alpha}_0}{E_{s1}} + \frac{z_2 \times \bar{\alpha}_2 - z_1\bar{\alpha}_1}{E_{s2}} + \frac{z_3\bar{\alpha}_3 - z_2 \times \bar{\alpha}_2}{E_{s3}} \right]}$$

$$= \frac{0.225 + 0.219 + 0.015}{\frac{0.225}{3.3} + \frac{0.219}{5.5} + \frac{0.015}{7.8}}$$

$$= \frac{0.459}{0.068 + 0.04 + 0.0019}$$

$$= \frac{0.459}{0.1099}$$

$$= 4.18$$

$P_0 = 185 \text{ kPa} = f_{ak}, \psi_s = 1.282$

地基最终沉降：

$s/\text{mm} = \psi_s s' = 1.282 \times 81.4 = 104.4$

3.6 地基稳定性计算

【基　　础】

◆**计算地基稳定性的必要性**

一般情况下，处于平整地基上的建筑物，只要基础具有必须的埋深以保证其承载力，就不会由于倾覆或滑移而导致破坏。但是对于某些采用独立基础的高大建筑物，当承受较大的水平荷载和偏心荷载时，则可能发生沿基底面的滑动、倾斜或与深层土层一起滑动，如果地基土层本身倾斜，就更容易发生整体滑动破坏。因此，对经常受水平荷载作用的高层建筑物和高耸结构物或建在斜坡上的建筑物，以及地基中存在倾斜或软弱地层时，应进行地基稳定性验算。

【实　务】

◆ **稳定安全系数**

当判定地基失稳形式属于深层滑动时,如图3.11所示,可用圆弧滑动法进行验算。稳定安全系数指作用于最危险的滑动面上各力对滑动中心所产生的抗滑力矩与滑动力矩的比值,其值应满足下式要求:

$$K = \frac{M_r}{M_s} \geq 1.2 \tag{3.31}$$

式中　M_R——抗滑力矩(kN·m);
　　　M_s——滑动力矩(kN·m)。

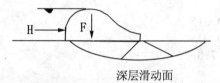

图3.11　深层滑动面示意

◆ **基础距坡顶的距离**

位于稳定土坡坡顶上的建筑物,当垂直于坡顶边缘线的基础底面边长小于或等于3 m时,其基础底面外边缘线到坡顶的水平距离 a 可按下式计算(如图3.12所示),但不得小于2.5 m。

条形基础:
$$a \geq 3.5b - \frac{d}{\tan \beta} \tag{3.32}$$

矩形基础:
$$a \geq 2.5b - \frac{d}{\tan \beta} \tag{3.33}$$

式中　a——基础底面外边缘线至坡顶的水平距离(m);
　　　b——垂直于坡顶边缘线的基础底面边长(m);
　　　d——基础埋置深度(m);
　　　β——边坡坡角。

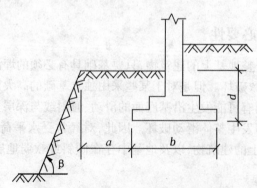

图3.12　基础外缘至坡顶水平距离示意

应该指出,式(3.32)、(3.33)的应用条件是土坡自身是稳定的。当坡角大于45°,坡高大于 8 m 时,应进行土坡稳定验算。若 $b>3$ m,a 值不满足式(3.32)和式(3.33)时,可根据基底平均压力,按圆弧滑动面法进行土坡稳定计算,用来确定基础的埋深和基础距坡顶边缘的距离。

3.7 降低不均匀沉降的措施

任何地基上的建筑物总要产生一定的沉降和不均匀沉降。过量的不均匀沉降常常会使建筑物开裂、破坏或影响使用,特别是建造在软弱和不均匀地基上的建筑物,因此房屋设计及施工时,应采取各种必要的措施,减少建筑物的不均匀沉降。

【基　　础】

◆不均匀沉降引起墙体开裂的一般规律

不均匀沉降会引起砌体承重结构开裂,特别是在墙体窗口门洞的角位处。裂缝的位置和方向与不均匀沉降的状况有关。如图 3.13 所示表示不均匀沉降引起墙体开裂的一般规律:斜裂缝下的基础(或基础的一部分)沉降较大。若墙体中间部分的沉降比两端部大("碟形沉降"),则墙体两端部的斜裂缝将呈八字形,有时(墙体长度大)还在墙体中部下方出现近乎竖直的裂缝;若墙体两端部的沉降大("倒碟形沉降"),则斜裂缝将呈倒置八字形。当建筑物各部分的荷载或高度差别较大时,重、高部分的沉降也较大,并导致轻、低部分产生斜裂缝。

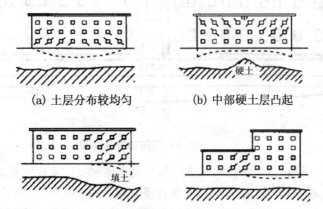

(a) 土层分布较均匀　(b) 中部硬土层凸起

(c) 松散土层(如填土)厚度变化较大　(d) 上部结构荷载差别较大

图3.13 不均匀沉降引起墙体开裂

对于框架等超静定结构来说,各柱的沉降差必将在梁柱等构件中产生附加内力,当这些附加内力与设计荷载作用下的内力之和超过构件的承载能力时,梁、柱端和楼板将会出现裂缝。

【实　　务】

◆ 建筑技术措施

1. 建筑体型力求简单

在满足使用及其他要求的前提下,建筑体型应力求简单,避免凹凸转角,因为这些部位基础交叉,地基中附加应力重叠,易产生较大沉降。当建筑体型比较复杂时,应根据平面形状和高度差异情况,在适当部位用沉降缝将其划分成若干个刚度较好的单元;当高度差异(或荷载差异)较大时,可将两者隔开一定距离。当拉开距离后的两单元必须连接时,应采用能自由沉降的连接构造,如在两端用悬挑结构,或用连接廊将建筑物单元连接起来。

2. 控制建筑物长高比及合理布置纵横墙

纵横墙的连结和房屋的楼(屋)面共同形成了砌体承重结构的空间刚度。当砌体承重房屋长高比(建筑物长度或沉降单元长度与自基底面算起的总高度之比)较小时,则建筑物的整体刚度好,能较好地防止不均匀沉降的危害。相反,则建筑物整体刚度差,纵墙很容易因挠曲变形过大而开裂,如图3.14所示。根据调查认为,二层以上的砌体承重房屋,当预估的最大沉降量超过120 mm时,长高比不宜大于2.5。对于平面简单,内外墙贯通,横墙间隔较小的房屋,长高比的限制可放宽到不大于3.0。不符合上述条件时,应设置沉降缝。

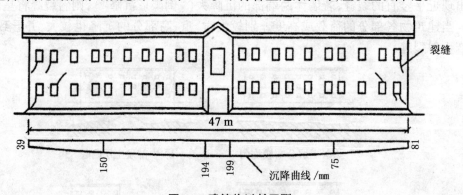

图3.14　建筑物过长开裂

合理布置纵横墙,是增强砌体承重结构房屋整体刚度的重要措施之一。一般房屋的纵向刚度较弱,故地基不均匀沉降的损害主要表现为纵墙的挠曲破坏。内、外纵墙的中断、转折都会削弱建筑物的纵向刚度。当遇地基不良时应尽量使内、外纵墙都贯通。另外,缩小横墙的间距也可有效地改善房屋的整体性,从而增强调整不均匀沉降的能力。

3. 设置沉降缝

沉降缝不同于温度伸缩缝,它将建筑物连同基础分割为两个或更多个独立的沉降单元,分割出的沉降单元应具备体型简单、长高比较小、结构类型单一以及地基比较均匀等条件。建筑物的下列部位,宜设置沉降缝。

(1)建筑平面的转折部位。

(2)高度差异或荷载差异处。

(3)长高比过大的砌体承重结构或钢筋混凝土框架结构的适当部位。

(4)地基土的压缩性有显著差异处。

(5)建筑结构或基础类型不同处。

(6)分期建造房屋的交界处。

沉降缝的构造如图3.15所示,缝内不能填塞材料,在寒冷地区为了防寒,可填塞松软材料。由于沉降缝不能消除地基中应力重叠,沉降太大时,如果沉降缝的宽度不够或缝内被坚硬杂物堵塞,有可能造成沉降单元上方顶住,局部挤压破坏甚至整个单元竖向受弯的破坏事故。软弱地基上沉降缝的宽度见表3.15。沉降缝的造价颇高,且要增加建筑及结构上处理的困难,所以不宜多用。

表3.15 房屋沉降缝宽度

房屋层数	沉降缝宽度/mm
2~3	50~80
4~5	80~120
5层以上	不小于120

注:当沉降缝两侧单元层数不同时,缝宽按层数大者取用。

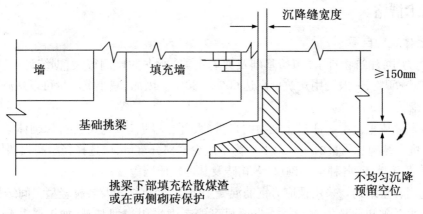

图3.15 基础沉降缝构造

4. 控制相邻建筑物基础的间距

由于地基附加应力的扩散作用,使相邻建筑物产生附加不均匀沉降,可能导致建筑物的开裂或互倾,这种相邻房屋影响主要发生在以下情况:

(1)同期建造的两相邻建筑物之间的影响,尤其是当两建筑物轻(低)重(高)差别太大时,轻者受重者的影响更严重。

(2)原有建筑物受邻近新建重型或高层建筑物的影响。

除了上述在使用阶段的地基附加应力扩散的影响外,更应受到高度重视的是高层建筑在施工阶段深基坑开挖对邻近原有建筑物的影响。

为了避免相邻建筑物影响的损害,建造在软弱地基上的建筑物基础之间要有一定的净距。其值根据地基的压缩性、产生影响建筑物的规模和重量以及被影响建筑相邻建筑物的刚度等因素而定,见表3.16。

表 3.16　相邻建筑物基础间的净距　　　　　　　　　　　　　　单位:m

影响建筑的预估平均沉降量 s/mm	被影响建筑的长高比 $2.0 \leqslant \dfrac{L}{H_f} < 3.0$	$3.0 \leqslant \dfrac{L}{H_f} < 5.0$
70～150	2～3	3～6
160～250	3～6	6～9
260～400	6～9	9～12
>400	9～12	≥12

注:1. 表中 L 为建筑物长度或沉降缝分隔的单元长度/m;H_f 为自基础底面标高算起的建筑物高度/m。
　　2. 当被影响建筑的长高比 $1.5 < L/H_f < 2.0$ 时,其间隔距离可适当缩小。

5. 调整建筑物的局部标高

由于沉降会改变建筑物原有标高,严重时将影响建筑物的正常使用,甚至导致管道等设备的破坏。设计时可采取下列措施调整建筑物的局部标高:

(1)建筑物与设备之间应留有足够的净空。
(2)根据预估沉降,适当提高室内地坪和地下设施的标高。
(3)有管道穿过建筑物时,应留有足够尺寸的孔洞,或采用柔性管道接头。
(4)将相互有联系的建筑物各部分(包括设备)中预估沉降较大者的标高适当提高。

◆结构技术措施

1. 减轻建筑物自重

基底压力中,建筑物自重(包括基础及回填土重)所占的比例很大,据统计,一般工业建筑约占 40%～50%,一般民用建筑可高达 60%～80%。因而,减小沉降量可以从减轻建筑物自重着手,措施如下:

(1)减轻墙体重量中。许多建筑物的自重,大部分以墙体重量为主,如砌体承重结构房屋,墙体重量占结构总重量的一半以上。为了减少这部分重量,应选择轻型高强墙体材料,如轻质高强混凝土墙板、各种空心砌块、多孔砖及其他轻质墙等。
(2)选用轻型结构。采用预应力钢筋混凝土结构、轻钢结构及各种轻型空间结构。
(3)减少基础和回填土重量。首先要尽可能考虑采用浅埋基础,如钢筋混凝土独立基础、条形基础和壳体基础等,如果要求大量抬高室内地坪时,底层可考虑用架空层代替室内厚填土。

2. 设置圈梁

对于砖石承重墙房屋,不均匀沉降的损害主要表现为墙体的开裂。因此常在墙内设置钢筋混凝土圈梁来增强其承受弯曲变形的能力。当墙体弯曲时,圈梁主要承受拉应力弥补了砌体抗拉强度不足的弱点,增加墙体刚度,能防止出现裂缝及阻止裂缝的开展。

在多层房屋的基础和顶层处宜各设置一道、其他各层可隔层设置,必要时,也可层层设置。为了节省门窗上部过梁的设置,圈梁通常设置在门窗顶部。

对于单层工业厂房、仓库,可结合基础梁、连系梁、过梁等酌情设置。

每道圈梁应设置在外墙、内纵墙和主要内横墙上,并应在平面内形成封闭系统。

3. 减小或调正基底附加压力

(1)设置地下室(或半地下室)。为达到减小沉降的目的,可以利用挖取的土重补偿一部分甚至全部建筑物的重量,使基底附加压力减小。理想的基础形式为有较大埋深的箱形基础或具有地下室的筏板基础。局部地下室应设置在建筑物的重、高部位以下。如图书馆大楼的书库比阅览室重得多,在书库下设地下室,并与阅览室用沉降缝隔断。

(2)改变基础底面尺寸。对不均匀沉降要求严格的建筑物,可通过改变基础底面尺寸来获得不同的基底附加压力,对不均匀沉降进行调整。

4. 加强基础刚度和强度

对于砌体承重结构的房屋,宜采用下列措施增强整体刚度和强度:

(1)对于三层和三层以上的房屋,其长高比宜小于或等于 2.5;当房屋的长高比为 $2.5 < L/H_f \leq 3.0$ 时,宜做到纵墙不转折或少转折,并应控制其内墙墙间距或增强基础刚度和强度。当房屋的预估最大沉降量小于或等于 120 mm 时,其长高比可不受限制。

(2)墙体内宜设置钢筋混凝土圈梁或钢筋砖圈梁。

(3)在墙体上开洞时,宜在开洞部位配筋或采用构造柱及圈梁加强。

◆ 施工技术措施

在软弱地基上进行工程建设时,采用合理的施工顺序和施工方法是减小或调整不均匀沉降的有效措施。

1. 遵照先重(高)后轻(低)的施工程序

当拟建的相邻建筑物之间轻(低)重(高)悬殊时,应按照先重后轻的程序进行施工,需要时还应在重的建筑物竣工后间歇一段时间,再建造轻的邻近建筑物。如果重的主体建筑物与轻的附属部分相连时,也应按上述原则处理。

2. 注意堆载、沉桩和降水等对邻近建筑物的影响

为避免地面堆载引起建筑物产生附加沉降,不宜在已建成的建筑物周围堆放大量的建筑材料或土方等重物。

拟建的密集建筑群内如有采用桩基础的建筑物,应首先进行桩的设置,并注意采用合理的沉桩顺序。

在进行降低地下水位及开挖深基坑时,应密切注意对邻近建筑物可能产生的不利影响,必要时可以采用设置截水帷幕、控制基坑变形量等措施。

3. 注意保护坑底土体

在淤泥及淤泥质土地基上开挖基坑时,要注意尽可能不扰动土的原状结构。在雨期施工时,要避免坑底土体受雨水浸泡。通常的做法是在坑底保留大约 200 mm 厚的原土层,待施工混凝土垫层时才用人工临时挖去。如发现坑底软土被扰动,可挖去扰动部分,用砂、碎石(砖)等回填处理。

第4章 扩展基础设计

4.1 无筋扩展基础

【基 础】

◆ **浅基础的类型**

根据结构形式的不同,可将浅基础分为扩展基础、联合基础、柱下条形基础、柱下交叉条形基础、筏形基础、箱形基础和壳体基础等。根据基础所用材料性能的不同,可将浅基础分为无筋基础(刚性基础)和钢筋混凝土基础。

◆ **无筋扩展基础**

无筋扩展基础是指由砖、毛石、混凝土或毛石混凝土、灰土和三合土等材料组成的无需配置钢筋的墙下条形基础或柱下独立基础,如图4.1所示。

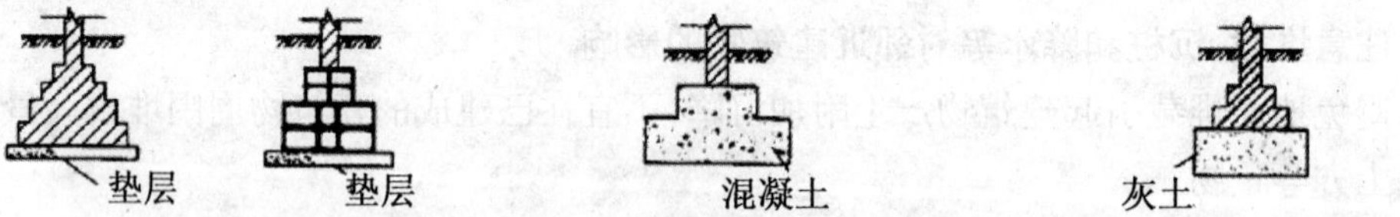

(a) 砖基础　(b) 毛石基础　(c) 混凝土或毛石混凝土基础　(d) 灰土或三合土基础

图4.1 无筋扩展基础

【实 务】

◆ **无筋扩展基础高度**

由于无筋扩展基础的抗拉强度和抗剪强度较低,因此必须控制基础内的拉应力和剪应力。结构设计时可以通过控制材料强度等级和台阶宽高比(台阶的宽度与其高度之比)来确定基础的截面尺寸,而无需进行内力分析和截面强度计算。如图4.2所示为无筋扩展基础构造,要求基础每个台阶的宽高比都不得超过表4.1中所列的台阶宽高比的允许值(可用图中角度 α 的正切 $\tan \alpha$ 表示)。设计时,通常先选择适当的基础埋深和基础底面尺寸,则按上述要求,基础高度应满足下列条件:

第4章 扩展基础设计

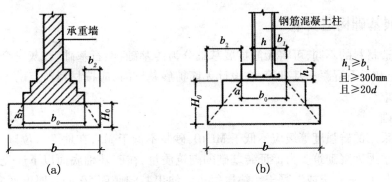

图4.2 无筋扩展基础构造示意

d—柱中纵向钢筋直径

$$H_0 \geqslant \frac{b-b_0}{2\tan\alpha} \tag{4.1}$$

式中 b——基础底面宽度;

b_0——基础顶面的墙体宽度或柱脚宽度;

H_0——基础高度;

b_2——基础台阶宽度;

$\tan\alpha$——基础台阶宽高比 $b_2:H_0$,其允许值可按表4.1选用。

表4.1 无筋扩展基础台阶宽高比的允许值

基础材料	质量要求	台阶宽高比的允许值($\tan\alpha$)		
		$p_k \leqslant 100$	$100 < p_k \leqslant 200$	$200 < p_k \leqslant 300$
混凝土基础	C15 混凝土	1:1.00	1:1.00	1:1.25
毛石混凝土基础	C15 混凝土	1:1.00	1:1.25	1:1.50
砖基础	砖不低于 MU10,砂浆不低于 M5	1:1.50	1:1.50	1:1.50
毛石基础	砂浆不低于 M5	1:1.25	1:1.50	—
灰土基础	体积比为3:7或2:8的灰土,其最小干密度: 粉土 1.55t/m³ 粉质黏土 1.50t/m³ 黏土 1.45t/m³	1:1.25	1:1.50	—
三合土基础	石灰、砂、骨料的体积比 1:2:4~1:3:6 每层约虚铺 220 mm,夯至 150 mm	1:1.50	1:2.00	—

注:1. p_k 为荷载效应标准组合时基础底面处的平均压力值/kPa。
2. 阶梯形毛石基础的每阶伸出宽度,不宜大于 200 mm。
3. 当基础由不同材料叠合组成时,应对接触部分作抗压验算。
4. 基础底面处的平均压力值超过 300 kPa 的混凝土基础,尚应进行抗剪验算。

采用无筋扩展基础的钢筋混凝土柱,其柱脚高度 h_1 不得小于 b_1(如图4.2所示),并不应小于 300 mm 且不小于 $20d$(d 为柱中的纵向受力钢筋的最大直径)。当柱纵向钢筋在柱脚内的竖向锚固长度不满足锚固要求时,可沿水平方向弯折,弯折后的水平锚固长度不应小于 $10d$ 也不应大于 $20d$。

◆ 无筋扩展基础构造要求

根据建造材料的不同,可将无筋扩展基础分为砖基础、毛石基础、石灰三合土基础、灰土基础、混凝土和毛石混凝土基础等,在设计无筋扩展基础时,应按材料特点的不同,满足其相应的构造要求。

1. 砖基础

砖基础采用的砖强度等级应不低于 MU10,砂浆不低于 M5,在地下水位以下或地基土潮湿时应采用水泥砂浆砌筑。为保证砖基础的砌筑质量,在砖基础底面以下应先做垫层,垫层材料可选用灰土、三合土或混凝土。垫层每边应伸出基础底面 50 mm,厚度通常为 100 mm。设计时,垫层的混凝土强度等级一般为 C10,垫层不作为基础结构考虑,因此,垫层的宽度和高度均不计入基础的宽度和埋深中。

2. 毛石基础

毛石基础的材料采用未加工或稍做修整的未风化的硬质岩石,其高度一般不小于 200 mm。当毛石形状不规则时,其高度应不小于 150 mm。毛石基础的每阶高度可取 400~600 mm,台阶伸出宽度不宜大于 200 mm。毛石基础的底面尺寸要求为:条形基础的宽度不应小于 500 mm;独立基础的底面尺寸不应小于 600 mm×600 mm。

3. 三合土基础

三合土基础由石灰、砂和骨料(矿渣、碎砖或碎石)加适量的水充分搅拌均匀后,铺在基槽内分层夯实而成。三合土的配合比(体积比)为 1:2:3 或 1:3:6,在基槽内每层虚铺 220 mm,夯至 150 mm。三合土基础的高度不应小于 300 mm,宽度不应小于 700 mm。

4. 灰土基础

灰土基础由熟化后的石灰和黏性土按比例拌和并夯实而成。其配比为:石灰:土 = 2:8 或 3:7(体积比),分层夯实。每层虚铺 220~250 mm,夯至 150 mm。夯实时灰土应控制最优含水量,其最小干密度要求:粉土 15.5 kN/m³,粉质土 15.0 kN/m³,黏土 14.5 kN/m³。灰土基础的高度不应小于 300 mm,对条形基础宽度不应小于 500 mm,对独立基础其底面尺寸不应小于 700 mm×700 mm。

5. 混凝土和毛石混凝土基础

混凝土基础一般是用强度等级为 C15 的素混凝土浇筑而成。若在混凝土基础内埋入 25%~30%(体积)的未风化的毛石,即形成毛石混凝土基础。混凝土基础的每阶高度不应小于 250 mm,一般为 300 mm。毛石混凝土基础的高度不应小于 300 mm。

混凝土基础的强度、耐久性、抗冻性都比前几种基础要好。

【实 例】

【例 4.1】 某承重墙厚 240 mm,作用于地面标高处的荷载 $F_k = 180$ kN/m,拟采用砖基础,埋深为 1.2 m。地基土为粉质黏土,$\gamma = 18$ kN/m³,$e_0 = 0.9$,$f_{ak} = 170$ kPa。试确定砖基础的底面宽度,并按两皮一收砌法画出基础剖面图。

解:

$f_a/\text{kPa} = f_{ak} + \eta_d \gamma_m (d - 0.5)$

$$= 170 + 1.0 \times 18 \times (1.2 - 0.5)$$
$$= 182.6$$

计算基础底面宽度:

$$b/\text{m} \geq \frac{F_k}{f_a - \gamma_G d} = \frac{180}{182.6 - 20 \times 1.2} = 1.13$$

为符合砖的模数,取 $b = 1.2$ m,砖基础所需的台阶数为:

$$n = \frac{1\,200 - 240}{2 \times 60} = 8$$

基础剖面图如图 4.3 所示,基底下做 C10 混凝土垫层。

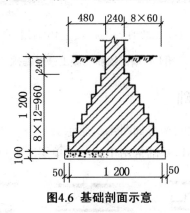

图 4.6 基础剖面示意

【例 4.2】 已知某承重砖墙作用在条形基础顶面的轴心荷载 $F_k = 200$ kN/m,基础埋深 $d = 0.5$ m,地基承载力特征值 $f_{ak} = 165$ kPa。试确定条形基础的底面宽度。

解:

因基础埋深不大于 0.5 m,不满足承载力修正的条件,故取 $f_a = f_{ak} = 165$ kPa

$$b/\text{m} \geq \frac{F_k}{f_a - 20d} = \frac{200}{165 - 20 \times 0.5} = 1.29$$

取条形基础的底面宽度 $b = 1.3$ m。

4.2 钢筋混凝土扩展基础

【基 础】

◆**钢筋混凝土扩展基础类型**

钢筋混凝土扩展基础(简称为扩展基础)是指墙下钢筋混凝土条形基础和柱下钢筋混凝土独立基础。它与无筋基础相比,其基础高度较小,因此更适合用在基础埋置深度较小的情况,又由于扩展基础的抗弯和抗剪性能良好,所以适用于竖向荷载较大、地基承载力不高以及承受水平力和力矩荷载等情况。

◆ 墙下钢筋混凝土条形基础

墙下钢筋混凝土条形基础的构造如图4.4所示。通常情况下,可采用无肋的墙基础如图4.4(a)所示,若地基不均匀,则采用有肋的墙基础如图4.4(b)所示,可以增强基础的整体性和抗弯能力,肋部配置足够的纵向钢筋和箍筋,以承受由不均匀沉降引起的弯曲应力。

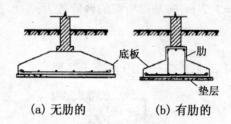

(a) 无肋的　　　(b) 有肋的

图4.4 墙下钢筋混凝土条形基础

◆ 柱下钢筋混凝土独立基础

柱下钢筋混凝土独立基础的构造如图4.5所示。现浇柱的独立基础可做成阶梯形或锥形,预制柱则采用杯口基础,杯口基础常用于装配式单层工业厂房。

(a) 阶梯形基础　　(b) 锥形基础　　(c) 杯口基础

图4.5 柱下钢筋混凝土独立基础

【实　务】

◆ 墙下钢筋混凝土条形基础设计

1. 计算地基净反力

仅由基础顶面的荷载设计值所产生的地基反力称为地基净反力,用符号 p_j 表示。条形基础底面地基净反力 p_j(kPa)为:

$$P_{j\min}^{j\max} = \frac{N}{b} \pm \frac{6M}{b^2} \tag{4.2}$$

式中,荷载 N(kN/m)和 M(kN·m/m)为单位长度数值。

2. 确定基础高度

基础验算截面 I 的剪力设计值 V_I(kN/m)为:

$$V_I = \frac{b_1}{2b}[(2b-b_1)p_{j\max} + b_1 p_{j\min}] \tag{4.3}$$

式(4.3)中,b_I 为验算截面 I 距基础边缘的距离(m),如图 4.6 所示。当墙体材料为混凝土时,验算截面 I 在墙脚处,b_I 等于基础边缘至墙脚的距离 a;当墙体材料为砖墙且墙脚伸出不大于 1/4 砖长时,验算截面 I 在墙面处,$b_I = a + 1/4$ 砖长。

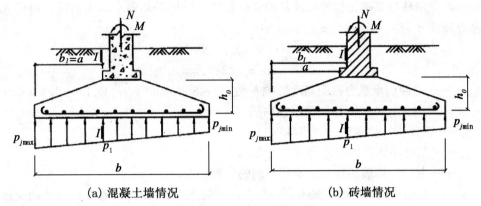

(a) 混凝土墙情况　　　　　　　　(b) 砖墙情况

图4.6 墙下条形基础的计算

当轴心荷载作用时,基础验算截面 I 的剪力设计值 V_I 可简化为:

$$V_I = \frac{b_I}{b} N \tag{4.4}$$

基础有效高度 h_0(mm)由基础验算截面的抗剪切条件确定,即:

$$V_I \leq 0.7 \beta_{hs} f_t h_0 \tag{4.5}$$

$$\beta_{hs} = \left(\frac{800}{h_0}\right)^{1/4} \tag{4.6}$$

式中　β_{hs}——为截面高度影响系数,当 $h_0 < 800$ mm 时,取 $h_0 = 800$ mm;当 $h_0 > 2\,000$ mm 时,取 $h_0 = 2\,000$ mm;

f_t——混凝土轴心抗拉强度设计值(kPa);

h_0——基础截面有效高度(mm)。

基础高度 h 即为基础有效高度 h_0 加上混凝土保护层厚度。

3. 基础底板配筋

基础验算截面 I 的弯矩设计值 M_I(kN·m/m)可按下式计算:

$$M_I = \frac{b_I^2}{6b}[p_{jmax}(3b - b_I) + p_{jmin}b_I] \tag{4.7}$$

当轴心荷载作用时,基础验算截面 I 的弯矩设计值 M_I 可简化为:

$$M_I = \frac{1}{2} V_I b_I \tag{4.8}$$

每延米墙长的受力钢筋截面面积为:

$$A_s = \frac{M_I}{0.9 f_y h_0} \tag{4.9}$$

式中　A_s——钢筋截面面积(m²);

f_y——钢筋抗拉强度设计值(MPa)。

◆柱下钢筋混凝土独立基础设计

1. 基础截面的抗冲切验算与基础高度的确定

基础高度由柱与基础交接处以及基础变阶处的抗冲切破坏要求确定。设计时可先假设一个基础高度h，然后按下列公式验算抗冲切能力。

$$F_l \leqslant 0.7\beta_{hp}f_t a_m h_0 \tag{4.10}$$

$$a_m = (a_t + a_b)/2 ; F_l = p_j A_l$$

式中 β_{hp}——受冲切承载力截面高度影响系数，当≤800 mm时，β_{hp}取1.0；当h≥2000 mm时，β_{hp}取0.9，中间值线性内插；

f_t——混凝土抗拉强度设计值(kPa)；

h_0——基础冲切破坏锥体的有效高度(m)；

a_m——基础冲切破坏锥体最不利一侧的计算长度(m)；

a_t——基础冲切破坏锥体最不利一侧斜截面的上边长(m)，在验算柱与基础交接处的抗冲切能力时，取柱宽a；在验算柱与基础变阶处的抗冲切能力时，取上阶宽；

a_b——基础冲切破坏锥体最不利一侧斜截面在基础底面积范围内的下边长(m)，当冲切破坏锥体的底面落在基础底面以内如图4.7b所示，计算柱与基础交接处的受冲切承载力时，a_b取柱宽a加两倍基础有效高度h_0；计算基础变阶处的受冲切承载力时，a_b取上阶宽加该处的两倍基础有效高度。当冲切破坏锥体的底面在l方向落在基础底面以外如图4.7(c)所示，即$a+2h_0 \geqslant l$时，$a_b = l$；

F_l——相应于荷载效应基本组合时在A_l上的地基土净反力设计值(kN)；

p_j——扣除基础自重及其上土重后相应于荷载效应基本组合时的地基土单位面积净反力，偏心受压时可取基础边缘最大地基土单位面积净反力(kPa)；

A_l——冲切截面的水平投影面积(m^2)。如图4.7(b)中的阴影面积ABCDEF或如图4.7(c)中的阴影面积ABCD。

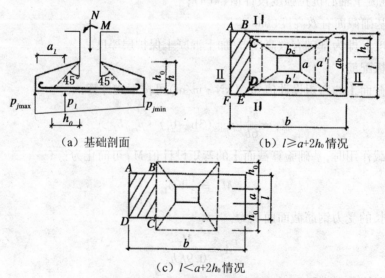

(a) 基础剖面　　(b) $l \geqslant a+2h_0$情况

(c) $l < a+2h_0$情况

图4.7　柱下独立基础的搞冲切验算

2. 基础内力计算和配筋

当台阶的宽高比不大于 2.5 及偏心距不大于 $b/6$（b 为基础宽度）时，柱下独立基础在纵向和横向两个方向的验算截面 $I-I$ 和 $II-II$ 的弯矩可按下式计算：

$$\begin{cases} M_I = \dfrac{1}{12}a_I^2 \left[(2l+a')(p_{jmax}+p_{j1}) + (p_{jmax}+p_{j1})l \right] \\ M_{II} = \dfrac{1}{48}(1-a')^2(2b+b')(p_{jmax}+p_{jmin}) \end{cases} \quad (4.11)$$

式中 p_{jmax}, p_{jmin}——分别为对应于荷载效应基本组合时基底边缘最大与最小地基净反力设计值（kPa）；

p_{j1}——计算截面 $I-I$ 处的地基净反力设计值（kPa）；

a_I——验算截面至基础边沿的距离（m）；

l, b——分别为基础底面短边长度和长边长度（m）。

柱下独立基础的抗弯验算截面通常可取在柱与基础的交接处，此时 a'、b' 取柱截面的宽度 a 和高度 h（m）；当对变阶处进行抗弯验算时，a'、b' 取相应台阶的宽度和长度。

柱下独立基础的底板应在两个方向配置受力钢筋，底板长边方向和短边方向的受力钢筋面积 A_{sI} 和 A_{sII}（m²）分别为：

$$\begin{cases} A_{sI} = \dfrac{M_I}{0.9f_y h_o} \\ A_{sII} = \dfrac{M_{II}}{0.9f_y(h_o-d)} \end{cases} \quad (4-12)$$

式中 d——钢筋直径；其余符号同前。

◆扩展基础构造要求

1. 墙下钢筋混凝土条形基础

（1）垫层。基础下面通常做素混凝土垫层，垫层厚度不宜小于 100 mm；垫层每边伸出基础 50 mm；垫层的混凝土强度等级应为 C15。

（2）底板。1）底板边缘处高度一般不小于 200 mm，并取 50 mm 的倍数。当底板厚度小于等于 250 mm 时，可用等厚度；当厚度大于 250 mm 时，可做成梯形断面，其坡度比 $i \leqslant 1:3$。

2）底板受力钢筋沿基础宽度方向配置，其最小直径不宜小于 10 mm，间距不宜大于 200 mm，但也不宜小于 100 mm；纵向设分布筋，直径不应小于 8 mm，间距不大于 300 mm，每延米分布钢筋的面积应不小于受力钢筋面积的 1/10，置于受力筋之上。当有垫层时，钢筋保护层厚度不小于 40 mm，无垫层时不小于 70 mm。

3）在 T 形及十字形交接处，底板横向受力钢筋仅沿一个主要受力方向通长布置，另一个方向的横向受力钢筋可布置到主要受力方向底板宽度的 1/4 处，如图 4.8(a) 所示。在拐角处底板横向受力钢筋应沿两个方向布置，如图 4.8(b) 所示。

4）底板混凝土强度等级不低于 C20。

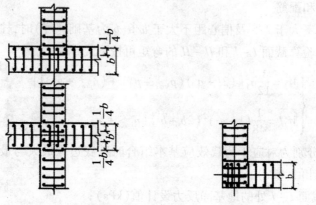

(a) T形及十字形交接处钢筋布置　　(b) 拐角处底板钢筋布置

图4.8　墙下条形基础底板

2. 柱下钢筋混凝土独立基础

柱下钢筋混凝土独立基础除应满足墙下钢筋混凝土条形基础的一般要求外,还应满足下列要求:

(1)现浇柱下独立基础的构造要求。现浇筑下独立基础断面形状有锥形和阶梯形,其构造要求如图4.9所示。

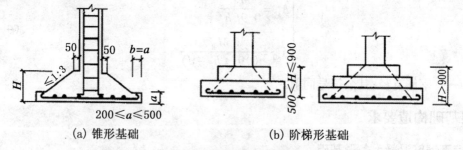

(a) 锥形基础　　　　　(b) 阶梯形基础

图4.9　现浇基础构造示意

1)锥形基础的边缘高度应在 200 mm ~ 500 mm 之间;阶梯形基础的每阶高度应在 300 ~ 500 mm 之间。基础的阶数可根据基础总高度 H 设置,当 $H ≤ 500$ mm 时,宜为一阶;当 500 mm $< H ≤ 900$ mm 时,宜为二阶;当 $H > 900$ mm 时,宜为三阶。

2)锥形基础顶部为安装柱模板,需每边放大 50 mm。锥形坡比一般不大于 1:3。

3)在现浇柱的基础内需预留插筋,其规格和数量应与柱的纵向受力筋相同。插筋的锚固和搭接应满足《混凝土结构设计规范》(GB 50010—2002)的要求,插筋端部加直钩并伸至基底,至少应有上下两个箍筋固定。插筋与柱筋的搭接位置一般在基础顶面,如需提前回填土时,搭接位置也可在室内地面处。

4)当基础边长大于 2.5 m 时,受力筋长度可缩短 10%,并应交叉放置。

(2)预制柱下独立基础构造要求。预制柱下独立基础一般做成杯形基础,如图 4.10 所示,其构造应满足下列要求。

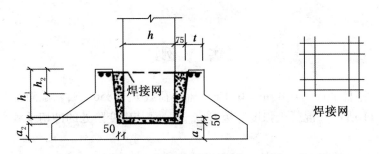

图4.10 预制钢筋混凝土柱独立基础构造

注：$a_2 \geq a_1$。

1）柱的插入深度 h_1 可按表4.2选用。h_1 应满足锚固长度的要求，即应符合现行《混凝土结构设计规范》（GB 50010—2002）的规定；同时还应满足吊装时柱的稳定性要求，即0.05倍柱长。

表4.2　柱的插入深度 h_1　　　　　　　　　　　单位：mm

矩形或I形柱				双肢柱
$h<500$	$500 \leq h<800$	$800 \leq h \leq 1000$	$h>1000$	
$h \sim 1.2h$	h	$0.9h$ 且 ≥ 800	$0.8h$ 且 ≥ 1000	$(1/3 \sim 2/3)h_a$ $(1.5 \sim 1.8)h_b$

注：1. h 为柱截面边尺寸；h_a 为双肢柱整个截面长边尺寸；h_b 为双肢柱整个截面短边尺寸。
　　2. 柱轴心受压或小偏心受压时，h_1 可适当减小，偏心距大于 $2h$ 时，h_1 应适当放大。

2）基础的杯底厚度 a_1 和杯壁厚度 t 按表4.3选用。

表4.3　基础的杯底厚度和杯壁厚度

柱截面边长尺寸 h/mm	杯底厚度 a_1/mm	杯壁厚度 t/mm
$h<500$	≥ 150	$150 \sim 200$
$500 \leq h<800$	≥ 200	≥ 200
$800 \leq h<1000$	≥ 200	≥ 300
$1000 \leq h<1500$	≥ 250	≥ 350
$1500 \leq h<2000$	≥ 300	≥ 400

注：1. 双肢柱的杯底厚度值，可适当加大。
　　2. 当有基础梁时，基础梁下的杯壁厚度，应满足其支承宽度的要求。
　　3. 柱子插入杯口部分的表面应凿毛，柱子与杯口之间的空隙，应用比基础混凝土强度高一级的细石混凝土充填密实，当达到材料设计强度的70%以上时，方能进行上部吊装。

3）当柱为轴心或小偏心受压，且 $t/h_2 \geq 0.65$ 时，或大偏心受压，且 $t/h_2 \geq 0.75$ 时，杯壁内一般不配筋。当柱为轴心或小偏心受压，且 $0.5 \leq t/h_2 < 0.65$ 时，杯壁内可按表4.4构造配筋，如图4.10所示。对双杯口基础，两杯口之间的杯壁厚度 $t<400$ mm 时，应配构造钢筋，其他情况应按计算配筋。

表4.4　杯壁构造配筋

柱截面边长尺寸 h/mm	$h<500$	$1000 \leq h<1500$	$1500 \leq h \leq 2000$
钢筋直径/mm	$8 \sim 10$	$10 \sim 12$	$12 \sim 16$

注：表中钢筋置于杯口顶部，每边两根。

【实　例】

【例4.3】 某柱截面为 $0.4\ m^2 \times 0.4\ m^2$，轴心荷载 $F_k = 850\ kN$，基础面积 $b \times l = 2.6\ m \times 2.6\ m$（如图4.11所示），混凝土强度等级C20，试验算基础变阶处的冲切承载力。

解：

（1）混凝土强度等级C20，其抗拉强度设计值 $f_t = 1\ 100\ kN/m^2$。

（2）基础边缘最大地基土单位面积净反力。

$$p_{jmax}/kPa = \frac{F_k \times 1.35}{A} = \frac{850 \times 1.35}{2.6 \times 2.6} = 169.7$$

$$\begin{aligned} A_l/m^2 &= (b + a_t + 2h_0) \times (b - a_t - 2h_0)/2 \\ &= \frac{1}{4}(2.6 + 1.4 + 2 \times 0.26) \times (2.6 - 1.4 - 2 \times 0.26) \\ &= \frac{1}{4} \times 4.52 \times 0.68 \\ &= 0.768 \end{aligned}$$

$F_l/kN = p_{jmax} A_l = 169.7 \times 0.768 = 130.3$

$a_m/m = (a_t + a_b)/2, a_t = 1.4$

$a_b/m = a_t + 2h_0 = 1.4 + 2 \times 0.26 = 1.92$

$a_m/m = (1.4 + 1.92)/2 = 1.66$

$0.7\beta_{hp} f_t a_m h_0/kN = 0.7 \times 1.0 \times 1\ 100 \times 1.66 \times 0.26 = 332.3$

$F_l/kN = 130.3\ kN < 0.7\beta_{hp} f_t a_m h_0 = 332.3$

基础变阶处受冲切承载力满足要求。

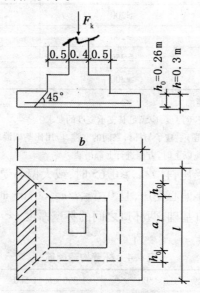

图4.11　某信截面基础面积示意

第5章 联合基础设计

5.1 柱下条形基础

【基　础】

◆ **联合基础**

联合基础主要是指同列相邻两柱公共的钢筋混凝土基础,即双柱联合基础,如图5.1所示。联合基础可分为柱下条形基础和柱下十字交叉基础。

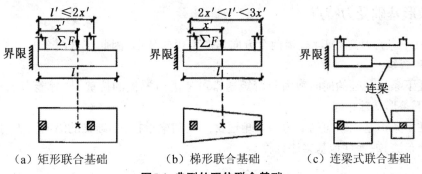

(a) 矩形联合基础　　　(b) 梯形联合基础　　　(c) 连梁式联合基础

图5.1 典型的双柱联合基础

在为相邻两柱分别配置独立基础时,常因其中一柱靠近建筑界线,或因两柱间距较小,而出现基底面积不足或荷载偏心过大等情况,此时可考虑采用联合基础。联合基础也可用于调整相邻两柱的沉降差或防止两者之间的相向倾斜等。

◆ **柱下条形基础**

当地基较为软弱、柱荷载或地基压缩性分布不均匀,以至于采用扩展基础可能产生较大的不均匀沉降时,常将同一方向或同一轴线上若干柱子的基础连成一体而形成柱下条形基础,如图5.2所示。这种基础的抗弯刚度较大,因而具有调整不均匀沉降的能力,并能将所承受的集中柱荷载较均匀地分布到整个基底面积上。柱下条形基础常用于软弱地基上框架或排架结构中。

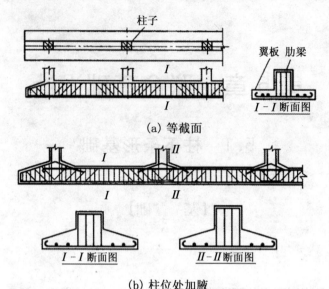

(a) 等截面

(b) 柱位处加腋

图5.2 柱下条形基础

◆柱下条形基础受力特点

由于柱下条形基础在其纵、横两个方向均产生弯曲变形,因此在这两个方向的截面内均存在剪力和弯矩。

(1)柱下条形基础的横向剪力与弯矩通常可考虑由翼板的抗剪、抗弯能力承担,其内力计算与墙下条形基础相同。

(2)柱下条形基础纵向的剪力与弯矩通常由基础梁承担,基础梁的纵向内力可采用简化法(直线分布法)或弹性地基梁法计算。

【实 务】

◆条形基础内力简化计算法

根据上部结构刚度的大小,简化计算法可分为静定分析法和倒梁法两种,这两种方法均假设基底反力为直线(平面)分布。为满足这一假定,要求条形基础具有足够的相对刚度。当柱距相差不大时,要求基础上的平均柱距 l_m 应满足下列条件:

$$l_m \leq 1.75 \left(\frac{1}{\lambda}\right) \tag{5.1}$$

式中 $1/\lambda$——文克勒地基上梁的特征长度;

λ——梁的柔度特征值,$\lambda = \sqrt[4]{kb/4EI}$(为求解文克勒地基上梁的挠曲微分方程的方便,令 $\lambda = \sqrt[4]{kb/4EI}$,其中,$E$ 为梁材料的弹性模量;I 为梁的截面惯性矩;b 为梁的宽度)。对一般柱距及中等压缩性的地基,按上述条件进行分析,条形基础的高度应不小于平均柱距的 $1/6$。

若上部结构的刚度很小(如单层排架结构)时,应采用静定分析法。计算时先按直线分布假定求出基底净反力,然后将柱荷载直接作用在基础梁上。这样,基础梁上所有的作用力都已确定,故可按静力平衡条件计算出任一截面 i 上的弯矩 M_i 和剪力 V_i,如图 5.3 所示。由于静定分析法假定上部结构为柔性结构,即不考虑上部结构刚度的有利影响,所以在荷载作用下基础梁将产生整体弯曲。与其他方法相比,这样计算所得的基础不利截面上的弯矩,其绝对值可能偏大很多。

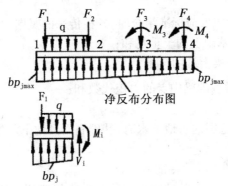

图5.3 按静力平衡条件计算条形基础的内力

倒梁法假定上部结构是绝对刚性的,各柱之间没有沉降差异,因而可以把柱脚视为条形基础的铰支座,将基础梁按倒置的普通连续梁(采用弯矩分配法或弯矩系数法)计算,而荷载则为直线分布的基底净反力 bp_j(kN/m)以及除去柱的竖向集中力所余下的各种作用(包括柱传来的力矩),如图 5.4 所示。这种计算方法只考虑出现于柱间的局部弯曲,而略去沿基础全长发生的整体弯曲,因而所得的弯矩图正负弯矩最大值较为均衡,基础不利截面的弯矩最小,倒梁法适用于上部结构刚度很大的情况。

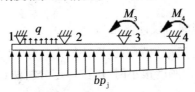

图5.4 倒梁法计算简图

综上所述,在比较均匀的地基上,上部结构刚度较好,荷载分布和柱距较均匀(如相差不超过20%),且条形基础梁的高度不小于1/6柱距时,基底反力可按直线分布,基础梁的内力可按倒梁法计算。

当条形基础的相对刚度较大时,由于基础的架越作用,其两端边跨的基底反力会有所增大,故两边跨的跨中弯矩及第一内支座的弯矩值宜乘以 1.2 的增大系数。需要指出,当荷载较大、土的压缩性较高或基础埋深较浅时,随着端部基底下塑性区的开展,架越作用将减弱、消失,甚至出现基底反力从端部向内转移的现象。

柱下条形基础的计算步骤如下:

1. 确定基础底面尺寸

将条形基础视为一狭长的矩形基础,其长度 l 主要按构造要求决定(只要决定伸出边柱的长度),并尽量使荷载的合力作用点与基础底面形心相重合。

当轴心荷载作用时,基底宽度 b 为:

$$b \geq \frac{\sum F_k + G_{wk}}{(f_a - 20d + 10h_w)l} \quad (5.2)$$

当偏心荷载作用时,先按上式初定基础宽度并适当增大,然后按下式验算基础边缘压力:

$$p_{max} = \frac{\sum F_k + G_k + G_{wk}}{lb} + \frac{6\sum M_k}{bl^2} \leq 1.2f_a \quad (5.3)$$

式中 $\sum F_k$ ——相应于荷载效应标准组合时,各柱传来的竖向力之和;

G_k——基础自重和基础上的土重之和;

G_{wk}——作用在基础梁上墙的自重;

$\sum M_k$——各荷载对基础梁中点的力矩代数和;

d——基础平均埋深;

h_w——当基础埋深范围内有地下水时,基础底面到地下水位的距离;无地下水时,$h_w = 0$;

f_a——修正后的地基承载力特征值。

2. **基础底板计算**。柱下条形基础底板的计算方法与墙下钢筋混凝土条形基础相同。在计算基底净反力设计值时,要考虑荷载沿纵向和横向的偏心。当各跨的净反力相差较大时,可依次对各跨底板进行计算,净反力可取本跨内的最大值。

3. **基础梁内力计算**

(1) 计算基底净反力设计值

沿基础纵向分布的基底边缘最大和最小线性净反力设计值可按下式计算:

$$bp_{jmin}^{jmax} = \frac{\sum F}{l} \pm \frac{6\sum M}{l^2} \quad (5.4)$$

式中 $\sum F$——各柱传来的竖向力设计值之和;

$\sum M$——各荷载对基础梁中点的力矩设计值代数和。

(2) 内力计算。当上部结构刚度很小时,可按静定分析法计算;若上部结构刚度较大,则按倒梁法计算。

采用倒梁法计算时,由于反力呈直线分布及视柱脚为不动铰支座都可能与事实不符,另外上部结构的整体刚度对基础整体弯矩有抑制作用,使柱荷载的分布均匀化,所以计算所得的支座反力通常不等于原有的柱子传来的轴力。若支座反力与相应的柱轴力相差20%以上,可采用实践中提出的"基底反力局部调整法"加以调整。

肋梁的配筋计算与一般的钢筋混凝土T形截面梁相仿,即对跨中按T形、对支座按矩形截面计算。当柱荷载对单向条形基础有扭力作用时,应作抗扭计算。

静定分析法和倒梁法实际上代表了两种极端情况,且有很多前提条件。因此,在对条形基础进行截面设计时,切不可拘泥于计算结果,而应结合实际情况和设计经验,在配筋时做某些必要的调整。

◆条形基础内力弹性地基梁计算法

1. 文克勒地基模型

文克勒地基模型假定地基任一点所受的压力强度 p 只与该点的地基变形成正比:

$$p = ks \quad (5.5)$$

式中 p——地基反力(kN/m^2);

k——基床系数,表示产生单位变形所需的压力强度(kN/m^3),它与地基的性质有关,可根据现场荷载试验来确定;

s——p 作用点位置上的地基变形(m)。

文克勒地基模型忽略了地基中的剪应力,地基土越软弱,土的抗剪强度越低,该模型就越接近实际情况。文克勒地基模型比较适合于抗剪强度较低的软黏土地基、高压缩性地基及建筑物较长而刚度较差的情况。

2. 文克勒地基模型的解析解

如图 5.5 所示的弹性地基梁,其解析解为:

$$\omega = e^{\lambda x}(c_1\cos \lambda x + c_2\sin \lambda x) + e^{-\lambda x}(c_3\cos \lambda x + c_4\sin \lambda x) \tag{5.6}$$

式中 c_1、c_2、c_3、c_4——待定系数,可根据荷载和边界情况确定;

λ——梁的柔度特征值,$\lambda = \sqrt[4]{kb/4EI}$。

根据荷载和边界条件确定出 c_1、c_2、c_3、c_4 后,就可以采用材料力学公式计算出各个位置的内力。

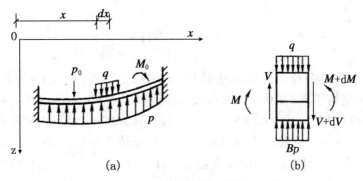

图5.5 文克勒地基上的基础梁计算图

◆柱下条形基础构造要求

(1)条形基础翼板的构造要求同墙下条形基础。当翼板厚度为 200~250 mm 时,应采用等厚翼板;当翼板厚度大于 250 mm 时,应采用变厚度翼板,其坡度小于或等于1:3。

(2)柱下条形基础梁的高度宜为柱距的 1/8~1/4(通常取柱距的 1/6)。

(3)一般情况下,条形基础的端部应向外伸出,以调整底面形心位置使基底反力分布合理,但不宜伸出太长,其长度宜为第一跨距的 0.25 倍。当荷载不对称时,两端伸出长度可不相等,以使基底形心与荷载合力作用点尽量一致。

(4)现浇柱与条形基础梁的交接处,其平面尺寸不应小于图 5.6 的规定。

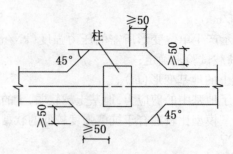

图5.6 现浇基础与条形基础交接处平面尺寸

(5)条形基础受力复杂,其顶面和底面纵向受力钢筋应有 2~4 根通长钢筋,且其面积不得小于纵向钢筋总面积的 1/3;梁上部和下部的纵向受力筋的配筋率各不小于 0.2%,梁高大于 700 mm 时,应在梁侧加设腰筋,其直径不小于 10 mm;箍筋直径不小于 8 mm,在距离支座轴线 $(0.25 \sim 0.30)l$ 的范围内,其间距应加密些。当梁宽 $b \le 350$ mm 时,采用双肢箍;当 $350 < b \le 800$ mm时,采用四肢箍。

(6)柱下条形基础的混凝土强度等级,不应低于 C20。

【实 例】

【例 5.1】 某办公楼为砖混承重结构,拟采用钢筋混凝土墙下条形基础。外墙厚为 370 mm,上部结构传至 ±0.000 处的荷载标准值为 $F_k = 220$ kN/m,$M_k = 45$ kN·m/m,荷载基本值为 $F = 250$ kN/m,$M = 63$ kN·m/m,基础埋深 1.92 m(从室内地面算起),室外地面比室内地面低 0.45 m。地基持力层承载力修正特征值 $f_a = 158$ kPa。混凝土强度等级为 C20($f_c = 9.6$ N/mm²),钢筋采用 HPB235 级钢筋($f_y = 210$ N/mm²),试设计该外墙基础。

解:
(1)求基础底面宽度:

基础平均埋深:$d/\text{m} = (1.92 \times 2 - 0.45)/2 = 1.7$

基础底面宽度:$b/\text{m} = \dfrac{F_k}{f - \gamma_G d} = \dfrac{220}{158 - 20 \times 1.7} = 1.77$

初选:$b/\text{m} = 1.3 \times 1.77 = 2.3$

地基承载力验算:

$$p_{k\max}/\text{kPa} = \dfrac{F_k + G_k}{b} = \dfrac{6M_k}{b^2} = \dfrac{220 + 20 \times 1.7 \times 2.3}{2.3} + \dfrac{6 \times 45}{2.3^2}$$

$$= 129.7 + 51.0$$

$$= 180.7 \text{ kPa} < 1.2 f_a = 189.6 \quad \text{满足要求}$$

(2)地基净反力计算:

$$p_{j\max}/\text{kPa} = \dfrac{F}{b} + \dfrac{6M}{b^2} = \dfrac{250}{2.3} + \dfrac{6 \times 63}{2.3^2}$$

$$= \dfrac{250}{2.3} + \dfrac{6 \times 63}{2.3^2}$$

$$= 108.7 + 71.5$$

= 180.2

$$p_{jmin}/\text{kPa} = \frac{F}{b} - \frac{6M}{b^2} = \frac{250}{2.3} - \frac{6 \times 63}{2.3^2}$$

$$= \frac{250}{2.3} + \frac{6 \times 63}{2.3^2}$$

$$= 108.7 - 71.5$$

$$= 37.2$$

(3) 底板配筋计算:

初选基础高度 $h = 350$ mm, 边缘厚取 200 mm。采用 100 mmC10 的混凝土垫层, 基础保护层厚度取 40 mm, 则基础有效高度 $h_0 = 310$ mm。

计算截面选在墙边缘; 则: $a_1/\text{m} = (2.3 - 0.37)/2.3 = 0.97$

该截面处的地基净反力:

$p_{jl}/\text{kPa} = 180.2 - (180.2 - 37.2) \times 0.97/2.3 = 119.9$

计算底板最大弯矩:

$$M_{max}/(\text{kN} \cdot \text{m} \cdot \text{m}^{-1}) = (2p_{jmax} + p_{jl})a_1^2$$

$$= \frac{1}{6} \times (2 \times 180.2 + 119.9) \times 0.97^2$$

$$= 75.3$$

计算底板配筋:

$$\frac{M_{max}}{0.9h_0 f_y}/\text{mm} = \frac{75.3 \times 10^6}{0.9 \times 310 \times 210} = 1\,285$$

选用 $\Phi 14@110$ mm ($A_s = 1\,399$ mm^2), 根据构造要求纵向分布筋选取 $\Phi 8@250$ mm ($A_s = 201.0$ mm^2)。

基础剖面如图 5.7 所示。

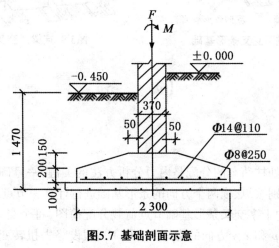

图 5.7 基础剖面示意

5.2 十字交叉条形基础

【基　　础】

◆ **柱下交叉条形基础**

如果地基软弱且在两个方向分布不均,需要基础在两方向都具有一定的刚度来调整不均匀沉降,则可在柱网下沿纵横两向分别设置钢筋混凝土条形基础,从而形成柱下交叉条形基础,如图 5.8 所示。

◆ **连梁式交叉条形基础**

若单向条形基础的底面积已满足地基承载力的要求,则为了减少基础之间的沉降差,可在另一方向加设连梁,组成如图 5.9 所示的连梁式交叉条形基础。为了使基础受力明确,连梁不宜着地。这样,交叉条形基础的设计就可按单向条形基础来考虑。连梁的配置需要有一定的承载力和刚度,否则作用不大。

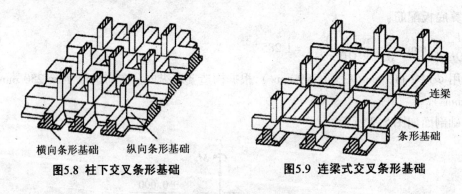

图5.8　柱下交叉条形基础　　　　　图5.9　连梁式交叉条形基础

【实　　务】

◆ **节点荷载分配**

如何进行交叉点处柱荷载的分配是内力分析方法的关键,一旦确定了柱荷载的分配值,交叉条形基础就可分别按纵、横两个方向的条形基础进行计算—节点载荷分配。

如图 5.10 所示的十字交叉条形基础节点荷载分配简图,每个交叉点处都作用有从上部结构传来的竖向荷载 p 和 x、y 方向的力矩 M_x 和 M_y,假设略去扭转变形的影响,即一个方向的条形基础有转角时,不引起另一方向条形基础的内力,则 M_x 全部由 x 向基础承担,M_y 全部由 y 向基础承担。

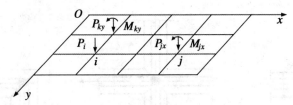

图5.10 十字交叉条形基础节点荷载分配

对任意节点 i,荷载分配必须满足静力平衡条件和节点变形协调条件。

(1)静力平衡条件:

分配在 x,y 方向的竖向荷载之和应等于节点处荷载,即

$$p_i = p_{ix} + p_{iy} \tag{5.7}$$

式中 p_i——任意节点 i 上的集中荷载(kN);

p_{ix}、p_{iy}——分别为节点 i 处分配在上的 x、y 方向交叉点上的竖向荷载(kN)。

(2)节点变形协调条件:

x 和 y 方向基础在交叉处的沉降相等。即

$$\sum \delta_{ij} p_{jx} + \sum \bar{\delta}_{ij} M_{jx} = \sum \delta_{ik} p_{ky} + \sum \bar{\delta}_{ik} M_{ky} \tag{5.8}$$

式中 p_{ix}、p_{iy}——分别为 i 点竖向荷载 p_i 在 x、y 向条形基础上的分配荷载;

p_{jx}、p_{ky}——分别为 x 向条形基础上 j 点和 y 向条形基础上 k 点的竖向荷载;

M_{jx}、M_{ky}——分别为作用在 x 向的 j 点和 y 向的 k 点上的力矩;

δ_{ij}、$\bar{\delta}_{ij}$——分别为 j 点处作用单位力($p_{jx}=1$)和单位力矩($M_{jx}=1$)在 i 点产生沉降;

δ_{ik}、$\bar{\delta}_{ik}$——分别为 K 点处作用单位力($p_{ky}=1$)和单位力矩($M_{ky}=1$)在 i 点产生沉降;

δ_{ij}、$\bar{\delta}_{ij}$ 和 δ_{ik}、$\bar{\delta}_{ik}$ 可以由 Hetenyi 对于文克尔地基上有限长梁的解式(5.9)求得,即

$$y(x) = \frac{p_0 \lambda}{kb[\sinh^2(\lambda l) - \sin^2(\lambda l)]} I_{3b} + \frac{M_0 \lambda}{kb[\sinh^2(\lambda l) - \sin^2(\lambda l)]} \tag{5.9}$$

在上式中,令 $p_0 = 1, M_0 = 0$ 可求得 δ_{ij} 或 δ_{ik};令 $p_0 = M_0 = 1$ 可求得 $\bar{\delta}_{ij}$ 或 $\bar{\delta}_{ik}$。

设十字交叉条形基础有 n 个交叉点,每个交叉点都可按式(5.7)和式(5.8)列出两个方程,共可列出 $2n$ 个方程,每个交叉点有 p_{ix} 和 p_{iy} 两个未知数,共 $2n$ 个未知数,求解方程组,就可得出每个柱荷载在纵横方向的分配值,然后分别按条形基础计算基础未知力。

◆节点荷载的简化计算

根据文克尔地基上无限长梁受集中荷载作用的解可知,随着与集中力作用点距离 x 的增加,梁的挠度迅速减少,当 $x = \pi/\lambda$ 时,该处的挠度为集中力作用点($x=0$)挠度的4.3%,因此,实用上当柱距大于 π/λ 时,就可以忽略相邻柱荷载的影响,根据无限长梁和半无限长梁的解,推导出各种类型节点竖向荷载分配的计算公式方法简单,也称为节点形状分配系数法。

交叉条形基础节点类型如图 5.11 所示。

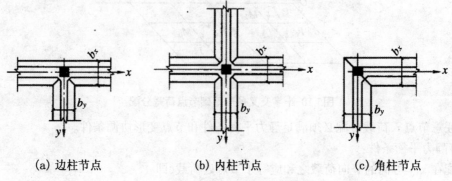

(a) 边柱节点　　　　(b) 内柱节点　　　　(c) 角柱节点

图5.11 交叉条形基础节点类型

◆十字交叉条形基础构造要求

十字交叉条形基础的构造与条形基础基本相同,实用中需要补充以下几点:

(1)在交叉处翼板双向主受力钢筋重叠布置。

(2)十字交叉基础梁的断面通常取为"T"型。

(3)基础梁若有扭矩作用时,纵筋应按计算配置受弯和受扭钢筋。

(4)为了调整结构荷载重心与基底平面形心相重合,同时改善角柱与边柱下地基的受力条件,在转角和边柱处作构造性延伸。

第6章 筏形基础和箱形基础

筏形基础和箱形基础常用于高层建筑,其设计包括地基计算、内力分析、强度计算以及构造要求等方面。

6.1 筏形基础

【基 础】

◆ **筏形基础**

高层建筑物荷载通常很大,当地基承载力较低时,需要很大的基础底面积,采用十字交叉条形基础不能满足地基承载力要求或采用人工地基不经济时,可以采用钢筋混凝土满堂红基础,这种满堂红基础称为筏形(片筏)基础。

筏形基础由于其底面积大,故可减小基底压力,同时也可提高地基土的承载力,并能更有效地增强基础的整体性,调整不均匀沉降。

◆ **筏形基础类型**

按所支承的上部结构类型分,有用于砌体承重结构的墙下筏形基础和用于框架、剪力墙结构的柱下筏形基础。前者是一块厚度约 200~300 mm 的钢筋混凝土平板,埋深较浅,适用于具有硬壳持力层、比较均匀的软弱地基上六层及六层以下承重横墙较密的民用建筑。

柱下筏形基础分为平板式和梁板式两种类型,如图 6.1 所示。

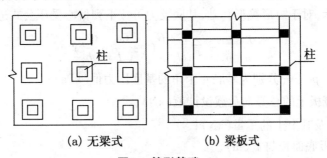

图6.1 筏形基础

平板式筏形基础的厚度不应小于 400 mm,一般为 0.5~2.5 m。其特点是施工方便、建造快,但混凝土用量大。当柱荷载较大时,为防止基础发生冲切破坏,可将柱位下板厚局部加大或设柱墩,如图 6.1(a)所示。若柱距较大,为了减小板厚,可在柱轴两个方向设置肋梁,形成梁板式筏形基础,如图6.1(b)所示。

◆ **筏形基础选用原则**

(1)在软土地基上,用柱下条形基础或柱下十字交梁条形基础不能满足上部结构对变形的要求和地基承载力的要求时,可采用筏形基础。

(2)当建筑物有地下室或大型贮液结构,如水池、油库等,结合使用要求,可采用筏形基础。

(3)当建筑物的柱距较小而柱的荷载又很大,或柱的荷载相差较大将会产生较大的沉降差需要增加基础的整体刚度以调整不均匀沉降时,可采用筏形基础。

(4)风荷载及地震荷载起主要作用的建筑物,要求基础要有足够的刚度和稳定性时,可采用筏形基础。

【实 务】

◆ **地基承载力验算**

基础底面积根据基础持力层土的地基承载力要求确定。如果将 xoy 坐标原点置于筏基底板形心处,则基底反力可按下式计算:

$$p = \frac{\sum F + G}{A} \pm \frac{M_x}{I_x} y \pm \frac{M_y}{I_y} x \tag{6.1}$$

式中 p——筏形基础底板平均基底反力(kN/m^2);

$\sum F$——作用于筏形基础上竖向荷载总和(kN);

G——筏形基础自重(kN);

A——筏形基础底面积(m^2);

M_x、M_y——分别为竖向荷载对通过筏形基础底面形心的 x 轴和 y 轴的力矩($kN \cdot m$);

I_x、I_y——分别为筏形基础底面积对 x、y 轴的惯性矩(m^4);

x、y——分别为计算点的 x 轴和 y 轴的坐标(m)。

如图6.2所示,对于矩形筏形基础,基底反力可按下列偏心受压公式进行简化计算:

$$\frac{p_{max}, p_1}{p_{min}, p_2} = \frac{\sum F + G}{bl}\left(1 \pm \frac{6e_x}{l} \pm \frac{6e_y}{b}\right) \tag{6.2}$$

式中 p_{max}、p_{min}、p_1、p_2——分别为基底4个角的基底压力值(kPa);

$\sum F$——筏板上的总竖向荷载设计值(kN);

G——基础及其上土的重量(kN);

l、b——筏板底面长与宽(m);

d——筏板的埋置深度(m)。

e_x、e_y——上部结构荷载在 x、y 方向对基底形心的偏心距(x、y 轴通过基底形心)。

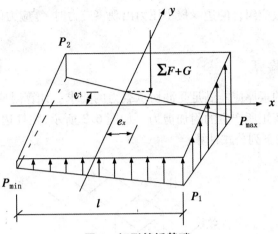

图6.2 矩形筏板基础

$$e_x = \frac{M_y}{\sum F + G} \quad (6.3)$$

$$e_y = \frac{M_y}{\sum F + G} \quad (6.4)$$

式中 M_x、M_y——分别为竖向荷载设计值的合力点对 x、y 轴的力矩(kN·m)。

基底反力应满足以下要求：

$$p \leqslant f \quad (6.5)$$

$$p_{\max} \leqslant 1.2f \quad (6.6)$$

式中 f——持力层土的地基承载力设计值(kN/m²)。

对于非抗震设防的高层建筑箱形和筏形基础，还应符合式(6.7)的要求：

$$p_{\min} \geqslant 0 \quad (6.7)$$

对于抗震设防的建筑，箱形和筏形基础的基础底面压力除应符合式(6.5)及(6.6)的要求外，还应满足下列公式进行地基土抗震承载力的验算：

$$p_E \leqslant f_{SE} \quad (6.8)$$

$$p_{E,\max} \leqslant 1.2 f_{SE} \quad (6.9)$$

$$f_{SE} = \zeta_s f \quad (6.10)$$

式中 p_E——基础底面地震效应组合的平均压力设计值；

$p_{E,\max}$——每础底面地震效应组合的边缘最大压力设计值；

f_{SE}——调整后的地基土抗震承载力设计值；

ζ_s——地基土抗震承载力调整系数按表6.1确定。

表6.1 地基土抗震承载力调整系数 ζ_s

岩土名称和性状	ζ_s
岩石，密实的碎石土，密实的砾、粗、中砂，$f_k \geqslant 300$ kPa 的黏性土和粉土	1.5
中密、稍密的碎石土，中密和稍密的砾、粗、中砂，密实和中密的细、粉砂，150 kPa $\leqslant f_k <$ 300 kPa 的黏性土和粉土	1.3
稍密的细、粉砂，100 kPa $\leqslant f_k <$ 150 kPa 的黏性土和粉土，新近沉积的黏性土和粉土	1.1
淤泥，淤泥质土，松散的砂，填土	1.0

注：f_k 为地基土承载力的标准值。

当基础底面地震效应组合的边缘最小压力出现零应力时,零应力区的面积不应超过基础底面面积的25%。

◆ 筏形基础抗冲切验算

平板式筏形基础的板厚应能满足受冲切承载力的要求。计算时应考虑作用在冲切临界截面重心上的不平衡弯矩所产生的附加剪力。如图6.3所示,距柱边 $h_0/2$ 处冲切临界截面的最大剪应力 τ_{max} 应按下列公式计算:

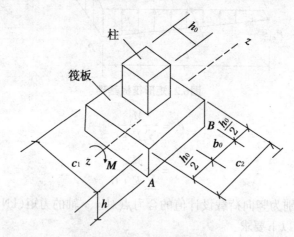

图6.3 内柱冲切临界截面示意

$$\tau_{max} = \frac{V_s}{u_m h_0} + a_s \frac{MC_{AB}}{I_s} \quad (6.11)$$

$$\tau_{max} \leq 0.6 f_t \quad (6.12)$$

$$a_s = 1 - \frac{1}{1 + \frac{2}{3}\sqrt{\frac{c_1}{c_2}}} \quad (6.13)$$

式中 V_s——集中反力设计值,对柱取轴力设计值减去筏板冲切破坏锥体内的地基反力设计值;对边柱和角柱,取轴力设计值减去筏板冲切临界截面范围内的地基反力设计值,地基反力值应扣除底板自重;

u_m——距柱边 $h_0/2$ 处冲切临界截面的周长;

h_0——筏板的有效高度;

M——作用在冲切临界截面重心上的不平衡弯矩;

C_{AB}——沿弯矩作用方向,冲切临界截面重心至冲切临界截面最大剪应力点的距离;

I_s——冲切临界截面对其重心的极惯性矩;

f_t——混凝土轴心抗拉强度设计值;

c_1——与弯矩作用方向一致的冲切临界截面的边长;

c_2——垂直于 c_1 的冲切临界截面的边长;

α_s——不平衡弯矩传至冲切临界截面周边的剪应力系数。

当柱荷载较大,等厚度筏板的受冲切承载力不能满足要求时,可在筏板上面增设柱墩、在筏板下局部增加板厚度或采用抗冲切箍筋来提高受冲切承载力。

◆ 筏形基础内力分析

当地基土质均匀时,上部结构刚度较好,且柱荷载及柱间距的变化不超过 20% 时,筏形基础只需考虑局部弯曲作用,计算时,地基反力可视为均布。可采用简化计算方法,简化算法主要有倒楼盖法和刚性板条法。

1. 倒楼盖法

倒楼盖法进行筏形基础的内力分析时,以基底净反力为倒置梁板荷载。对厚度大于 1/6 墙间距的筏板可沿纵、横方向取单位长度的板带,按单向或双向连续板计算,肋间底板传至肋梁的荷载按"楼盖"的计算规定进行划分,挑出板的荷载可直接传给邻近的肋梁,板角荷载可按半经验、半理论的方法换算成为作用于梁端的力矩。这样,肋梁就可以当做承受相应荷载的纵横两组连续梁进行计算。对柱下无梁式筏板可仿效无梁楼盖计算方法,分别截取柱下板带与柱间板带进行计算。

2. 刚性板条法

当采用刚性板条法计算基础的内力时,可以将筏形基础在 x、y 方向从跨中分成若干条带,如图 6.4(a)所示,取出每一条按独立的条形基础计算基础内力。

需要注意的是当利用刚性板条法计算时,由于没有考虑条带之间的剪力,所以每一条带柱荷载的总和与基底净反力总和不平衡,因而必须进行调整。

以如图 6.4(a)所示中的 ABCH 板条为例。

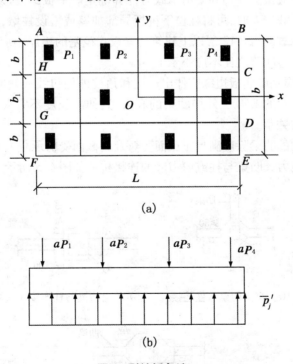

图 6.4 刚性板条法

柱荷载总和为:

$$\sum P = p_1 + p_2 + p_3 + p_4 \tag{6.14}$$

基底的净平均值为:

$$\overline{P}_j = \frac{1}{2}(p_{jA} + p_{jB}) \tag{6.15}$$

式中 p_{jA}——A 点的地基净反力;
　　　p_{jB}——B 点的地基净反力。

如果该板条的宽度为 b,则基底净反力的总和为 $\overline{P}_j bL$,其值不等于荷载总和 $\sum P$,两者的平均值为:

$$\overline{P} = \frac{1}{2}(\overline{P}_j bL + \sum P) \tag{6.16}$$

柱荷载和基底净反力都按其平均值 $\overline{P}$ 进行修正,柱荷载的修正系数为:

$$\alpha = \frac{\overline{P}}{\sum P} \tag{6.17}$$

各柱荷载的修正值分别为 αP_1、αP_2、αP_3、αP_4,修正的基底平均净反力可按下式计算:

$$\overline{P}_j' = \frac{\overline{P}}{bL} \tag{6.18}$$

计算简图如图 6.4(b)所示。

◆筏形基础构造要求

筏形基础的板厚应按受冲切和受剪承载力计算确定。平板式筏形基础的最小板厚不宜小于 400 mm,当柱荷载较大时,可将柱位下筏板局部加厚或增设柱墩,也可采用设置抗冲切箍筋来提高受冲切承载能力。12 层以上建筑的梁板式筏基的板厚不应小于 400 mm,且板厚与最大双向板格的短边净跨之比不应小于 1/14。

通常情况下,筏形基础底板边缘应伸出边柱和角柱外侧包线或侧墙以外,伸出长度应不大于伸出方向边跨柱距的 1/4,无外伸肋梁的底板,其伸出长度不宜大于 1.5m,双向外伸部分的底板直角应削成钝角。

梁板式筏形基础的肋梁除应满足正截面受弯及斜截面受剪承载力外,还需验算柱下肋梁顶面的局部受压承载力。肋梁与柱或剪力墙的连接构造如图 6.5 所示。

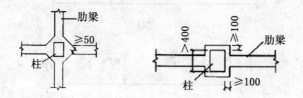

(a) 交叉肋梁与柱连接　　(b) 单向肋梁与柱连接（一）

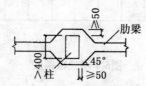

(c) 单向肋梁与柱连接（二）

图 6.5 肋梁与柱或剪力连接的构造

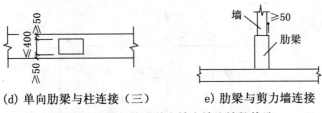

续图6.5 肋梁与信或前力墙力墙连接的构造

考虑到整体弯曲的影响,筏形基础的配筋除满足计算要求外,对平板式筏形基础,柱下板带和跨中板带的底部钢筋应有 1/3～1/2 贯通全跨,且配筋率不应小于 0.15%;顶部钢筋按计算配筋全部连通。对梁板式筏形基础,纵横方向的支座钢筋应有 1/3～1/2 贯通全跨,且配筋率不应小于 0.15%;跨中钢筋应按计算配筋全部连通。

筏板边缘的外伸部分应上下配置钢筋。对无外伸肋梁的双向外伸部分应在板底配置内锚长度为 l_r(大于板的外伸长度 l_1 及 l_2)的辐射状附加钢筋,如图 6.6 所示,其直径与边跨板的受力钢筋相同,外端间距不大于 200 mm。

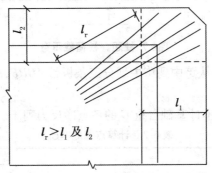

图6.6 筏板双向外伸部分的辐射状钢筋

当筏板的厚度大于 2 000 mm 时,宜在板厚中间部位设置直径不小于 12 mm、间距不大于 300 mm 的双向钢筋网。

高层建筑筏形基础的混凝土强度等级不应低于 C30。对于设置架空层或地下室的筏形基础底板、肋梁及侧壁,其所用混凝土的抗渗等级不应小于 0.6 MPa。

【实　　例】

【例6.1】 筏形基础平面尺寸为 16.5 m×21.5 m,厚 0.8 m,柱距和柱荷载如图 6.7 所示,试计算基础内力。

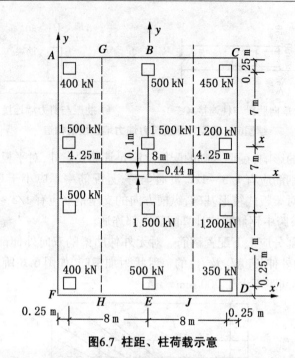

图6.7 柱距、柱荷载示意

将筏形基础在 y 轴方向从跨中到跨中划分三条板带 $AGHF$,$HIJH$ 和 $ICDJ$,分别计算其内力。

(1)基底净反力计算。不计基础自重 G 的各点净反力列于表6.2中。

表6.2 计算点基底净压力

计算点	苦诋净压略/kPa
A	36.81
B	36.81
C	26.91
D	25.91
E	30.14
F	35.09

(2)计算板条 $AGHF$ 的内力。

基底平均净反力为:

$\overline{P}_j/\text{kPa} = \frac{1}{2}(p_{jA} + p_{jB}) = 0.5 \times (36.81 + 35.09) = 35.95$

基底总反力为:

$\overline{P}_j bL/\text{kN} = 35.95 \times 4.25 \times 21.50 = 3\ 285$

柱荷载总和为:

$\sum_p/\text{kN} = 400 + 1\ 500 + 1\ 500 + 400 = 3\ 800$

基底反力与柱荷载的平均值为:

$\overline{P}/\text{kN} = \frac{1}{2}(\sum p + p_j bL) = 0.5 \times (3\ 800 + 3\ 285)$

$= 3\ 542.2$

柱荷载修正系数为:

$$\alpha = \frac{\overline{P}}{\sum P} = \frac{3\,542.5}{3\,800} = 0.932\,2$$

各柱荷载的修正系数值如图 6.8(a)所示。

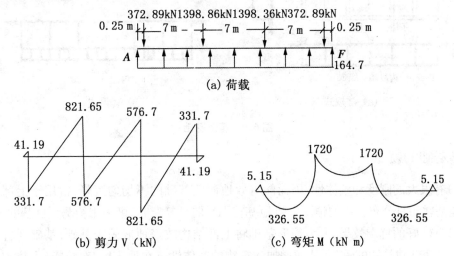

图 6.8 板带 AGHF 的荷载与内力

修正的基底平均净反力为:

$$\overline{P}_j/\text{kPa} = \frac{\overline{P}}{bL} = \frac{3\,542.5}{4.25 \times 21.5} = 38.768$$

每单位长度基底平均净反力为 $\overline{P}_j b/(\text{kN} \cdot \text{m}^{-1}) = 38.768 \times 4.25 = 164.76$。最后,按柱下条形基础计算内力。本例按静力平衡法计算各界面的弯矩和剪力如图 6.8(b)、6.8(c)所示。

6.2 箱形基础

【基 础】

◆ 箱形基础

箱形基础由钢筋混凝土底板、顶板和纵、横向的内、外墙组成,抗弯刚度比筏形基础大,可看做绝对刚性。箱形基础的相对弯曲通常小于 0.33‰,沉降非常均匀,它的一般构造如图 6.9(a)所示,有时为了加大底板的刚度,也可采用如图 6.9(b)所示的"套箱式"的箱形基础。为了避免箱形基础出现过大的整体横向倾斜,可采用箱基悬挑或箱基底板悬挑,使其有效地减少荷载的偏心作用。

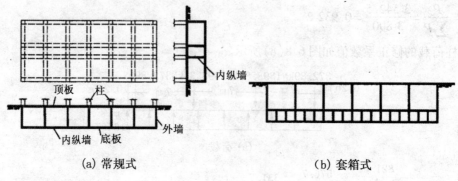

(a) 常规式　　　　　　　　　(b) 套箱式

图6.9　箱形基础

◆ 箱形基础的特点

(1) 有很大的刚度和整体性，因而能有效地调整基础的不均匀沉降，常用于上部结构荷载大、地基软弱且分布不均的情况。当地基特别软弱且复杂时，可采用箱基下桩基的方法。

(2) 有较好的抗震效果，因为箱形基础将上部结构较好地嵌固于基础，基础埋置得又较深，因而可降低建筑物的重心，从而增加建筑物的整体性。在地震区，对抗震、人防和地下室有要求的高层建筑宜采用箱形基础。

(3) 有较好的补偿性，箱形基础的埋置深度一般比较大，基础底面处的土自重应力和水压力在很大程度上补偿了由于建筑物自重和荷载产生的基底压力。如果箱形基础有足够埋深，使得基底上自重应力等于基底接触压力，从理论上讲，基底附加压力等于零，在地基中就不会产生附加应力，因而也就不会产生地基沉降，也不存在地基承载力问题，按照这种概念进行地基基础设计的称为补偿性设计。

◆ 箱形基础基底反力

基底反力是地基反作用于基础底面的作用力；基底压力是基础传给地基的压力。基底压力与基底反力大小相等，方向相反。

在箱形基础的设计中，基底反力的确定十分重要，因为基底反力的分布规律和大小不仅影响箱基内力的数值，而且还可能改变内力的正负号，因此基底反力的分布成为箱基计算分析中的关键问题。

影响基底反力的因素很多，主要有土的性质、上部结构和基础的刚度、基础的埋深、荷载的分布和大小、基底尺寸和形状及相邻基础的影响等。

【实　　务】

◆ 箱形基础基底反力计算

1. 箱形基础基底反力计算方法

高层建筑箱形基础基底反力实用计算方法如下：

将基础底面划分成40个区格(纵向8格横向5或8格，如图6.10所示)，第 i 区格基底

反力 p_i 按下式确定：

$$P_i = \frac{P}{BL} a_i \tag{6.19}$$

式中　P——相应荷载效应基本组合式的上部结构竖向荷载加箱形基础重(kN)；

　　　B、L——分别为箱形基础的宽度和长度(m)；

　　　α_i——相应于 i 区格的基底反力系数。

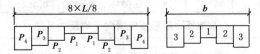

图6.10　箱形基础基底反力分布分区示意

2. 箱形基础基底反力系数

箱形基础基底反力系数见表6.3。

表6.3　箱形基础基底反力系数 α_i

适用范围	L/B	纵身\横身	p_4	p_3	p_2	p_1	p_1	p_2	p_3	p_4
第四纪黏性土	3~4	3	1.282	1.043	0.987	0.976	0.976	0.987	1.043	1.282
		2	1.143	0.930	0.881	0.870	0.870	0.881	0.930	1.143
		1	1.129	0.919	0.869	0.859	0.859	0.869	0.919	1.129
		2	1.143	0.930	0.881	0.870	0.870	0.881	0.930	1.143
		3	1.282	1.043	0.987	0.976	0.976	0.987	1.043	1.282
	4~6	3	1.229	1.042	1.014	1.003	1.003	1.014	1.042	1.229
		2	1.096	0.929	0.904	0.895	0.895	0.904	0.929	1.096
		1	1.082	0.918	0.893	0.884	0.884	0.893	0.918	1.082
		2	1.096	0.929	0.904	0.895	0.895	0.904	0.929	1.096
		3	1.229	1.042	1.014	1.003	1.003	1.014	1.042	1.229
	6~8	3	1.215	1.053	1.013	1.008	1.008	1.013	1.053	1.215
		2	1.083	0.939	0.903	0.899	0.899	0.903	0.903	1.083
		1	1.070	0.927	0.892	0.888	0.888	0.892	0.927	1.070
		2	1.083	0.939	0.903	0.899	0.899	0.903	0.939	1.083
		3	1.215	1.053	1.013	1.008	1.008	1.013	1.053	1.215
软黏土		3	0.906	0.966	0.814	0.738	0.738	0.814	0.966	0.906
		2	1.124	1.197	1.009	0.914	0.914	1.009	1.197	1.124
		1	1.235	1.314	1.109	1.006	1.006	1.109	1.314	1.235
		2	1.124	1.197	1.009	0.914	0.914	1.009	1.197	1.124
		3	0.906	0.966	0.814	0.738	0.738	0.814	0.966	0.906

注：1. 表中 L、B 包括底板悬挑部分。

　　2. 本表适用于上部结构及其荷载比较均匀对称，基底底板悬挑不超过0.8 m，地基比较均匀，不受相邻建筑物的影响，并基本满足各项构造要求的单幢建筑物。

　　3. 若上部结构及其荷载略为不对称时，应求出由于偏心产生纵、横方向力矩所引起的不均匀反力，此反力按直线分布计算并由反力系数表计算的反力分布进行叠加。

　　4. 表中软黏土指淤泥质黏土及淤泥质亚黏土。

3. 箱形基础平均反力系数

在分析箱基内力时，将箱形基础看成静定梁，在基底反力作用下求出各梁上各点的内力

(M,V),然后再求出箱形基础所承担的弯矩 M_g,此时基底反力用平均反力系数 i 求得。平均反力系数见表6.4、表6.5。

表6.4 箱形基础纵向平均反力系数

适用范围	L/B	$\bar{p}_4$	$\bar{p}_3$	$\bar{p}_2$	$\bar{p}_1$	$\bar{p}_1$	$\bar{p}_2$	$\bar{p}_3$	$\bar{p}_4$
一般第四纪黏性土	3~4	1.196	0.973	0.921	0.910	0.910	0.921	0.973	1.196
	4~6	1.146	0.972	0.946	0.936	0.936	0.946	0.972	1.146
	6~8	1.133	0.982	0.945	0.940	0.940	0.945	0.982	1.133
软黏土	3~5	1.059	1.128	0.951	0.862	0.862	0.951	1.128	1.059

表6.5 箱形基础横向平均反力系数

适用范围	$\bar{p}_3$	$\bar{p}_2$	$\bar{p}_1$	$\bar{p}_2$	$\bar{p}_3$
一般第四纪黏性土	1.072	0.956	0.944	0.956	1.072
软黏土	0.856	1.061	1.166	1.061	0.856

用平均反力系数计算各段的平均反力:

$$\left. \begin{array}{l} p_1 = \bar{p}_1 (\sum N + G)/L \\ p_2 = \bar{p}_2 (\sum N + G)/L \\ p_3 = \bar{p}_3 (\sum N + G)/L \\ p_4 = \bar{p}_4 (\sum N + G)/L \end{array} \right\} \quad (6.20)$$

式中 $\sum N$——上部结构传来的轴力(kN);

G——箱形基础自重(kN)。

在设计箱基时,要扣除箱形基础自重,用基底净反力,即

$$p_{1j} = p_1 - G/L; p_{2j} = p_2 - G/L; p_{3j} = p_3 - G/L; p_{4j} = p_4 - G/L \quad (6.21)$$

◆箱形基础地基验算

箱形基础埋置较深,与地基土及回填土结合起来,能较好地发挥基础与周围土体的共同作用,稳定性也较好。但由于上部结构荷载大,因此沉降总是存在的。在风荷载比较大以及地震地区,不仅要考虑强度、变形及稳定等问题,还应考虑整体倾斜问题。造成箱形基础整体倾斜的因素很多,但主要因素还是地基的不均匀沉降。

1. 箱形基础的地基承载力验算。

(1)非地震区箱基地基承载力验算

箱形基础地基承载力要满足下列条件:

$$\left. \begin{array}{l} p \leqslant f \\ p_{max} \leqslant 1.2f \\ p_{min} \geqslant 0 \end{array} \right\} \quad (6.22)$$

式中 f——修正后地基承载力特征值(kPa);

p_{min}、p_{max}——分别为基底承受的最小、最大压力(kPa)。

箱形基础埋置较深,一般都会出现地下水。当箱形基础部分或全部处于地下水位以下时,计算基底压力要考虑地下水的浮力。若地下水有季节性变化,则应考虑基底压力的最不利情况,即地下水位降到基底以下,计算地基压力时不考虑地下水的浮力。

箱形基础考虑地下水浮力之后,基底压力应满足下式:

$$\left.\begin{array}{l}p-\gamma_w h_w \leqslant f_a \\ p_{\max}-\gamma_w h_w \leqslant 1.2f_a \\ p_{\min}-\gamma_w h_w \geqslant 0\end{array}\right\} \quad (6.23)$$

式中 γ_w——水的重度(kN/m^3),通常取 $\gamma_w = 10\ kN/m^3$;

h_w——地基以上箱形基础浸水高度(m);

(2)地震区箱形基础地基承载力。地震区箱形基础的地基承载力、荷载组合均要按抗震设计规范的要求进行计算。除满足非地震区的有关计算公式外,基底最大压力还要满足下式:

$$p_{\max} \leqslant \psi f_{ak} + \eta_b \gamma(b-3) + \eta_b \gamma_d(d-0.5) \quad (6.24)$$

式中 ψ——地基承载力特征值修正系数。

η_b、η_d——宽度和深度修正系数。

当 $f_{ak} \leqslant 120kPa$ 时,取 $\psi = 1.0$;当 $f_{ak} \geqslant 300\ kPa$ 时,取 $\psi = 1.7$;当 $120 \leqslant f_{ak} \leqslant 300\ kPa$ 时,按内插法确定 ψ。对于岩石、碎土、砂土,取 $\psi = 1.25$。

2. 箱形基础地基变形验算

目前,计算较大埋深的箱形基础的沉降主要有以下三种方法。

(1)《建筑地基基础设计规范》推荐的分层总和法。箱形基础的沉降计算现在仍采用分层总和法。但由于箱形基础具有荷载大、基础底面积大、埋置深度大、地基压缩层影响范围大等特点,因此在计算总沉降量时,与一般工业民用建筑结构略有差别。

(2)《高层建筑箱形与筏形基础设计规范》推荐的压缩模量法。当采用土的压缩模量计算箱形和筏形基础的最终沉降量 s 时,可按下式计算:

$$s = \sum_{i=1}^{n}(\psi' \frac{P_c}{E'_{si}} + \psi_s \frac{P_0}{E_{si}})(z_i \bar{a}_i - z_{i-1} \bar{a}_{i-1}) \quad (6.25)$$

式中 s——最终沉降量(m);

ψ'——考虑回弹影响的沉降计算经验系数,无经验时取 1;

ψ_s——沉降计算经验系数,按地区经验采用;当缺乏地区经验时,可按《建筑地基基础设计规范》(GB 50007—2002)有关规定采用。

P_c——基础底面处地基土的自重应力标准值(kPa);

P_0——相应于荷载效应的准永久组合时的基底附加压力值(kPa);

E'_{si}、E_{si}——基础底面下第 i 层土的回弹再压缩模量和压缩模量(kPa);

n——沉降计算深度范围内所划分的地基土层数;

z_i、z_{i-1}——基础底面至第 i 层、第 i-1 层底面的距离(m);

$\bar{a}_i$、$\bar{a}_{i-1}$——基础底面计算点至第 i 层、第 i-1 层底面范围内的平均附加应力系数,按《高层建筑箱形与筏形基础设计规范》(JGJ 6—1999)附录 A 采用。

沉降计算深度可按现行《建筑地基基础设计规范》(GB 50007—2002)确定。

(3)《高层建筑箱形与筏形基础设计规范》(JGJ 6—1999)推荐的变形模量法。当采用土的变形模量计算箱形和筏形基础的最终沉降量 s 时,可按下式计算:

$$s = p_k b \eta \sum_{i=1}^{n} \frac{\delta_i - \delta_{i-1}}{E_{0i}} \quad (6.26)$$

式中 p_k——相应于荷载效应的准永久组合时的基底平均基底压力值(kPa);

b——基础底面宽度(m);

$\delta_i 、 \delta_{i-1}$——与基础长度比 l/b 及基础底面至第 i 层和第 $i-1$ 层土底面的距离深度 z 有关的无因次系数,可按表6.6确定;

E_{0i}——基础底面下第 i 层土变形模量(kPa),通过试验或按地区经验确定;

η——修正系数,可按表6.7采用。

表6.6 δ 系数

$m=\dfrac{2z}{b}$	$n=\dfrac{l}{b}$						$n \geqslant 10$
	1	1.4	1.8	2.4	3.2	5	
0.0	0.000	0.000	0.000	0.000	0.000	0.000	0.000
0.4	0.100	0.100	0.100	0.100	0.100	0.100	0.104
0.8	0.200	0.200	0.200	0.200	0.200	0.200	0.208
1.2	0.299	0.300	0.300	0.300	0.300	0.300	0.311
1.6	0.380	0.394	0.397	0.397	0.397	0.397	0.412
2.0	0.446	0.472	0.482	0.486	0.486	0.486	0.511
2.4	0.499	0.538	0.556	0.565	0.567	0.567	0.605
2.8	0.542	0.592	0.618	0.635	0.640	0.640	0.687
3.2	0.577	0.637	0.671	0.696	0.707	0.709	0.763
3.6	0.606	0.676	0.717	0.750	0.768	0.772	0.831
4.0	0.630	0.708	0.756	0.796	0.820	0.830	0.892
4.4	0.650	0.735	0.789	0.837	0.867	0.883	0.949
4.8	0.668	0.759	0.819	0.873	0.908	0.932	1.001
5.2	0.683	0.780	0.834	0.904	0.948	0.977	1.050
5.6	0.697	0.798	0.867	0.933	0.981	1.018	1.096
6.0	0.708	0.814	0.887	0.958	1.011	1.056	1.138
6.4	0.719	0.828	0.904	0.980	1.031	1.090	1.178
6.8	0.728	0.841	0.920	1.000	1.065	1.122	1.215
7.2	0.736	0.852	0.935	1.019	1.088	1.152	1.251
7.6	0.744	0.863	0.948	1.036	1.109	1.180	1.285
8.0	0.751	0.872	0.980	1.051	1.128	1.205	1.316
8.4	0.757	0.881	0.970	1.065	1.146	1.229	1.347
8.8	0.762	0.888	0.980	1.078	1.162	1.251	1.376
9.2	0.768	0.896	0.989	1.089	1.178	1.272	1.404
9.6	0.772	0.902	0.998	1.100	1.192	1.291	1.431
10.0	0.777	0.908	1.005	1.110	1.205	1.309	1.456
11.0	0.786	0.922	1.022	1.132	1.238	1.349	1.506
12.0	0.794	0.933	1.087	1.151	1.257	1.384	1.550

注:$l、b$——矩形基础的长度与宽度;

　　z——为基础底面至该层土底面的距离。

表6.7 修正系数

m	$0<m\leqslant 0.5$	$0.5<m\leqslant 1$	$1<m\leqslant 2$	$2<m\leqslant 3$	$3<m\leqslant 5$	$5<m\leqslant 8$
η	1.00	0.95	0.90	0.80	0.75	0.7

注:$m=2z_n/b$。

进行沉降计算时,沉降计算深度 z_n 应按下式计算:

$$z_n = (z_m + \xi b)\beta \tag{6.27}$$

式中 z_m——与基础长宽比有关的经验值,按表6.8确定;

　　　ξ——折减系数,按表6.8确定;

β——调整系数,按表 6.9 确定。

表 6.8 z_m 值和折减系数 ξ

l/b	≤1	2	3	4	≥5
z_m	11.6	12.4	12.5	12.7	13.2
ξ	0.42	0.49	0.53	0.60	1.00

表 6.9 调整系数 β

土类	碎石	砂土	粉土	黏性土	软土
β	0.30	0.50	0.60	0.75	1.00

3. 箱形基础整体倾斜验算

目前,比较简单易行的整体倾斜的计算方法是按分层总和法计算各点的沉降,再根据各点的沉降差估算整体倾斜值。通常情况下,常控制横向整体倾斜,如对矩形的箱形基础,以分层总和法计算基础纵向边缘中点的沉降值,两点的沉降差除以基础的宽度,即得横向整体倾斜值。

确定横向整体倾斜允许值的主要依据是保证建筑物的稳定性和正常使用,与此相关的主要因素是建筑物的高度 H_g 和箱形基础的宽度 b,在非地震区,横向整体倾斜计算值 α 应符合下式要求:

$$a \leqslant \frac{b}{100H_g} \quad (6.28)$$

式中 b——基础宽度(m);

H_g——建筑物高度,指室外地坪至屋面(不包括突出屋面的电梯间、水箱间等局部附属建筑)的高度(m)。

4. 箱形基础稳定验算

在风荷载很大的地区、地震区、地下水位较高的软土地区、且箱形基础埋深较小时,此时对箱基要进行稳定性验算,要提高建筑物四周回填土的质量以提高箱形基础的抗滑移能力,此外还要满足下式:

$$K_h = \mu(\sum N + G) / \sum T_i \quad (6.29)$$

式中 K_h——沿基底平面抗滑移稳定系数,$K_h \geqslant 1.1$;

$\sum N$——上部结构传给箱形基础的竖向荷载总和(kN);

G——箱形基础及其以上覆土的自重(kN),地下水位以下的部分,应扣除水的浮力;

μ——基础底面与地基土接触面间摩擦系数;

$\sum T_i$——地震荷载组合中各水平力的总和(kN)。

在软土地基,抗滑移能力按下式计算:

$$K_d = \frac{\text{对最危险圆弧滑动面圆心的抗滑动力矩}}{\text{对最危险圆弧滑动面圆心的滑动力矩}} \quad (6.30)$$

式中 K_d——抗滑移稳定系数,$K_d \geqslant 1.1$。

抗倾覆验算:

$$K_g = g/e \quad (6.31)$$

式中 K_g——抗倾覆稳定系数,$K_g \geqslant 1.2$;

g——基底截面形心到截面最大受压边缘的距离(m);

e——作用在基底平面上的全部竖向荷载对基底形心的偏心距(m)。

◆ 箱形基础内力计算

1. 箱形基础荷载计算

箱形基础埋藏于地下,承受各种荷载,如图 6.11 所示。箱形基础荷载主要有以下几种:

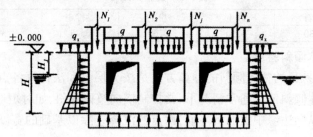

图6.11 箱形基础荷载示意

(1)地面堆载 q_x 产生的侧压力:

$$\sigma_1 = q_x \tan^2(45° - \frac{1}{2}\varphi) \tag{6.32}$$

(2)地下水位以上土的侧压力:

$$\sigma_2 = \gamma H_1 \tan^2(45° - \frac{1}{2}\varphi) \tag{6.33}$$

(3)浸于地下水位中 $(H - H_1)$ 高度土的侧压力:

$$\sigma_3 = \gamma'(H - H_1) x \tan^2(45° - \frac{1}{2}\varphi) \tag{6.34}$$

(4)地下水产生的侧压力:

$$\sigma_4 = \gamma_w(H - H_1) \tag{6.35}$$

(5)地基净反力:

$$\sigma_5 = p_j + \gamma_w(H - H_1) \tag{6.36}$$

(6)顶板荷载 q 以及上部结构传来的集中力等。

式中 γ——土的重度(kN/m³);

γ_w——水的重度(kN/m³),通常取 $\gamma_w = 10$ kN/m³;

γ'——浸入水中的土重度(浮重度),$\gamma' = \gamma_{sat} - \gamma_w$;

γ_{sat}——土的饱和重度(kN/m³);

H_1——地表面到地下水面的深度(m);

H——地表面到箱形基础底面的高度(m);

φ——土的内摩擦角。

2. 箱形基础内力计算

箱形基础在上部结构传来的荷载、地基反力及箱形基础四周土的侧压力共同作用下,将发生弯曲,这种弯曲称为整体弯曲。在荷载作用下,顶板也会发生弯曲,这种弯曲称为局部弯曲。在地基反力作用下,底板也会发生局部弯曲。因此在设计箱形基础时,必须按结构的实际情况,分别分析箱形基础的整体弯曲和局部弯曲所产生的内力,然后将配筋量叠加。

箱形基础内力分析应根据上部结构刚度大小采用不同的计算方法。由于箱形基础施工复杂,造价昂贵,因此主要用于高层建筑,其上部结构大致可分为框架、剪力墙、框剪及框筒四种结构类型。根据上部结构情况,可采用以下两种方案计算箱形基础内力。

(1)上部结构为剪力墙、框架-剪力墙体系。当地基压缩层深度范围内的土层在竖向和水平方向较均匀,且上部结构平面、立面布置较为规则的剪力墙、框架-剪力墙体系时,由于上部结构的刚度相当大,以至于箱形基础的整体弯曲小到可以忽略的程度,箱形基础的顶板按实际荷载、底板按均布基底反力作用的周边固定双向连续板分析。考虑到整体弯曲可能的影响,钢筋配置量除符合计算要求外,纵横向支座钢筋还应分别有 0.15% 和 0.10% 配筋率连通配置,跨中钢筋按实际配筋率全部连通。

(2)上部结构为框架体系。上部结构为纯框架结构时,刚度较小,此时箱形基础在土压力、水压力及上部结构传来的荷载共同作用下,将发生整体弯曲。因此,箱形基础的内力应同时考虑整体弯曲和局部弯曲作用。在计算整体弯曲产生的弯矩时,将上部结构的刚度折算成等效抗弯刚度,然后将整体弯曲产生的弯矩按基础刚度占总刚度的比例分配到基础。基底反力可参照基底反力系数法或其他有效方法确定。由局部弯曲产生的弯矩应乘以 0.8 的折减系数,并叠加到整体弯曲的弯矩中去,其具体方法如下:

1)上部结构的等效抗弯刚度。如图 6.12 所示框架结构,等效刚度计算公式如下:

$$E_B I_B = \sum_{i=1}^{n}\left[E_b I_{bi}\left(1 + \frac{K_{ui} + K_{li}}{2K_{bi} + K_{ui} + K_{li}} m^2\right)\right] + E_w I_w \qquad (6.37)$$

式中 $E_B I_B$——上部结构框架折算的等效抗弯刚度;

E_b——梁、柱的混凝土弹性模量;

I_{bi}——第 i 层梁的截面惯性矩(m^4);

K_{ui}、K_{li}、K_{bi}——第 i 层上柱、下柱和梁的线刚度;

n——建筑物层数;

m——建筑物弯曲方向的节间数,$m = l/l_0$;

E_w、I_w——分别为在弯曲方向与箱形基础相连的连续钢筋混凝土墙的弹性模量和惯性矩,$I_w = \dfrac{b_w h_w^3}{12}$($b_w$、$h_w$ 分别为墙的厚度和高度)。

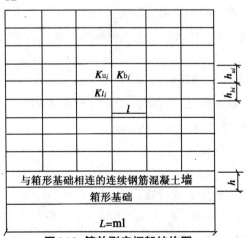

图6.12 等效刚度框架结构图

上柱、下柱和梁的线刚度分别按下列各式计算：

$$K_{ui} = \frac{I_{ui}}{h_{ui}}; K_{li} = \frac{I_{li}}{h_{li}}; K_{bi} = \frac{I_{bi}}{l_0} \tag{6.38}$$

式中 I_{ui}、I_{li}、I_{bi}——分别是第 i 层上柱、下柱和梁的截面惯性矩；

h_{ui}、h_{li}——分别是上柱、下柱的高度；

l_0——框架结构的柱距。

2）箱形基础的整体弯曲弯矩。从整体体系来看，上部结构和基础是共同作用的，因此，箱形基础所承担的弯矩 M_g 可以将整体弯曲产生的弯矩 M 按基础刚度占总刚度的比例分配，即：

$$M_g = \frac{E_g I_g}{E_g I_g + E_b I_b} M = \beta M, \beta = \frac{E_g I_g}{E_g I_g + E_b I_b} \tag{6.39}$$

式中 M_g——箱形基础承担的整体弯矩（kN·m）

M——由整体弯曲产生的弯矩可按静定梁分析或采用其他有效方法计算，（kN·m）；

I_g——箱形基础横截面的惯性矩，按工字形截面计算，上、下翼缘宽度分别为箱形基础顶、底板全宽，腹板厚度为箱形基础在弯曲方向墙体厚度；

$E_b I_b$——框架结构的等效抗弯刚度。

3）局部弯曲弯矩。顶板按实际承受的荷载，底板按扣除底板自重后的基底反力作为局部弯曲计算的荷载，并将顶、底板视为周边固定的双向连续板计算局部弯曲弯矩。顶、底板的总弯矩为局部弯曲弯矩乘以 0.8 折减系数后与整体弯曲弯矩叠加。

在箱形基础顶、底板配筋时，应综合考虑承受整体弯曲的钢筋与局部弯曲的钢筋配置部位，以充分发挥各截面钢筋的作用。

◆ 箱形基础构件强度计算

1. 顶板与底板的计算

箱形基础顶板、底板厚度除根据荷载与跨度大小按正截面抗弯强度确定外，其斜截面抗剪强度应符合下式要求：

$$V_s \leq 0.7 \beta_h f_t b h_0 \tag{6.40}$$

式中 V_s——相应于荷载效应的基本组合时剪力设计值，板所承受的剪力减去刚性角（刚性角为 45°）范围内的荷载，为板面荷载或板底反力与图 6.13 中阴影部分面积的乘积（kN）；

f_t——混凝土轴心抗拉强度设计值（kPa）；

β_h——截面高度影响系数（$\beta_h = (800/h_0)^{1/4}$，当 $h_0 \leq 800$ mm 时，取 $h_0 = 800$ mm，当 $h_0 > 2\,000$ mm 时，取 $h_0 = 2\,000$ mm；

b——计算所取的宽度（m）；

h_0——板的有效高度（m）。

箱形基础底板的冲切强度按下式计算：

$$F_j \leq 0.6 f_t u_m h_0 \tag{6.41}$$

式中 F_j——基底净反力值（kN）（不包括底板自重）；

f_t——混凝土轴心抗拉强度设计值(kPa);

h_0——板的有效高度(m);

u_m——距荷载边为 $h_0/2$ 处的周长(m),如图 6.14 所示。

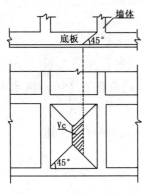

图6.13 Vs计算方法示意

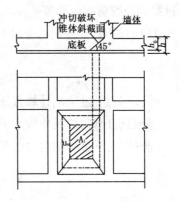

图6.14 底板冲切强度计算的截面位置

2. 内墙与外墙

箱形基础的内、外墙,除与剪力墙连接外,其墙身受剪截面应按下式验算:

$$V \leqslant 0.25\beta_c f_c A \tag{6.42}$$

式中 V——相应于荷载效应的基本组合时的墙身截面承受的剪力(kN);

β_c——混凝土强度影响系数,对基础所采用的混凝土,一般为1.0;

A——墙身竖向有效截面积(m^2);

f_c——混凝土轴心抗压强度设计值(kPa);

对于承受水平荷载的内外墙,还需进行受弯计算,此时将墙身视为顶、底部固定的多跨连续板,作用在外墙上的水平荷载包括水压力、土压力和由于地面均布荷载引起的侧压力,其中土压力一般按静止土压力计算。

3. 洞口

(1)洞口过梁正截面抗弯承载力计算。墙身开洞时,计算洞口处上、下过梁的纵向钢筋,应同时考虑整体弯曲和局部弯曲的作用,过梁截面的上、下钢筋均按下列公式求得的弯矩配筋。

上梁:

$$M_1 = \mu V_b \frac{1}{2} + \frac{q_1 l^2}{12} \tag{6.43}$$

下梁:

$$M_2 = (1-\mu) V_b \frac{1}{2} + \frac{q_2 l^2}{12} \tag{6.44}$$

式中 V_b——洞口中点处的剪力值(kN);

q_1、q_2——作用在上、下过梁上的均布荷载(kPa);

l——洞口的净宽(m);

μ——剪力分配系数。

剪力分配系数按下式计算:

$$\mu = \frac{1}{2}\left(\frac{b_1 h_1}{b_1 h_1 + b_2 h_2} + \frac{b_1 h_1^3}{b_1 h_1^3 + b_2 h_2^3}\right) \tag{6.45}$$

式中　h_1、h_2——上、下过梁截面高度(m)。

(2)洞口过梁截面抗剪强度验算

洞口上、下过梁的截面,应分别符合以下公式要求:

$$V_1 < 0.25\beta_c f_c A_1 \tag{6.46}$$

$$V_2 < 0.25\beta_c f_c A_2 \tag{6.47}$$

式中　A_1、A_2——洞口上、下过梁的计算截面积,按图6.15(a)和图6.15(b)所示中的阴影部分面积计算,取其中较大值;

V_1、V_2——洞口上、下过梁的剪力(kN),按下式计算(其符号释义同前):

$$V_1 = \mu V_b + \frac{q_1 l}{2} \tag{6.48}$$

$$V_2 = (1-\mu)V_b + \frac{q_2 l}{2} \tag{6.49}$$

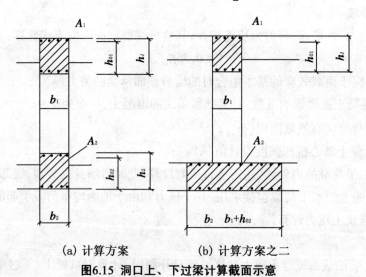

(a) 计算方案　　　　(b) 计算方案之二

图6.15　洞口上、下过梁计算截面示意

洞口上、下过梁的截面除按上式验算外,还应进行斜截面抗剪强度验算。

(3)洞口加强钢筋。箱形基础墙体洞口周围应设置加强钢筋,钢筋面积可按以下近似公式验算:

$$\begin{matrix} M_1 \leqslant f_y h_1 (A_{s1} + 1.4 A_{s2}) \\ M_2 \leqslant f_y h_2 (A_{s1} + 1.4 A_{s2}) \end{matrix} \tag{6.50}$$

式中　M_1、M_2——洞口过梁上梁、下梁的弯矩(kN·m);

　　　h_1、h_2——上、下过梁截面高度(m);

　　　A_{s1}——洞口每侧附加竖向钢筋总面积(m²);

　　　A_{s2}——洞角附加斜钢筋面积(m²);

　　　f_y——钢筋抗拉强度设计值(kPa)。

洞口加强钢筋除应满足上述公式要求外,每侧附加钢筋面积应不小于洞口宽度内被切断钢筋面积的一半,且不小于2Φ16,此钢筋应从洞口边缘处向外延长 $40d$。洞口每个角落各加 2Φ12 斜筋,长度不小于 1.0 m,如图 6.16 所示。

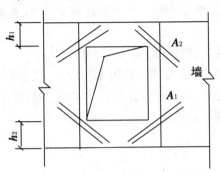

图1.16 洞口两侧及每角的加强钢筋示意

4. 箱形基础设计步骤

箱形基础的基本设计步骤是先初步确定结构尺寸,然后作倾斜、稳定、滑移、抗倾覆验算,待满足这些条件之后,再进行结构计算,结构计算主要有以下内容:

(1)计算箱形基础抗弯刚度。箱形基础抗弯刚度 $E_g I_g$ 中 E_g 为箱基混凝土弹性模量;I_g 为箱基惯性矩,将箱形基础化成等效工字形截面,如图 6.17 所示。箱形基础顶、底板尺寸作为工字形截面上、下翼缘尺寸,箱形基础各墙体宽度总和作为工字形截面腹板的厚度,即

$$d = \delta_1 + \delta_2 + \cdots\cdots + \delta_n = \sum_{i=1}^{n} \delta_i \tag{6.51}$$

根据一般方法求等效截面的形心位置,再用平行移轴方法求 I_g。

(2)求上部结构总折算刚度。上部结构总折算刚度 $(E_B I_B)$ 由连续混凝土墙、上部结构的柱、梁等的刚度所组成。

1)求弯曲方向与箱形基础相连接的连续混凝土的抗弯刚度 $E_w I_w$。

2)求各层梁的线刚度 K_{bi}。

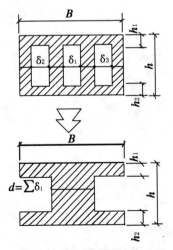

图6.17 箱形基础等效截面图

3)求各层上、下柱的线刚度 K_{ui},K_{li}。

4)将上述结果代入式(6.43)求 $E_B I_B$。

(3)按式(6.42)求刚度分配系数。刚度分配系数:$\beta = E_g I_g / (E_g I_g + E_B I_B)$

(4)根据外荷载及反力系数表左箱基受力的计算草图,求各截面的 M、V,绘出 M、V 图。

(5)整体弯矩计算。

按式(6.42)求出箱基承受的整体弯矩 $M_g = \beta M$。

(6)构件强度计算。构件有顶板、底板、内墙、外墙。按各构件受力情况分别计算抗弯、抗剪、抗冲切、抗拉所需的钢筋,要注意构造要求,以保证洞口处上、下过梁的强度。

(7)整理。绘施工图,列钢筋表。

第7章 桩基础设计

7.1 桩的选型与布置

【基 础】

◆ **桩基础**

桩基础(深基础)由桩和承台组成,在承台上面是上部结构(如图7.1所示)。由图可知:桩本身类似于放在土中的柱子,承台则类似于钢筋混凝土扩展式浅基础。但桩和承台的设计及计算与柱及钢筋混凝土扩展式浅基础不同。

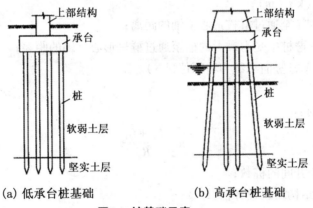

(a) 低承台桩基础　　(b) 高承台桩基础

图7.1 桩基础示意

◆ **桩基础的特点**

桩基础与浅基础相比承载力高、稳定性好、沉降量小且均匀,能承受一定的水平荷载,还具有一定的抗震能力,适用性比较强。

桩基础造价通常较高,施工较复杂。施工时,桩基础会有振动和噪声,因此影响环境。桩基础工作机理比较复杂,其设计计算方法相对不完善。

◆ **桩数的确定**

1.墙下桩基

计算墙下桩基的桩数时,通常取一个房屋开间作为单元进行计算。

(1)中心荷载时:

$$n = \frac{F_k + G_k}{R_a}$$

$$R_a \geqslant Q \tag{7.1}$$

式中　n——每一开间的桩数;

F_k——一个开间上部结构荷载设计值(kN);

G_k——一个开间范围内承台自重设计值和承台上土重标准值(kN);

Q——单桩竖向外力设计值(kN);

R_a——单桩竖向承载力特征值(kN)。

(2)偏心荷载时:

$$Q_{max} = \frac{F_k + G_k}{n} + \frac{M_y x_{max}}{\sum x_i^2} \leqslant 1.2 R_a \tag{7.2}$$

式中　Q_{max}——在一个开间内所受的最大轴向压力设计值(kN);

F_k——在一个开间内上部结构的竖向荷载设计值(kN);

G_k——一个开间范围内承台自重设计值和承台上土重标准值(kN);

n——每一开间的桩数;

M_y——作用于群桩(一个开间内)上的外力通过群桩形心的 y 轴的力矩设计值(kN·m);

x_i——桩 i 至通过群桩形心 y 轴的距离;

x_{max}——群桩中受力最大的桩至通过群桩形心 y 轴的距离;

R_a——单桩竖向承载力特征值(kN)。

2. 柱下桩基

(1)中心荷载时:

$$n = \frac{F_k + G_k}{R_a} \tag{7.3}$$

式中　n——每一个开间的桩数;

F_k——上部结构荷载设计值(kN);

G_k——一个开间范围内承台自重设计值和承台上土重标准值(kN);

R_a——单桩竖向承载力特征值(kN)。

(2)单向偏心荷载时。单桩所承受的轴向压力除满足公式(7.4)外,尚应满足公式(7.5)和公式(7.6)。

$$Q = \frac{F_k + G_k}{n} \leqslant R_a \tag{7.4}$$

$$Q_{max} = \frac{F_k + G_k}{n} + \frac{M_y \cdot x_{max}}{\sum x_i^2} \leqslant 1.2 R_a \tag{7.5}$$

$$Q_{min} = \frac{F_k + G_k}{n} + \frac{M_y \cdot x_{max}}{\sum x_i^2} \geqslant 0 \tag{7.6}$$

(3)双向偏心荷载时。单桩所承受的轴向压力除满足公式(7.4)外,尚应满足公式(7.7)和公式(7.8)。

$$Q_{\max} = \frac{F_k + G_k}{n} + \frac{M_x y_{\max}}{\sum y_i^2} + \frac{M_y x_{\max}}{\sum x_i^2} \leq 1.2 R_a \tag{7.7}$$

$$Q_{\min} = \frac{F_k + G_k}{n} + \frac{M_x y_{\max}}{\sum y_i^2} + \frac{M_y x_{\max}}{\sum x_i^2} \geq 0 \tag{7.8}$$

式中 M_x, M_y——作用于群桩上的外力对通过群桩形心的 x 轴、y 轴的力矩设计值(kN·m);

$x_{\max}, y_{\max}$——群桩中受力最大的桩至通过群桩形心的 y 轴、x 轴线的距离(m);

$\sum x_i^2, \sum y_i^2$——群桩各桩对 y 轴、x 轴的距离平方和(m^2);

R_a——单桩竖向承载力特征值(kN);

Q——单桩竖向外力设计值(kN);

$Q_{\max}, Q_{\min}$——桩基中单桩所承受的最大压力和最小压力设计值(kN)。

按上列公式验算,如果不能满足要求时需重新确定桩数,重新对桩进行排列及计算承台底面尺寸,然后再进行验算,直至满足要求为止。

【实　务】

◆桩基础分类

为了选择合适的桩型,按桩的数量可将桩基础分为单桩基础和群桩基础。

单桩基础的桩身横截面通常较大,承受和传递上部结构的荷载,并可直接在桩顶上建造上部结构,在工程上常采用"一柱一桩",这种独立的基础就是单桩基础。

群桩基础是由两根或两根以上的桩组成的桩基础。群桩基础是由承台把桩群上部连接成一个整体,建筑物的荷载通过承台分配给各桩,由桩再将荷载传递给地基。

◆桩的分类

桩按承载性状可分为摩擦桩和端承桩;按施工方法可分为预制桩、灌注桩;按使用功能分为抗压桩、抗拔桩、水平受荷桩和复合受荷桩;按成桩方法可分为非挤土桩、部分挤土桩和挤土桩。

1.按承载性状分类

桩基础在竖向荷载作用下,考虑到桩本身与桩周土、桩端土相互作用的特点,承载力达到极限状态时,桩侧与桩端阻力分担的荷载大小,将桩分为摩擦型桩和端承型桩两大类。

(1)摩擦型桩。摩擦型桩指在竖向荷载作用下,桩顶荷载全部或大部分由桩侧摩阻力承担的桩,其中桩侧摩阻力(简称桩侧阻力)是指桩身四周侧表面与土的摩擦力。

根据桩侧摩阻力分担的荷载比例,摩擦型桩又可分为摩擦桩和端承摩擦桩,如图7.2所示。

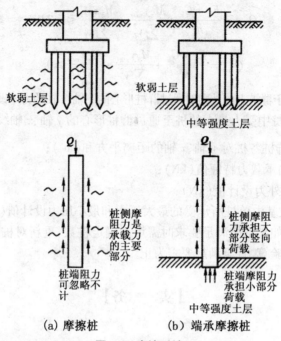

图7.12 摩擦型桩

1)摩擦桩:在承载能力极限状态下,桩顶竖向荷载由桩侧阻力承受,桩端阻力小到可忽略不计。

2)端承摩擦桩:在承载能力极限状态下,桩顶竖向荷载主要由桩侧阻力承受。

(2)端承型桩。在竖向极限荷载作用下,桩顶荷载全部或主要由桩端阻力承担,而桩侧摩阻力相对于桩端阻力较小。根据桩端阻力分担荷载的比例,可将端承型桩分为端承桩和摩擦端承桩两类,如图7.3所示。

1)端承桩:在承载能力极限状态下,桩顶竖向荷载由桩端阻力承受,桩侧阻力小到可忽略不计。

2)摩擦端承桩:在承载能力极限状态下,桩顶竖向荷载主要由桩端阻力承受。

第7章 桩基础设计

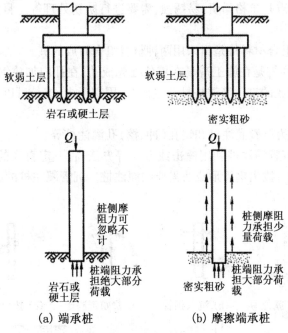

图7.3 端承型桩

2. 按施工方法分类

按施工方法不同,可将桩分为预制桩和灌注桩。

(1)预制桩。预制桩是指在工厂或工地现场预先将桩制作成型,然后运送到桩位,用某种沉桩方法将其沉入土中的桩。预制桩沉桩方法主要有锤击、振动法和静压法。

锤击、振动法是通过锤击、振动等方式将预制桩沉入地层至设计标高,施工过程中有噪声。

静压法是采用机械将预制桩压入到设计标高,施工过程中无噪声。

预制桩按材料分类主要有钢筋混凝土预制桩、混凝土预制桩、钢桩和木桩。

1)钢筋混凝土预制桩:桩身除了有混凝土材料外,还配有受力钢筋、箍筋及其他构造筋。

①钢筋混凝土预制桩适用范围:适用于大中型各类建筑工程的承载桩。这种桩不仅抗压,而且可以抗拔和抗弯,同时能够承受水平荷载,是目前我国应用最广泛的预制桩。

②钢筋混凝土预制桩的规格:桩的截面形状有方形、圆形等多种形状,最常用的是方形桩。

③钢筋混凝土桩的特点:桩身强度高,制作方便,耐腐蚀性能好,不受地下水位与土质条件限制,质量易保证,安全可靠,承载力高。但钢筋混凝土预制桩自重大,需要运输及打桩设备,桩长不够时,要接桩并要保证接桩质量;桩长太长时,要截桩;工期长,对比灌注桩,用钢量大,造价高;锤击沉桩时,噪声大,对周围环境有影响。

2)混凝土预制桩:桩身是由混凝土制成,不配置受力筋,必要时配置构造筋。

混凝土预制桩具有设备简单,操作方便,节约钢材,较经济的优点。

3)钢桩:桩身是由钢管或型钢制成。主要有钢管桩、H形钢桩和钢板桩等。

钢桩的承载力高,材料强度大且均匀可靠,自重轻,搬运、堆放、起吊方便,不易受损,沉桩时穿透力强,质量容易保证,能承受强大的冲击力,锤击沉桩效果好,长度可以很大并可随意调整,截桩容易,其缺点是价格昂贵,易锈蚀,需要进行防锈处理等。目前只在特别重大的或特殊的工程项目中应用。

4)组合材料桩:组合材料桩是指采用两种材料组合而成的桩。

(2)灌注桩。灌注桩是在施工现场在桩位处先成孔,在孔内加放钢筋笼(也有不放钢筋笼的),灌注混凝土制成的桩。灌注桩具有造价低、用钢量少、桩长可以灵活掌握及施工噪声小、振动小等优点。

灌注桩大体可分为沉管灌注桩和钻孔(冲、挖)孔灌注桩等。

1)沉管灌注桩:沉管灌注桩利用锤击或振动等方法,将一定直径的钢管沉入土中,形成桩孔,然后浇筑混凝土,拔出钢管形成所需要的灌注桩。沉管灌注桩的施工工艺图,如图7.4所示。

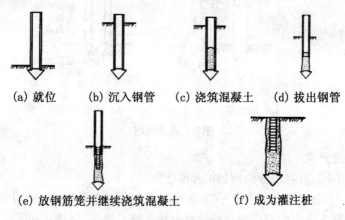

图7.4 沉管灌注桩施工工艺示意

沉管灌注桩有锤击沉管灌注桩和振动沉管灌注桩两种。

①锤击沉管灌注桩是利用桩锤的锤击作用,将带有活瓣桩尖或钢筋混凝土预制桩尖的钢管锤击沉入土中。这种桩的施工速度快,成本低,施工设备简单,但很容易产生缩径、断桩、夹土、混凝土离析和强度不足等质量问题。锤击沉管灌注桩适用于黏性土、淤泥、淤泥质土、稍密的砂土及杂填土层。

②振动沉管灌注桩是利用振动锤将钢管沉入土中,然后灌注混凝土,在桩管内灌满混凝土后,先振动,再开始拔管而成桩。这种桩具有施工速度快,效率高,操作规程简便、安全、费用也较低、噪声及振动影响较小。沉管灌注桩在拔管时,钢管内的混凝土容易被吸住,上拉时易产生缩径等质量事故,要注意防止。它的适用范围除与锤击沉管灌注桩相同之外,更适用于砂土、稍密及中密的碎石类土层。

2)钻(冲)孔灌注桩:先用机械方法取土成孔,然后清除孔底残渣土,安放钢筋笼,浇灌混凝土而形成灌注桩。这种方法的优点是施工过程无挤土,可以减少或避免锤打的噪声和振动,对周围环境影响较少,应用越来越广泛,如图7.5所示。

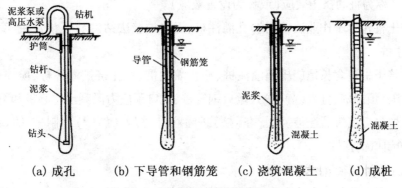

(a) 成孔　　(b) 下导管和钢筋笼　　(c) 浇筑混凝土　　(d) 成桩

图7.5 钻孔灌注桩施工程序图

钻孔与冲孔的区别在于使用的钻具不同,前者以旋转钻机带动钻头旋转钻土成孔;后者是利用冲击钻机的较大质量的冲击钻头(又称冲锤),靠自由下落的冲击力来击碎岩层或冲挤土层成孔,适合于击碎孤石和粒径较大的卵石层。

钻(冲)孔桩几乎适用于任何地基,特别是可以穿透地基中坚硬的夹层,把桩端置于坚实可靠的持力层上,这种桩在桩径选择上比较灵活,具有较强的穿透能力,适合于高层、超高层建筑物的嵌岩桩。但其易出现质量问题,如坍孔、沉渣等,坍孔是指孔壁发生坍塌;沉渣是指泥渣沉于孔底,影响灌注桩的承载力。

综上所述,灌注桩与预制桩相比,灌注桩具有桩长、桩径可以灵活调整,适用于各种地层,用钢量少、经济实惠的优点,但其成桩质量不易控制和保证,对泥浆护壁灌注桩存在泥浆排放而造成污染等问题。

3. 按使用功能分类

按使用功能不同,可将桩分为抗压桩、抗拔桩、水平受荷桩和复合受荷桩。

(1)抗压桩。抗压桩又称为竖向抗压桩,主要承受竖向向下荷载,使得桩本身受压。工程中大部分桩都是抗压桩。摩擦型桩及端承型桩都是竖向抗压桩,应进行竖向承载力计算,必要时验算桩基础沉降。

(2)抗拔桩。抗拔桩又称为竖向抗拔桩,主要承受竖向上拔的拔出荷载,使得桩本身受拉。抗拔桩主要应用在输电塔架、地下抗浮结构及码头结构物中。

(3)水平受荷桩。水平受荷桩主要承担水平荷载,使得桩本身受弯及受剪,这种桩在基坑围护体系中常用作围护桩。

(4)复合受荷桩。复合受荷桩指既承受竖向荷载又承受水平荷载的桩。如在水中的桩基础,既承受竖向荷载又承受水平方向水的风浪作用荷载。

4. 按成桩方法分类

按成桩方法不同,桩可分为非挤土桩、部分挤土桩、挤土桩。

按成桩方法,如锤击打入桩和钻孔灌注桩对比来看,其桩周土所受的排挤作用大不相同。排挤作用将使土的天然结构、应力状态及性质等发生很大的变化,从而影响桩的承载力和变形,这些影响又称为桩的挤土效应(或称为设置效应)。

(1)非挤土桩包含干作业法钻(挖)孔灌注桩、泥浆护壁法钻(挖)孔灌注桩、套管护壁法钻(挖)孔灌注桩。

(2)部分挤土桩包含长螺旋压灌灌注桩、冲孔灌注桩、钻孔挤扩灌注桩、搅拌劲芯桩、预钻孔打入(静压)预制桩、打入(静压)式敞口钢管桩、敞口预应力混凝土空心桩和H型钢桩。

(3)挤土桩包含沉管灌注桩、沉管夯(挤)扩灌注桩、打入(静压)预制桩、闭口预应力混凝土空心桩和闭口钢管桩。

5. 按桩径(设计直径 d)大小分类

按桩径(设计直径 d)大小的不同,可将桩分为小直径桩:$d \leqslant 250$ mm;中等直径桩:250 mm $< d < 800$ mm;大直径桩:$d \geqslant 800$ mm。

桩径大小影响桩的承载力性状,大直径钻(挖、冲)孔桩成孔过程中,孔壁的松弛变形导致侧阻力降低的效应随桩径增大而增大,桩端阻力则随直径增大而减小。这种尺寸效应与土的性质有关,黏性土、粉土与砂土、碎石类土相比,尺寸效应相对较弱。另外侧阻和端阻的尺寸效应与桩身直径 d、桩底直径 D 呈双曲线函数关系,尺寸效应系数:$\psi_{si} = (0.8/d)^m$;$\psi_p = (0.8/D)^n$。

◆桩的选型标准

桩型与成桩工艺应根据建筑结构类型、荷载性质、桩的使用功能、穿越土层、桩端持力层、地下水位、施工设备、施工环境、施工经验、制桩材料供应条件等,按安全适用、经济合理的原则选择。选择时,可按表7.1进行选择。

表7.1 桩型与成桩工艺选择

桩类		桩径		最大桩长/m	穿越土层						黄土		极端进入持力层				地下水位		对环境影响		
		桩身/mm	扩大头/mm		一般黏性土及其填土	淤泥和淤泥质土	粉土	砂土	碎石土	季节性冻土膨胀土	非自重湿陷性黄土	自重湿陷性黄土	中间有硬夹层	中间有砂夹层	中间有砾石夹层	硬黏性土	密实砂土	碎石土	软质岩石和风化岩石	以上	以下	振动和噪音	排浆	孔底有无挤密
非挤土成桩	干作业法 长螺旋钻孔灌注桩	300~800	—	28	○	×	○	△	×	○	○	△	×	△	×	○	△	△	○	×		无	无	无
	短螺旋钻孔灌注桩	300~800	—	20	○	×	○	△	×	○	○	△	×	△	×	○	△	△	○	×		无	无	无
	钻孔扩底灌注桩	300~600	800~1200	30	○	×	○	△	×	○	○	△	×	△	×	○	△	△	○	×		无	无	无
	机动洛阳铲成孔灌注桩	300~500	—	20	○	×	△	×	×	△	△	△	×	×	×	△	×	×	×	△		无	无	无
	人工挖孔扩底灌注桩	800~2000	1600~3000	30	○	×	△	×	×	○	○	△	×	△	×	○	△	○	○	△		无	无	无

续表7.1

桩类		桩径		最大桩长/m	穿越土层											极端进入持力层				地下水位		对环境影响		孔底有无挤密
		桩身/mm	扩大头/mm		一般黏土性土及其填土	淤泥和淤泥质土	粉土	砂土	碎石土	季节性冻土膨胀土	非自重湿陷性黄土	自重湿陷性黄土	中间有硬夹层	中间有砂夹层	中间有砾石夹层	硬黏性土	密实砂土	碎石土	软质岩石和风化岩石	以上	以下	振动和噪音	排浆	
非挤土成桩	泥浆护壁法 潜水钻成孔灌注桩	500~800	—	50	○	○	○	△	×	△	△	×	×	△	×	○	△	△	×	○	○	无	有	无
	反循环钻成孔灌注桩	600~1200	—	80	○	○	○	○	△	△	△	△	△	○	○	○	○	○	○	○	○	无	有	无
	正循环钻成孔灌注桩	600~1200	—	80	○	○	○	○	△	△	△	△	△	○	○	○	○	○	○	○	○	无	有	无
	旋挖成孔灌注桩	600~1200	—	60	△	○	○	○	△	△	△	△	○	○	○	○	○	○	○	○	○	无	有	无
	钻孔扩底灌注桩	600~1200	1000~1600	30	○	○	○	△	△	△	△	×	○	○	△	○	○	○	△	○	○	无	有	无
	套管护壁 贝诺托灌注桩	800~1600	—	50	○	○	○	○	○	○	○	○	○	○	○	○	○	○	○	○	○	无	有	无
	短螺旋钻孔灌注桩	300~800	—	20	○	△	○	○	×	△	△	×	○	△	×	○	○	△	×	○	○	无	有	无
部分挤土成桩	灌注桩 冲击成孔灌注桩	600~1200	—	50	○	△	△	△	○	△	△	×	×	○	○	○	○	○	○	○	○	有	有	无
	长螺旋钻孔压灌桩	300~500	—	25	○	△	△	△	△	△	△	△	△	△	△	○	○	△	△	○	○	无	无	无
	钻孔挤扩多支盘桩	700~900	1200~1600	40	○	△	○	○	△	△	△	△	△	○	○	○	○	○	×	○	○	无	有	无
	预制桩 预钻孔打入式预制桩	500	—	50	○	△	○	○	△	×	△	×	△	○	△	○	○	○	○	○	○	有	无	有
	静压混凝土(预制力混凝土)敞口管桩	800	—	60	○	○	○	○	△	×	△	×	△	○	△	○	○	○	○	○	○	无	无	有
	H型钢桩	规格	—	80	○	○	○	○	△	△	△	△	△	○	○	○	○	○	○	○	○	有	无	无
	敞口钢管桩	600~900	—	80	○	○	○	○	△	△	△	△	△	○	○	○	○	○	○	○	○	有	无	有
挤土成桩	灌注桩 内夯沉管灌注桩	325, 377	460~700	25	○	△	○	○	△	×	△	×	△	△	×	△	△	×	○	○	○	无	有	有
	预制桩 打入式混凝土预制桩	500×500	—	60	○	△	○	○	△	△	△	△	△	○	○	○	○	○	○	○	○	有	无	有
	静压桩	1000	—	60	○	△	○	○	△	△	△	△	△	○	○	○	○	○	○	○	○	无	无	有
	闭口钢管桩 混凝土管桩	1000	—	60	○	△	○	○	△	△	△	△	△	○	○	○	○	○	○	○	○	有	无	有

注:○表中符号表示比较合适;△表示有可能采用;×表示不宜采用。

(1)对于框架-核心筒等荷载分布很不均匀的桩筏基础,宜选择基桩尺寸和承载力可调性较大的桩型和工艺。

(2)挤土沉管灌注桩用于淤泥和淤泥质土层时,应局限于多层住宅桩基。

◆基桩的布置要求

(1)基桩的最小中心距应符合表7.2中的规定,当施工中采取减小挤土效应的可靠措施时,可根据当地经验适当减小。

表7.2 桩的最小中心距

土类与成桩工艺		排数不少于3排且桩数不少于9根的摩擦型桩桩基	其他情况
非挤土灌注桩		$3.0d$	$3.0d$
部分挤土桩		$3.5d$	$3.0d$
挤土桩	非饱和土	$4.0d$	$3.5d$
	饱和黏性土	$4.5d$	$4.0d$
钻、挖孔扩底桩		$2D$ 或 $D+2.0$m(当$D>2$m)	$1.5D$ 或 $D+1.5$m(当$D>2$m)
沉管夯扩、钻孔挤扩桩	非饱和土	$2.2D$ 且 $4.0d$	$2.0D$ 且 $3.5d$
	饱和黏性土	$2.5D$ 且 $4.5d$	$2.2D$ 且 $4.0d$

注:1. d——圆桩直径或方桩边长,D——扩大端设计直径。
  2. 当纵、横向桩距不相等时,其最小中心距应满足"其他情况"一栏的规定。
  3. 当为端承型桩时,非挤土灌注桩的"其他情况"一栏可减小至$2.5d$。

(2)排列基桩时,宜使桩群承载力合力点与竖向永久荷载合力作用点重合,并使基桩受水平力和力矩较大方向有较大抗弯截面模量。

(3)对于桩箱基础、剪力墙结构桩筏(含平板和梁板式承台)基础,宜将桩布置于墙下。

(4)对于框架-核心筒结构桩筏基础应按荷载分布考虑相互影响,将桩相对集中布置于核心筒和桩下,外围框架柱宜采用复合桩基,桩长宜小于核心筒下基桩(有合适桩端持力层时)。

(5)应选择较硬土层作为桩端持力层。桩端全断面进入持力层的深度,对于黏性土、粉土不宜小于$2d$,砂土不宜小于$1.5d$,碎石类土,不宜小于$1d$。当存在软弱下卧层时,桩端以下硬持力层厚度不宜小于$3d$。

(6)对于嵌岩桩,嵌岩深度应综合荷载、上覆土层、基岩、桩径、桩长诸因素确定:对于嵌入倾斜的完整和较完整岩的全断面深度不宜小于$0.4d$且不小于0.5 m,倾斜度大于30%的中风化岩,宜根据倾斜度及岩石完整性适当加大嵌岩深度;对于嵌入平整、完整的坚硬岩和较硬岩的深度不宜小于$0.2d$,且不应小于0.2 m。

7.2 桩基的设计原则

【基　础】

◆桩基础的使用场合

可以采用桩基础的情况如下:

(1)当建筑物荷载较大,地基软弱,采用天然地基时沉降量过大;或是建筑物较为重要,不容许有过大的沉降时,可采用桩基。

(2)当建筑物的地面荷载过大时,将使软弱地基产生过量的变形,造成对建筑物的危害,采用桩基能获得较好效果。

(3)高耸建筑物或构筑物对限制倾斜有特殊要求时,常需要采用桩基。

(4)因基础沉降对邻近建筑物产生相互影响时,可采用桩基础。

(5)设有大吨位的重级工作制吊车的重型单层工业厂房,吊车载重量大,使用频繁,车间内设备平台多,基础密集,且通常都有地面荷载,因而地基变形大,此时可采用桩基。

(6)设备基础。一种是精密设备基础,安装和使用过程中对地基沉降及沉降速率有严格要求;另一种是动力机械基础,对容许振幅有一定要求。

(7)地震区在可液化地基中,采用桩基穿越可液化土层并伸入下部密实稳定土层,可消除或减轻液化对建筑物的危害。

◆建筑桩基设计等级

根据建筑规模、功能特征、对差异变形的适应性、场地地基和建筑物体型的复杂性以及由于桩基问题可能造成建筑物破坏或影响正常使用的程度,应将桩基设计分为甲、乙、丙三个设计等级。桩基设计时,应根据表7.3确定设计等级。

表7.3 建筑桩基设计等级

设计等级	建筑类型
甲级	(1)重要的建筑; (2)30层以上或高度超过100 m的高层建筑; (3)体型复杂且层数相差超过10层的高低层(含纯地下室)连体建筑; (4)20层以上框架-核心筒结构及其他对差异沉降有特殊要求的建筑; (5)场地和地基条件复杂的7层以上的一般建筑及坡地、岸边建筑; (6)对相邻既有工程影响较大的建筑
乙级	除甲级、丙级以外的建筑
丙级	场地和地基条件简单、荷载分布均匀的7层级7层以下的一般建筑

【实 务】

◆软土地基的桩基设计原则

(1)软土中的桩基宜选择中、低压缩性土层作为桩端持力层。

(2)桩周围软土因自重固结、场地填土、地面大面积堆载、降低地下水位、大面积挤土沉桩等原因而产生的沉降大于基桩的沉降时,应视具体工程情况分析计算桩侧负摩阻力对基桩的影响。

(3)采用挤土桩时,应采取消减孔隙水压力和挤土效应的技术措施,减小挤土效应对成桩质量、邻近建筑物、道路、地下管线和基坑边坡等产生的不利影响。

(4)先成桩后开挖基坑时,必须合理安排基坑挖土顺序和控制分层开挖的深度,防止土体侧移对桩的影响。

◆湿陷性黄土地区的桩基设计原则

（1）基桩应穿透湿陷性黄土层，桩端应支承在压缩性低的黏性土、粉土、中密和密实砂土以及碎石类土层中。

（2）湿陷性黄土地基中，设计等级为甲、乙级建筑桩基的单桩极限承载力，宜以浸水载荷试验为主要依据。

（3）自重湿陷性黄土地基中的单桩极限承载力，应根据工程具体情况分析计算桩侧负摩阻力的影响。

◆季节性冻土和膨胀土地基中的桩基设计原则

（1）桩端进入冻深线或膨胀土的大气影响急剧层以下的深度应满足抗拔稳定性验算要求，且不得小于4倍桩径及1倍扩大端直径，最小深度应大于1.5m。

（2）为减小和消除冻胀或膨胀对建筑物桩基的作用，宜采用钻（挖）孔灌注桩。

（3）确定基桩竖向极限承载力时，除不计入冻胀、膨胀深度范围内桩侧阻力外，还应考虑地基土的冻胀、膨胀作用，验算桩基的抗拔稳定性和桩身受拉承载力。

（4）为消除桩基受冻胀或膨胀作用的危害，可在冻胀或膨胀深度范围内，沿桩周及承台作隔冻、隔胀处理。

◆岩溶地区的桩基设计原则

（1）岩溶地区的桩基，宜采用钻、冲孔桩。

（2）当单桩荷载较大，岩层埋深较浅时，宜采用嵌岩桩。

（3）当基岩面起伏很大且埋深较大时，宜采用摩擦型灌注桩。

◆坡地岸边上桩基的设计原则

（1）对建于坡地岸边的桩基，不得将桩支承于边坡潜在的滑动体上。桩端应进入潜在滑裂面以下稳定岩土层内的深度应能保证桩基的稳定。

（2）建筑桩基与边坡应保持一定的水平距离；建筑场地内的边坡必须是完全稳定的边坡，当有崩塌、滑坡等不良地质现象存在时，应按现行国家标准《建筑边坡工程技术规范》（GB 50330—2002）的规定进行整治，确保其稳定性。

（3）新建坡地、岸边建筑桩基工程应与建筑边坡工程统一规划，同步设计，合理确定施工顺序。

（4）不宜采用挤土桩。

（5）应验算最不利荷载效应组合下桩基的整体稳定性和基桩水平承载力。

◆抗震设防区桩基的设计原则

（1）桩进入液化土层以下稳定土层的长度（不包括桩尖部分）应按计算确定；对于碎石土，砾、粗、中砂，密实粉土，坚硬黏性土尚不应小于2~3倍桩身直径，对其他非岩石土尚不宜小于4~5倍桩身直径。

（2）承台和地下室侧墙周围应采用灰土、级配砂石、压实性较好的素土回填，并分层夯实,也可采用素混凝土回填。

(3)当承台周围为可液化土或地基承载力特征值小于 40 kPa(或不排水抗剪强度小于 15 kPa)的软土,且桩基水平承载力不满足计算要求时,可将承台外每侧 1/2 承台边长范围内的土进行加固。

(4)对于存在液化扩展的地段,应验算桩基在土流动的侧向作用力下的稳定性。

◆可能出现负摩阻力的桩基设计原则

(1)对于填土建筑场地,宜先填土并保证填土的密实性,软土场地填土前应采取预设塑料排水板等措施,待填土地基沉降基本稳定后方可成桩。

(2)对于有地面大面积堆载的建筑物,应采取减小地面沉降对建筑物桩基影响的措施。

(3)对于自重湿陷性黄土地基,可采用强夯、挤密土桩等先行处理,消除上部或全部土的自重湿陷;对于欠固结土宜采取先期排水预压等措施。

(4)对于挤土沉桩,应采取消减超孔隙水压力、控制沉桩速率等措施。

(5)对于中性点以上的桩身可对表面进行处理,以减少负摩阻力。

◆抗拔桩基的设计原则

(1)应根据环境类别及水土对钢筋的腐蚀、钢筋种类对腐蚀的敏感性和荷载作用时间等因素确定抗拔桩的裂缝控制等级。

(2)对于严格要求不出现裂缝的一级裂缝控制等级,桩身应设置预应力筋;对于一般要求不出现裂缝的二级裂缝控制等级,桩身宜设置预应力筋。

(3)对于三级裂缝控制等级,应进行桩身裂缝宽度计算。

(4)当基桩抗拔承载力要求较高时,可采用桩侧后注浆、扩底等技术措施。

7.3 单桩的竖向承载力

【基　　础】

◆单桩的竖向极限承载力的概念

根据桩的承载力条件的不同,可将桩的承载力分为竖向承载力(竖向抗压承载力和抗拔承载力)及水平承载力两种。

单桩竖向极限承载力是指单桩在竖向荷载作用下,不丧失稳定性、不产生过大变形时,单桩所能承受的最大荷载。

(1)不丧失稳定性是指单桩作为细长受压杆,其桩身不容许发生突然的纵向弯曲失稳而破坏;单桩的持力层土要有足够的支持力,不能发生整体剪切破坏及刺入破坏从而使单桩发生急剧的、不停滞地下沉。

(2)不产生过大的变形是指保证单桩在长期荷载作用下,不出现不适于继续承载的变形。

因此，单桩的竖向极限承载力表示单桩承受竖向荷载的能力，主要取决于土对桩的支持力及桩身材料的强度。

◆ 单桩竖向极限承载力标准值

单桩竖向极限承载力标准值表示设计过程中相应桩基所采用的单桩竖向极限承载力的基本代表值，该代表值是用数理统计方法加以处理，具有一定概率的最大荷载值。

单桩竖向极限承载力标准值的确定，为今后群桩基础的基桩竖向承载力设计值的确定打下了基础。

◆ 单桩在竖向荷载作用下的破坏形式

在竖向荷载作用下，单桩有桩身材料发生破坏和地基土发生破坏两种破坏形式。

1. 桩身材料发生破坏

当桩身较长，桩端支撑在很坚硬的持力层上，而桩侧土对桩身又没有约束作用，此时桩是典型的端承桩，桩身像一根细长的受压柱，可能会突然纵向弯曲，失去稳定而发生破坏。

2. 地基土发生破坏

当桩穿越软弱土层，支撑在硬持力层土层，其地基破坏类似于浅基础下地基的整体剪切破坏。如果桩端持力层为中强度土或软弱土时，在竖向荷载作用下的桩可能出现刺入破坏形式。

通常情况下，随着桩顶竖向荷载的逐渐加大，桩端地基发生破坏所需要的竖向荷载比桩身材料发生破坏所需要的竖向荷载小，因此单桩竖向承载力的大小通常取决于地基土对桩的支持力。

【实　务】

◆ 按土对桩的支撑力确定单桩极限承载力

按土对桩的支撑力确定单桩承载力的方法主要有现场的静载荷试验法、经验参数法、原位测试成果的经验方法及静力分析计算法等，以下主要介绍静载荷试验方法和经验参数法。

1. 按静载荷试验确定单桩竖向极限承载力标准值

按土对桩的支撑力方面，在评价单桩承载力的诸多方法中，静载荷试验法是最为直观和可靠的方法，这种方法不仅考虑了地基土的支承能力，还考虑了桩身材料强度对单桩承载力的影响。

(1) 单桩的静载荷试验适用条件。对于一级建筑物和地基条件复杂、桩的施工质量可靠性低、所确定的单桩竖向承载力的可靠性低、桩数多的二级建筑物，都必须通过静载荷试验。

在同一条件下的试桩数量，不宜少于总桩数的 1%，并不少于 3 根。工程总桩数在 50 根以内时，其试桩不应少于 2 根。

单桩的静载荷试验类型有多种，本节主要介绍单桩竖向抗压静载荷试验，该静载荷试验适用于确定单桩竖向极限承载力标准值 Q_{uk}。

(2) 单桩的竖向静载荷试验。试验装置主要由加载系统和量测系统组成，如图 7.6 所示。

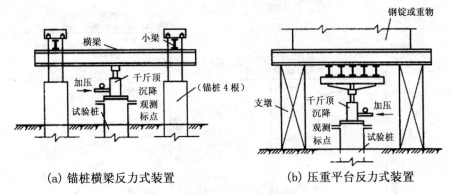

(a) 锚桩横梁反力式装置　　(b) 压重平台反力式装置

图7.6 单桩的静载荷试验装置图

1) 加载装置指主要用于给试桩加竖向荷载的装置。通常由液压千斤顶及反力系统装置组成,千斤顶施加的竖向荷载一方面传给试桩,一方面通过反力装置来平衡。一般反力装置有锚桩反力装置、堆重平台反力装置和锚桩压重联合反力装置三种。

①锚桩反力装置由4根锚桩、主梁、液压千斤顶以及测量仪表等组成。该装置将千斤顶的荷载与锚桩抗拔力(反力)相平衡。

②堆重平台反力装置由支墩、钢横梁、堆重、液压千斤顶及测量仪表组成。堆重可用钢锭、混凝土块、袋装砂或水箱等。压重应在试验前一次加上,并均匀稳固地放置在平台上。

③锚桩压重联合反力装置是由上述两种反力装置组合而成的。当试桩最大加载量超过锚桩的抗拔能力时,可以在横梁上放置或悬挂一定重物,由锚桩和重物共同承受千斤顶加载反力。

2) 量测系统主要测量桩顶竖向荷载的大小及桩的沉降大小。测量荷载是由千斤顶上的应力环、应变式压力传感器等直接测定,或采用连于千斤顶的压力表测定液压,根据千斤顶的率定曲线换算出相应的荷载。测量试桩沉降是由百分表或电子位移计测定。

3) 静载荷试验要点。试验加载方法通常采用慢速维持加载法,即逐级加载,每加一级荷载达到相对稳定后测读其沉降量,然后再加下一级荷载,直到试桩被破坏。试验时加载应分级进行,每级加载为预估极限荷载的1/15~1/10,第一级可按2倍分级荷载加荷。

①沉降观测:每级加载后,按5 min、10 min、15 min各测读一次,以后每隔15 min读一次,累计1 h后每隔30 min测读一次。沉降相对稳定标志:桩的沉降量连续两次在每小时内小于0.1 mm,此时即可认为已经达到相对稳定,并可以进行下一级加载。

②终止加载条件:当出现下列情况之一时,即可终止加载:当某级荷载作用下,桩的沉降量为前一级荷载作用下沉降量的5倍;某级荷载作用下,桩的沉降量大于前一级荷载作用下沉降量的2倍,而且24 h还没有达到相对稳定;已达到锚桩最大抗拔力或压重平台的最大重量时。

③绘制曲线:需要绘制的曲线主要有:荷载-沉降($Q-S$)曲线(如图7.7所示)及各级荷载作用下沉降-时间($S-\lg t$)曲线(如图7.8所示)。

(3) 单桩竖向极限承载力实测值Q_u的确定

由上述试验结果曲线,采用下述方法综合确定单桩竖向极限承载力实测值Q_u。

1) 根据沉降随荷载的变化特征确定Q_u:图7.7的$Q-S$曲线中,在陡降型曲线上,取曲线发生明显陡降的起始点所对应的荷载为单桩竖向极限承载力实测值Q_u。

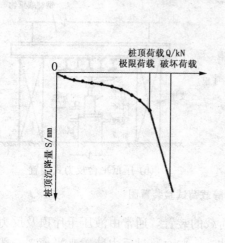

图7.7 Q-S 曲线图　　　　**图7.8 S-lgt 曲线图**

2）根据沉降量确定 Q_u：对于缓变型 $Q-S$ 曲线中，一般可取 $S=40\sim60$ mm 所对应的荷载值为 Q_u；对于大直径桩可取 $S=0.03D\sim0.06D$（D 为桩端直径，大桩径取低值，小桩径取高值）所对应的荷载值为 Q_u；对于细长桩（$l/D>80$）可取 $S=60\sim80$ mm 对应的荷载。

3）根据沉降随时间的变化特征确定 Q_u：（如图 7.8 所示）取 $S-\lg t$ 曲线尾部出现明显向下弯曲的前一级荷载值。

(4) 单桩竖向极限承载力标准值 Q_{uk} 的确定。测出每根试桩的实测的单桩竖向极限承载力值 Q_u 后，可通过统计计算确定单桩竖向极限承载力的标准值 Q_{uk}。

1) 按下式计算扎根试桩的实测极限承载力平均值：

$$Q_{um}=\frac{1}{n}\sum_{i=1}^{n}Q_{ui} \tag{7.9}$$

式中　Q_{um}——n 根试桩的实测极限承载力平均值（kN）；

Q_{ui}——第 i 根试桩的实测极限承载力值（kN），下标 i 根据 Q_{ui} 值由小到大的顺序确定。

2) 按下式计算每根试桩的极限承载力实测值与平均值之比 α_i：

$$\alpha_i=\frac{Q_{ui}}{Q_{um}} \tag{7.10}$$

3) 按下式计算 α_i 的标准差 S_n：

$$S_n=\sqrt{\frac{\sum_{i=1}^{n}(\alpha_i-1)^2}{n-1}} \tag{7.11}$$

式中　S_n——α_i 的标准差。

4) 确定单桩竖向极限承载力标准值 Q_{uk}：

当 $S_n\leq0.15$ 时　$Q_{uk}=Q_{um}$

当 $S_n>0.15$ 时　$Q_{uk}=\lambda Q_{um}$

式中　λ——单桩竖向极限承载力标注值折减系数，可根据变量 α_i 的分布及试桩数 n，查《建筑桩基技术规范》（JGJ 94—2008）附录 C 进行确定。

2. 按经验参数法确定单桩竖向极限承载力标准值

通常情况下土对桩的支撑作用由两部分组成:即桩尖处土的端阻力和桩侧四周土的摩阻力。单桩的竖向荷载是通过桩端阻力及桩侧摩阻力来平衡的。

(1)当根据土的物理指标与承载力参数之间的经验关系确定单桩竖向极限承载力标准值时,宜按下式估算:

$$Q_{uk} = Q_{sk} + Q_{pk} = u\sum q_{sik}l_i + q_{pk}A_p \tag{7.12}$$

式中 q_{sik}——桩侧第 i 层土的极限侧阻力标准值,如无当地经验时,可按表7.4取值;

q_{pk}——极限端阻力标准值,如无当地经验时,可按表7.5取值。

表7.4 桩的极限侧阻力标准值 q_{sik} 单位:kPa

土的名称	土的状态		混凝土预制桩	泥浆护壁钻(冲)孔桩	干作业钻孔桩
填土	—		22~30	20~28	20~28
淤泥	—		14~20	12~18	12~18
淤泥质土	—		22~30	20~28	20~28
黏性土	流塑	$I_L > 1$	24~40	21~38	21~38
	软塑	$0.75 < I_L \leq 1$	40~55	38~53	38~53
	可塑	$0.50 < I_L \leq 0.75$	55~70	53~68	53~66
	硬可塑	$0.25 < I_L \leq 0.50$	70~86	68~84	66~82
	硬塑	$0 < I_L \leq 0.25$	86~98	84~96	82~94
	坚硬	$I_L \leq 0$	98~105	96~102	94~104
红黏土	$0.7 < a_w \leq 1$		13~32	12~30	12~30
	$0.5 < a_w \leq 0.7$		32~74	30~70	30~70
粉土	稍密	$e > 0.9$	26~46	24~42	24~42
	中密	$0.75 \leq e \leq 0.9$	46~66	42~62	42~62
	密实	$e < 0.75$	66~88	62~82	62~82
粉细砂	稍密	$10 < N \leq 15$	24~48	22~46	22~46
	中密	$15 < N \leq 30$	48~66	46~64	46~64
	密实	$N > 30$	66~88	64~86	64~86
中砂	中密	$15 < N \leq 30$	54~74	53~72	53~72
	密实	$N > 30$	74~95	72~94	72~94
粗砂	中密	$15 < N \leq 30$	74~95	74~95	76~98
	密实	$N > 30$	95~116	95~116	98~120
砾砂	稍密	$5 < N_{63.5} \leq 15$	70~110	50~90	60~100
	中密(密实)	$N_{63.5} > 15$	116~138	116~130	112~130
圆砾、角砾	中密、密实	$N_{63.5} > 10$	160~200	135~150	135~150
碎石、卵石	中密、密实	$N_{63.5} > 10$	200~300	140~170	150~170
全风化软质岩	—	$30 < N \leq 50$	100~120	80~100	80~100
全风化硬质岩	—	$30 < N \leq 50$	140~160	120~140	120~150
强风化软质岩	—	$N_{63.5} > 10$	160~240	140~200	140~220
强风化硬质岩	—	$N_{63.5} > 10$	220~300	160~240	160~260

注:1. 对于尚未完成自重固结的填土和以生活垃圾为主的杂填土,不计算其侧阻力。

2. a_w 为含水比, $a_w = w/w_1$, w 为土的天然含水量, w_1 为土的液限。

3. N 为标准贯入击数; $N_{63.5}$ 为重型圆锥动力触探击数。

4. 全风化、强风化软质岩和全风化、强风化硬质岩是指其母岩分别为 $f_{rk} \leq 15MPa$、$f_{rk} > 30MPa$ 的岩石。

表 7.5 桩的极限端阻力标准值 q_{pk} 单位:kPa

土名称	土的状态	桩型	混凝土预制桩桩长 l/m				泥浆护壁钻(冲)孔桩桩长 l/m				干作业钻孔桩桩长 l/m		
			$l \leq 9$	$9 < l \leq 16$	$16 < l \leq 30$	$l > 30$	$5 \leq l < 10$	$10 \leq l < 15$	$15 \leq l < 30$	$30 \leq l$	$5 \leq l < 10$	$10 \leq l < 15$	$15 \leq l$
黏性土	软塑	$0.75 < I_L \leq 1$	210~850	650~1 400	1 200~1 800	1 300~1 900	150~250	250~300	300~450	300~450	200~400	400~700	700~950
	可塑	$0.5 < I_L \leq 0.75$	850~1 700	1 400~2 200	1 900~2 800	2 300~3 600	350~450	450~600	600~750	750~800	500~700	800~1 100	1 000~1 600
	硬可塑	$0.25 < I_L \leq 0.5$	1 500~2 300	2 300~3 300	2 700~3 600	3 600~4 400	800~900	900~1 000	1 000~1 200	1 200~1 400	850~1 100	1 500~1 700	1 700~1 900
	硬塑	$0 < I_L \leq 0.25$	2 500~3 800	3 800~5 500	5 500~6 000	6 000~6 800	1 100~1 200	1 200~1 400	1 400~1 600	1 600~1 800	1 600~1 800	2 200~2 400	2 600~2 800
粉土	中密	$0.75 < I_L \leq 1$	210~850	650~1 400	1 200~1 800	1 300~1 900	150~250	250~300	300~450	300~450	200~400	400~700	700~950
	密实	$0.5 < I_L \leq 0.75$	850~1 700	1 400~2 200	1 900~2 800	2 300~3 600	350~450	450~600	600~750	750~800	500~700	800~1 100	1 000~1 600
粉砂	稍密	$0.25 < I_L \leq 0.5$	1 500~2 300	2 300~3 300	2 700~3 600	3 600~4 400	800~900	900~1 000	1 000~1 200	1 200~1 400	850~1 100	1 500~1 700	1 700~1 900
	中密、密实	$N > 15$	1 400~2 200	2 100~3 000	3 000~4 500	3 800~5 500	600~750	750~900	900~1 100	1 100~1 200	900~1 000	1 700~1 900	1 700~1 900
细砂	中密、密实	$N > 15$	2 500~4 000	3 600~5 000	4 400~6 000	5 300~7 000	650~850	900~1 200	1 200~1 500	1 500~1 800	1 200~1 600	2 000~2 400	2 400~2 700
中砂			4 000~6 000	5 500~7 000	6 500~8 000	7 500~9 000	850~1 050	1 100~1 500	1 500~1 900	1 900~2 100	1 800~2 400	2 800~3 800	3 600~4 400
粗砂			5 700~7 500	7 500~8 500	8 500~10 000	9 500~11 000	1 500~1 800	2 100~2 400	2 400~2 600	2 600~2 800	2 900~3 600	4 000~4 600	4 600~5 200
砾砂		$N > 15$	6 000~9 500		9 000~10 500		1 400~2 000		2 000~3 200		3 500~5 000		
角砾、圆砾	中密、密实	$N_{63.5} > 10$	7 000~10 000		9 500~11 500		1 800~2 200		2 200~3 600		4 000~5 500		
碎石、卵石		$N_{63.5} > 10$	8 000~11 000		10 500~13 000		2 000~3 000		3 000~4 000		4 500~6 500		
全风化软质岩	—	$30 < N \leq 50$	4 000~6 000				1 000~1 600				1 200~2 000		
全风化硬质岩	—	$30 < N \leq 50$	5 000~8 000				1 200~2 000				1 400~2 400		
强风化软质岩		$N_{63.5} > 10$	6 000~9 000				1 400~2 200				1 600~2 600		
强风化硬质岩		$N_{63.5} > 10$	7 000~11 000				1 800~2 800				2 000~3 000		

注:1. 砂土和碎石类土中桩的极限端阻力取值,宜综合考虑土的密实度,桩端进入持力层的深比 h_b/d,土愈密实, h_b/d 愈大,取值愈高。

2. 预制桩的岩石极限端阻力指桩端支承于中、微风化基岩表面或进入强风化岩、软质岩一定深度条件下极限端阻力。

3. 全风化、强风化软质岩和全风化、强风化硬质岩指其母岩分别为 $f_{rk} \leq 15$ MPa, $f_{rk} > 30$ MPa 的岩石。

(2)根据土的物理指标与承载力参数之间的经验关系,确定大直径桩单桩极限承载力标准值时,可按下式计算:

$$Q_{uk} = Q_{sk} + Q_{pk} = u\sum \psi_{si} q_{sik} l_i + \psi_p q_{pk} A_p \tag{7.13}$$

式中 q_{sik}——桩侧第 i 层土的极限侧阻力标准值,如无当地经验时,可按表 7.4 取值,对于扩底桩变截面以上 $2d$ 长度范围不计侧阻力;

q_{pk}——桩径为 800 mm 的极限端阻力标准值,对于干作业挖孔(清底干净)可采用深层载荷板试验确定;当不能进行深层载荷板试验时,可按表 7.6 取值。

ψ_{si}、ψ_p——大直径桩侧阻、端阻尺寸效应系数,按表 7.7 取值。

u——桩身周长,当人工挖孔桩桩周护壁为振捣密实的混凝土时,桩身周长可按护壁外直径计算。

表7.6 干作业挖孔桩(清底干净,$D=800$ mm)极限端阻力标准值 q_{pk} 单位:kPa

土名称		状态		
黏性土		$0.25 < I_L \leq 0.75$	$0 < I_L \leq 0.25$	$I_L \leq 0$
		800~1 800	1 800~2 400	2 400~3 000
粉土		—	$0.75 \leq e \leq 0.9$	$e < 0.75$
		—	1 000~1 500	1 500~2 000
		稍密	中密	密实
砂土、碎石、类土	粉砂	500~700	800~1 100	1 200~2 000
	细砂	700~1 100	1 200~1 800	2 000~2 500
	中砂	1 000~2 000	2 200~3 200	3 500~5 000
	粗砂	1 200~2 200	2 500~3 500	4 000~5 500
	砾砂	1 400~2 400	2 600~4 000	5 000~7 000
	圆砾、角砾	1 600~3 000	3 200~5 000	6 000~9 000
	卵石、碎石	2 000~3 000	3 300~5 000	7 000~11 000

注:1. 当桩进入持力层的深度 h_b 分别为: $h_b \leq D, D < h_b \leq 4D, h_b > 4D$ 时, q_{pk} 可相应取低、中、高值。
2. 砂土密实度可根据标贯击数判定, $N \leq 10$ 为松散, $10 < N \leq 15$ 为稍密, $15 < N \leq 30$ 为中密, $N > 30$ 为密实。
3. 当桩的长径比 $l/d \leq 8$ 时, q_{pk} 宜取较低值。
4. 当对沉降要求不严时, q_{pk} 可取高值。

表7.7 大直径灌注桩侧阻尺寸效应系数 ψ_{si}、端阻尺寸效应系数 ψ_p

土类型	黏性土、粉土	砂土、碎石类土
ψ_{si}	$(0.8/d)^{1/5}$	$(0.8/d)^{1/3}$
ψ_p	$(0.8/D)^{1/4}$	$(0.8/D)^{1/3}$

◆ 按桩身材料强度确定单桩竖向承载力

按桩身材料强度确定单桩竖向承载力时,是将处于土中的桩近似看成两端铰支的轴心压杆,对于钢筋混凝土桩,按《混凝土结构设计规范》(GB 50010—2002)规范计算,其单桩竖向承载力计算式:

$$R = \varphi(\psi_c f_c A_p + f'_y A_s) \tag{7.14}$$

式中 R——单桩竖向承载力设计值(kN);
  φ——桩的稳定系数,对于低桩承台,考虑土的侧向约束可取 $\varphi = 1.0$;对于穿过很厚的软黏土和可液化土层的端承桩或高承台桩基,其值应小于1.0;
  ψ_c——基桩施工的工艺系数;混凝土预制桩取 $\psi_c = 1$,干作业非挤土灌注桩 $\psi_c = 0.9$;泥浆护壁和套管护壁非挤土灌注桩、部分挤土灌注桩、挤土灌注桩 $\psi_c = 0.8$;
  f_c——混凝土的轴心抗压强度设计值(kPa);
  f'_y——纵向钢筋的抗压强度设计值(kPa);
  A_p——桩身的横截面面积(m^2);
  A_s——纵向钢筋的横截面面积(m^2)。

通常情况下,按式(7.9)桩身材料强度计算单桩竖向承载力要远大于按土对桩的支撑力确定的单桩竖向承载力,所以在一般情况下,桩的承载力主要受地基土的支承能力所控制,桩身材料强度往往不能充分发挥,只有在特殊情况下,桩身材料强度才能起到控制作用。如对于端承桩、超长桩及桩身质量有缺陷的桩,由桩身材料强度来确定单桩竖向承载力设计值。

【实 例】

【例7.1】 某场区从天然地面起往下的土层分布是:粉质黏土,厚度 $l_1 = 3$ m, $q_{s^1a} = 24$ kPa;粉土,厚度 $l_2 = 6$ m, $q_{s^2a} = 20$ kPa;中密的中砂, $q_{s^3a} = 30$ kPa, $q_{pa} = 2\ 600$ kPa。现采用截面边长为 350 mm×350 mm 的预制桩,承台底面在天然地面以下 1.0 m,桩端进入中密中砂的深度为 1.0 m,试确定单桩承载力特征值。

解:

$$R_a / kN = q_{pa} A_p + u_p \sum q_{sia} l_i$$
$$= 2\ 600 \times 0.35 \times 0.35 + 4 \times 0.35 \times (24 \times 2 + 20 \times 6 + 30 \times 1)$$
$$= 595.7$$

【例7.2】 某一嵌岩桩,桩入土 28 m,桩直径 900 mm,土层分布情况:黏土层厚 12.2 m, $q_{sk} = 25$ kPa;细砂层厚 14 m, $q_{sk} = 52$ kPa;往下为中风化岩石。混凝土强度 C30, $f_c = 15\ 000$ kPa,岩石强度 $f_{rc} = 5\ 000$ kPa。按《建筑桩基技术规范》(JGJ 94—2008)确定该桩的单桩极限承载力,试确定该桩的极限承载力标准值。

解:

按《建筑桩基技术规范》(JGJ 94—2008)规定: $\zeta_{si} = 1$。查表 7.8,可得嵌岩段侧阻力、端阻力修正系数分别为:

$$\zeta_s = 0.9 \times 0.070 = 0.063, \zeta_s = 0.9 \times 0.300 = 0.27$$

所以:

$$Q_{uk} / kN = u \sum_1^n \zeta_{si} q_{si} l_i + u \zeta_s f_{rc} h_r + \zeta_p f_{rc} A_p$$
$$= 0.9 \pi \times (25 \times 12.2 + 52 \times 14) + 0.9 \pi 0.063 \times 5\ 000 \times 1.8 + 0.27 \times 5\ 000 \times 0.25 \pi \times 0.9^2$$
$$= 5\ 382.7$$

根据桩身混凝土强度,单桩承载力设计值为:

$$R / kN = \varphi_c A_p f_c = 0.8 \times 0.25 \pi \times 0.9^2 \times 15\ 000 = 7\ 634$$

其极限值更大,取小值。

因此,该桩的极限承载力标准值为 5 382.7 kN。

表 7.8 嵌岩段侧阻和端阻修正系数

嵌岩深径比 h_r/d	0.0	0.5	1	2	3	4	≥5
侧阻修正系数 ζ_s	0.000	0.025	0.055	0.070	0.065	0.062	0.050
端阻修正系数 ζ_p	0.500	0.500	0.400	0.300	0.200	0.100	0.000

注:1. 当嵌岩段为中等风化岩时,表中数值乘以 0.9 折减。
2. 岩石单轴抗压强度的标准值可按《建筑桩基技术规范》(JGJ 94—2008)附录中有关规定取值。

7.4 群桩的竖向承载力

【基　础】

◆**群桩**

　　桩基础承台下的桩数通常不止一根,桩数在两根或两根以上的桩基础称为群桩基础。群桩基础中的某一根桩,称为基桩。群桩是若干个基桩的集合体。基桩在一般情况下要考虑相邻桩的影响。

◆**群桩效应**

　　群桩在竖向荷载作用下,由于承台、桩、土之间相互影响和共同作用,群桩的工作性状趋于复杂,群桩中任一根桩即基桩的工作性状都不同孤立的单桩,群桩承载力将不等于各单桩承载力之和,群桩沉降也明显地大于单桩,这种现象就是群桩效应,群桩效应可用群桩效率系数 η 和沉降比 ζ 表示。

　　群桩效率系数 η 是指群桩竖向极限承载力 P_u 与群桩中所有桩的单桩竖向极限承载力 Q_u 总和之比,即 $\eta = P_u/nQ_u$ (n 为群桩中的桩数)。沉降比 ζ 是指在每根桩承担相同荷载条件下,群桩沉降量 s_n 与单桩沉降量 s 之比,即 $\zeta = s_n/s$。群桩效率系数 η 越小,沉降比 ζ 越大,则表示群桩效应越强,也就意味着群桩承载力越低,沉降越大。

　　群桩效率系数 η 和沉降比 ζ 主要取决于桩距和桩数,其次与土质和土层构造、桩径、桩的类型及排列方式等因素有关。

◆**端承型群桩**

　　由于端承型群桩的承载力完全依赖于桩尖土层的支撑,桩端处承压面积很小,各桩端的压力彼此不影响,所以端承型群桩的承载力等于各单桩承载力之和,群桩的沉降量也与单桩基本相同。因此对于端承型群桩来说,可近似认为基桩的工作情况与单桩基本一致(如图7.9所示),群桩沉降量也与单桩基本相同,不考虑群桩效应。

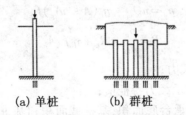

(a) 单桩　　(b) 群桩

图7.9　端承型群桩端处应力分布图

◆**摩擦型群桩**

　　摩擦型群桩要考虑群桩效应。在竖向荷载作用下,桩顶荷载的大部分通过桩侧面摩阻力传递到桩侧土层中,剩余部分由桩端承受。由于桩端的贯入变形和桩身弹性压缩,对于低承台群桩,有时承台底部土体也产生一定的反力,使得承台底面土体、桩间土体、桩端土体都共同工作,群桩中的基桩工作条件明显不同于单桩。

一般假定桩侧摩阻力在土中引起的附加应力(σ_z)按一定角度沿桩长向下扩散分布,在桩端平面处,压力分布如图7.10的阴影部分所示。

(1)当桩数较少,桩的中心距s_a较大时,如$s_a > 6d$,则桩端平面处各桩传来的压应力互不重叠或重叠不多如图7.10(a)所示,此时群桩中基桩的工作情况与单桩一致,因此,群桩的承载力等于各单桩承载力之和。

(2)当桩数较多时,如常见的桩距$s_a = (3 \sim 4)d$时,桩端处地基中各桩传来的压应力将相互重叠如图7.10(b)所示,桩端处压应力比单桩大得多,从而产生群桩效应。

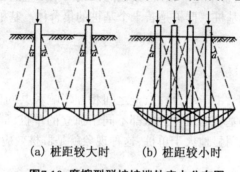

(a)桩距较大时　　(b)桩距较小时

图7.10　摩擦型群桩桩端处应力分布图

【实　务】

◆考虑承台效应系数确定基桩承载力

由于各影响因素对群桩效应特性的影响效果不同,单一或各分项的群桩效率系数确定较为困难。大量的原位室内试验表明,低桩承台土反力的分担荷载作用明显,不可忽视,因此计算群桩承载力时,《建筑桩基技术规范》(JGJ 94—2008)根据试验总结引入了承台效应系数η_c,以考虑承台下土反力分担上部荷载的作用,η_c与桩距、桩长、承台宽、桩排列及承台内外区面积有关。

群桩竖向极限承载力p_u及复合基桩承载力特征值R的表达式如下:

$$p_u = nQ_{ui} + \eta_c(A - nA_p)f_{uk} \qquad (7.15)$$

$$R = \frac{p_u}{nK} = R_a + \eta_a f_{ak} A_c \qquad (7.16)$$

式中　P_u——群桩极限承载力;

R——复合基桩竖向承载力特征值;

A, A_p, A_c——分别为承台底面积、基桩截面积和基桩所对应的承台底与土接触的净面积,$A_c = \dfrac{A}{n} - A_p$;

n——总桩数;

f_{uk}, f_{ak}——承台底1/2承台宽度深度范围(≤5 m)内地基土极限承载力标准值和特征值;

K——安全系数,$K \geqslant 2$;

η_c——承台效率系数,可按表7.9取值,当计算基桩为非正方形排列时,$S_a = \sqrt{\dfrac{A}{n}}$,$A$为承台总面积。

表7.9 承台效应系数 η_c

B_c/l \ S_a/d	3	4	5	6	>6
≤0.4	0.06~0.08	0.14~0.17	0.22~0.26	0.32~0.38	
0.4~0.8	0.08~0.10	0.17~0.20	0.26~0.30	0.38~0.44	0.50~0.80
<8.0	0.10~0.12	0.20~0.22	0.30~0.34	0.44~0.50	
单排桩条形承台	0.15~0.18	0.25~0.30	0.38~0.45	0.50~0.60	

注:1. 表中S_a/d为桩中心距与桩径之比;B_c/l为承台宽度与桩长之比。当计算基桩为非正方形排列时,$S_a = \sqrt{\dfrac{A}{n}}$,$A$为承台计算域面积,$n$为总桩数。

2. 对于桩布置于墙下的箱、筏承台,η_c可按单排桩条基取值。

3. 对于单排桩条形承台,当承台宽度小于1.5d时,η_c按非条形承台取值。

4. 对于采用后注浆灌注桩的承台,η_c宜取低值。

5. 对于饱和黏性土中的挤土桩基、软土地基上的桩基承台,η_c宜取低值的0.8倍。

对于软土地基减沉复合疏桩基础,其复合基桩承载力特征值可按下式确定:

$$R = \xi_p R_a + \xi_c f_{ak} A_c \tag{7.17}$$

式中 ξ_p——单桩竖向承载力特征值调整系数,可取$\xi_p = 1.1 \sim 1.2$;

ξ_c——疏桩承台效应系数,$\xi_c = 1.1 \eta_c$,η_c可按表7.9取值。

与常规方法比较,桩基规范法的显著特点是考虑了承台底土分担荷载的作用。对于端承型桩基、桩数少于4根的摩擦型桩基,不考虑承台效应,其基桩竖向承载力特征值取单桩竖向承载力特征值。

当承台底面以下是可液化土、湿陷性黄土、高灵敏度软土、欠固结土、新填土或可能出现震陷、降水、沉桩过程产生高孔隙水压力和土体隆起时,土体的沉降会大于桩的沉降,承台底与地基土将会脱离,此时不能考虑承台效应,即取$\eta_c = 0$。

◆桩顶作用效应验算

在竖向偏心荷载作用下,若各桩相同,桩与承台铰接,则群桩中任一桩顶荷载为:

$$N_{ik} = \dfrac{F_k + G_k}{n} \pm \dfrac{M_{xk} y_i}{\sum y_j^2} \pm \dfrac{M_{yk} x_i}{\sum x_j^2} \tag{7.18}$$

式中 F_k——荷载效应标准组合时,作用于承台顶面的竖向力(kN);

G_k——承台与台上土的自重标准值,对稳定地下水位以下部分应扣除水的浮力(kN);

$M_{xk}、M_{yk}$——荷载效应标准组合时,作用于承台底面对通过桩群中心的x、y轴的力矩;

x_i, y_i——第i根基桩x、y轴的坐标;

N_{ik}——荷载效应标准组合时,作用在第i根复合基桩或基桩上的竖向力;

n——桩基中的桩数。

在荷载效应标准组合情况下,桩基竖向承载能力应满足下列表达式:

轴心竖向力作用下:

$$N_{ik} \leqslant R \tag{7.19}$$

在偏心竖向荷载作用下除满足上式外,尚应满足下式:

$$N_{ikmax} \leq 1.2R \quad (7.20)$$

当 $N_{ikmin} \leq 0$ 时,尚需验算抗拔承载力。

◆群桩软弱下卧层承载力验算

1. 整体冲剪破坏时桩基软弱下卧层验算

对于桩距 $s_a < 6d$ 的群桩基础,桩端持力层下存在承载力低于桩端持力层承载力 1/3 的软弱下卧层时,可按下列公式验算软弱下卧层的承载力(如图 7.11 所示):

$$\sigma_z + \gamma_m z \leq f_{az} \quad (7.21)$$

$$\sigma_z = \frac{(F_k + G_k) - 3/2(A_0 + B_0) \cdot \sum q_{sik} l_i}{(A_0 + 2t \cdot \text{tg}\,\theta)(B_0 + 2t \cdot \text{tg}\,\theta)} \quad (7.22)$$

σ_z——作用于软弱下卧层顶面的附加应力;
γ_m——软弱层顶面以上各土层重度(地下水位以下取浮重度)的厚度加权平均值;
t——硬持力层厚度;
f_{az}——软弱下卧层经深度 z 修正的地基承载力特征值;
A_0、B_0——桩群外缘矩形底面的长、短边边长;
q_{sik}——桩周第 i 层土的极限侧阻力标准值,无当地经验时,可根据成桩工艺按表 7.4 取值;
θ——桩端硬持力层压力扩散角,按表 7.10 取值。

表 7.10 桩端硬持力层压力扩散角 θ

E_{s1}/E_{s2}	$t = 0.25B_0$	$t \geq 0.5B_0$
1	4°	12°
3	6°	23°
5	10°	25°
10	20°	30°

注:1. E_{s1},E_{s2} 为硬持力层、软下卧层的压缩模量。
2. 当 $t < 0.25B_0$ 时,取 $\theta = 0°$,必要时,宜通过试验确定;当 $0.25B_0 < t < 0.50B_0$ 时,可内插取值。

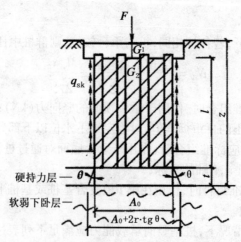

图7.11 整体冲剪破坏时软弱下卧层验算

2. 基桩冲切破坏时桩基软弱下卧层验算

对于桩距 $s_a \geq 6d$,且硬持力层厚度 $t < (s_a - d_e)\cot\theta/2$ 的群桩基础(如图7.12b所示),以及单桩基础,都应作为基桩冲剪破坏考虑,其软弱下卧层顶面的竖向附加应力 σ_z 按下式进行计算:

$$\sigma_z = \frac{4(\gamma_0 N - \mu \sum q_{sik} l_i)}{\pi(d_e + 2t\tan\theta)^2} \tag{7.23}$$

式中 γ_0——建筑桩基重要性系数;

N——桩顶轴向压力设计值(kN);

d_e——桩端等代直径(m),对于圆形桩端,$d_e = d_b$,方形桩,$d_e = 1.13b$(b 为桩的边长)。

t——持力层的厚度(m)。

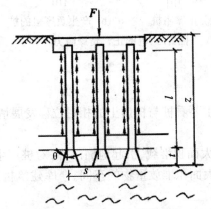

图7.12 基桩冲切破坏时桩基础软弱下卧层验算

7.5 桩基负摩阻力、抗拔承载力与沉降计算

【基 础】

◆负摩阻力

通常情况下,桩受轴向荷载作用后,桩相对于桩侧土体作向下位移,使土对桩产生向上作用的摩阻力,称正摩阻力,如图7.13(a)所示。但是,当桩周土体因自重固结、混陷、地面荷载作用等原因发生下沉,其沉降速率大于桩的下沉时,则桩侧土就相对于桩作向下位移,而使土对桩产生向下作用的摩阻力,称其为负摩阻力,如图7.13(b)所示。

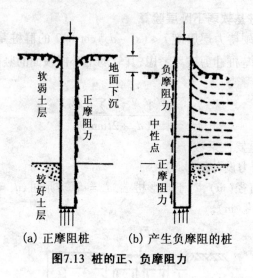

(a) 正摩阻桩　　(b) 产生负摩阻的桩

图7.13 桩的正、负摩阻力

◆负摩阻力产生的原因

桩的负摩阻力能否产生,主要看桩与桩周土的相对位移发展情况。桩的负摩阻力产生的原因如下:

(1)在桩基础附近地面有大面积堆载,引起地面沉降,对桩产生负摩阻力,特别是桥头路堤高填土的桥台桩基础,地坪大面积堆放重物的车间、仓库建筑桩基础均需注意桩的负摩阻力问题。

(2)土层中抽取地下水或其他原因产生地下水位下降,使土层产生自重固结下沉。

(3)在黄土、冻土中的桩,因黄土湿陷、冻土融化产生地面下沉。

(4)桩穿过欠固结土层(如填土)进入硬持力层,土层产生自重固结下沉。

(5)桩数很多的密集群桩打桩时,使桩周土中产生很大的超孔隙水压力,打桩停止后桩周土的再固结作用引起下沉。

◆中性点

正、负摩擦阻力交换处的位置称为中性点。

中性点的位置取决于桩与桩侧土的相对位移,与作用荷载和桩周土的性质有关。当桩侧土层压缩变形大,桩底下土层坚硬,桩的下沉量小时,中性点位置就会下移。此外,由于桩侧土层及桩底下土层的性质和作用的荷载不同,其变形速度会不一样,中心点位置随着时间也会有变化。

【实　　务】

◆桩的负摩阻力计算

1.负摩阻力计算条件

符合下列条件之一的桩基,当桩周土层产生的沉降超过基桩的沉降时,在计算基桩承载力时应计入桩侧负摩阻力：

(1)桩穿越较厚松散填土、自重湿陷性黄土、欠固结土、液化土层进入相对较硬土层时。

(2)桩周存在软弱土层,邻近桩侧地面承受局部较大的长期荷载,或地面大面积堆载(包括填土)时。

(3)由于降低地下水位,使桩周土有效应力增大,并产生显著压缩沉降时。

2. 单桩负摩阻力

通常认为,桩土间的黏着力和桩的负摩阻力强度取决于土的抗剪强度；桩的负摩阻力虽有时效,但从安全角度考虑,可取用其最大值以土的强度来计算。

中性点以上单桩桩周第 i 层土负摩阻力标准值,可按下列公式计算：

$$q_{si}^n = \xi_{ni} \sigma'_{ri} \tag{7.24}$$

当填土、自重湿陷性黄土湿陷、欠固结土层产生固结和地下水降低时：$\sigma'_i = \sigma'_{ri}$。

当地面分布大面积荷载时：$\sigma'_i = p + \sigma'_{ri}$。

$$\sigma'_{ri} = \sum_{m=1}^{i-1} \gamma_m \triangle z_m + \frac{1}{2} \gamma_i \triangle z_i \tag{7.25}$$

式中 s_i——第 i 层土桩侧负摩阻力标准值；当按式(7.24)计算值大于正摩阻力标准值时,取正摩阻力标准值进行设计；

ξ_{ni}——桩周第 i 层土负摩阻力系数,可按表 7.11 取值；

σ'_{ri}——由土自重引起的桩周第 i 层土平均竖向有效应力；桩群外围桩自地面算起,桩群内部桩自承台底算起；

σ'_i——桩周第 i 层土平均竖向有效应力；

γ_i、γ_m——分别为第 i 计算土层和其上第 m 土层的重度,地下水位以下取浮重度；

$\triangle z_i$、$\triangle z_m$——第 i 层土、第 m 层土的厚度；

p——地面均布荷载。

表 7.11　负摩阻力系数 ξ_n

土类	ξ_n
饱和软土	0.15~0.25
黏性土、粉土	0.25~0.40
砂土	0.35~0.50
自重湿陷性黄土	0.20~0.35

注：1. 在同一类土中,对于挤土桩,取表中较大值,对于非挤土桩,取表中较小值。

2. 填土按其组成取表中同类土的较大值。

求得负摩阻力强度 q_{si}^n 后,将其乘以产生负摩阻力深度范围内桩身表面积,则可得到作用于桩身总的负摩阻力。

3. 群桩负摩阻力

对于群桩,计算得到的单桩总的负摩阻力值不应大于单桩所分配承受的桩周下沉土重。即：

$$\pi d \leqslant q_s^n \leqslant \left(s_{xs} s_{ay} - \frac{1}{4} \pi d^2\right) \gamma_m \tag{7.26}$$

群桩中任一基桩的下拉荷载标准值可按下式计算：

$$Q_g^n = \eta_n u \sum_{i=1}^n q_{si}^n l_i \tag{7.27}$$

$$\eta_n = s_{xs}s_{ay}/\left[\pi d\left(\frac{q_s^n}{\gamma_m}+\frac{d}{4}\right)\right] \tag{7.28}$$

式中 n——中性点以上土层数;

l_i——中性点以上第 i 土层的厚度;

η_n——负摩阻力群桩效应系数;

$s_{ax}、s_{ay}$——分别为纵横向桩的中心距;

q_{si}^n——中性点以上桩周土层厚度加权平均负摩阻力标准值;

γ_m——中性点以上桩周土层厚度加权平均重度(地下水位以下取浮重度)。

对于单桩基础或按式(7.28)计算的群桩效应系数 $\eta_n > 1$ 时,取 $\eta_n = 1$。

中性点深度 l_n 应按桩周土层沉降与桩沉降相等的条件计算确定,也可参照表 7.12 确定。

表 7.12 中性点深度 l_n

持力层性质	黏性土、粉土	中密以上砂	砾石、卵石	基岩
中性点深度比 l_n/l_0	0.5~0.6	0.7~0.8	0.9	1.0

注:1. $l_n、l_0$——分别为自桩顶算起的中性点深度和桩周软弱土层下限深度。

2. 桩穿过自重湿陷性黄土层时,l_n 可按表列值增大 10%(持力层为基岩除外)。

3. 当桩周土层固结与桩基固结沉降同时完成时,取 $l_n = 0$。

4. 当桩周土层计算沉降量小于 20 mm 时,l_n 应按表列值乘以 0.4~0.8 折减。

◆抗拔桩基承载力计算

对于设计等级为甲级和乙级的建筑桩基,基桩的抗拔极限承载力应通过现场单桩上拔静载荷试验确定。单桩上拔静载荷试验及抗拔极限承载力标准值取值可按现行行业标准《建筑基桩检测技术规范》(JGJ 106—2003)进行。如无当地经验时,群桩基础及设计等级为丙级建筑桩基,基桩的抗拔极限载力取值可按下列规定计算:

1. 群桩呈非整体破坏时

群桩呈非整体破坏时,基桩的抗拔极限承载力标准值可按下式计算:

$$T_{uk} = \sum \lambda_i q_{sik} u_i l_i \tag{7.29}$$

式中 T_{uk}——基桩抗拔极限承载力标准值;

u_i——桩身周长,对于等直径桩取 $u = \pi d$;对于扩底桩按表 7.13 取值;

q_{sik}——桩侧表面第 i 层土的抗压极限侧阻力标准值,可按表 7.4 取值;

λ_i——抗拔系数,可按表 7.14 取值。

表 7.13 扩底桩破坏表面周长 u_i

自桩底起算的长度 l_i	≤(4~10)d	>(4~10)d
u_i	πD	πd

注:l_i 对于软土取低值,对于卵石、砾石取高值;l_i 取值按内摩擦角增大而增加。

表 7.14 抗拔系数 λ

土类	λ 值
饱和软土	0.50~0.70
黏性土、粉土	0.70~0.80

注:桩长 l 与桩径 d 之比小于 20 时,λ 取小值。

2. 群桩呈整体破坏时

群桩呈整体破坏时,基桩的抗拔极限承载力标准值可按下式计算:

$$T_{gk} = \frac{1}{n}u_l \sum \lambda_i q_{sik} l_i \qquad (7.30)$$

式中 u_l——桩群外围周长。

3. 抗拔承载力验算

承受拔力的桩基,应按下列公式同时验算群桩基础呈整体破坏和呈非整体破坏时基桩的抗拔承载力:

$$N_k \leqslant T_{gk}/2 + G_{gp} \qquad (7.31)$$
$$N_k \leqslant T_{uk}/2 + G_p \qquad (7.32)$$

式中 N_k——按荷载效应标准组合计算的基桩拔力;
　　　T_{gk}——群桩呈整体破坏时基桩的抗拔极限承载力标准值;
　　　T_{uk}——群桩呈非整体破坏时基桩的抗拔极限承载力标准值;
　　　G_{gp}——群桩基础所包围体积的桩土总自重除以总桩数,地下水位以下取浮重度;
　　　G_p——基桩自重,地下水位以下取浮重度,对于扩底桩应按表 7.13 确定桩、土柱体周长,计算桩、土自重。

◆单桩基础沉降计算

竖向荷载作用下的单桩沉降由以下三部分组成:

(1)桩身弹性压缩引起的桩顶沉降。

(2)桩侧阻力引起的桩周土中的附加应力以压力扩散角 α 向下传递,致使桩端下土体压缩而产生的桩端沉降。

(3)桩端荷载引起桩端下土体压缩所产生的桩端沉降。

上述单桩沉降组成三分量的计算都必须知道桩侧、桩端各自分担的荷载比,以及桩侧阻力沿桩身的分布图式,而荷载比和侧阻分布图式不仅与桩的长度、桩与土的相对压缩性、土的剖面有关,还与荷载水平、荷载持续时间有关。当荷载水平较低时,桩端土还没有发生明显的塑性变形且桩周土与桩之间并没有产生滑移,这时单桩沉降可近似用弹性理论进行计算;当荷载水平较高时,桩端土将发生明显的塑性变形,导致单桩沉降组成及其特性都发生明显的变化。此外荷载传递也存在时间效应,如荷载持续时间很短,桩端土体压缩特性通常呈现弹性性能,反之,如荷载持续时间很长,则需考虑沉降的时间效应,即土的固结与次固结的效应。

通常情况下,桩身荷载随时间的推移有向下部和桩端转移的趋势。因此,单桩沉降计算应根据工程问题的性质以及荷载的特点,选择与之相适应的计算方法与参数。

目前单桩沉降计算方法主要有以下几种:

(1)荷载传递分析法。
(2)弹性理论法。
(3)剪切变形传递法。
(4)有限单元分析法。
(5)其他简化方法。

◆群桩基础沉降计算

1.《建筑地基基础设计规范》推荐的沉降计算方法

《建筑地基基础设计规范》(GB 50007—2002)推荐的群桩沉降计算方法,不考虑桩间土

的压缩变形对沉降的影响,采用单向压缩分层总和法按下式计算桩基础的最终沉降量:

$$s = \psi_p \sum_{j=1}^{m} \sum_{i=1}^{n_j} \frac{\sigma_{j,i} \Delta h_{j,i}}{E_{sj,i}} \tag{7.33}$$

式中 s——桩基最终计算沉降量(mm);

m——桩端平面以下压缩层范围内土层总数;

$E_{sj,i}$——桩端平面下第 j 层土第 i 个分层在自重应力至自重应力加附加应力作用段的压缩模量(MPa);

n_j——桩端平面下第 j 层土的计算分层数;

$\Delta h_{j,i}$——桩端平面下第 j 层土的第 i 个分层厚度(m);

$\sigma_{j,i}$——桩端平面下第 j 层土第 i 个分层的竖向附加应力(kPa);

ψ_p——桩基沉降计算经验系数,各地区应根据当地的工程实测资料统计对比确定。

地基内的应力分布应采用各向同性均质线性变形体理论,按实体深基础(桩距不大于 $6d$)或其他方法(包括明德林应力公式方法)计算:

(1)实体深基础。采用实体深基础计算时,实体深基础的底面与桩端齐平,支承面积可按图 7.14 采用,并假设桩基础如同天然地基上的实体深基础一样工作,按浅基础的沉降计算方法进行计算,计算时需将浅基础的沉降计算经验系数 ψ_s 改为实体深基础的桩基沉降计算经验系数 ψ_p,即:

$$s = \psi_p s' \tag{7.34}$$

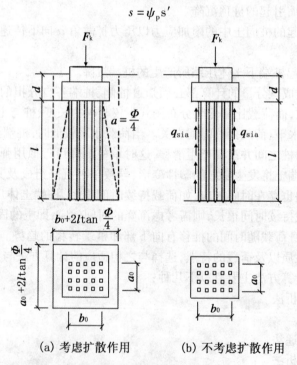

图7.14 实体深基础的底面积

此时,基底附加压力应为桩底平面处的附加压力。

实体深基础桩基沉降计算经验系数 ψ_p 应根据地区桩基础沉降观测资料及经验统计确定。在不具备条件时,ψ_p 值可按表 7.15 选用。

表 7.15 实体深基础桩基沉降计算经验系数 ψ_p

$\overline{E}_s$/MPa	$\overline{E}_s < 15$	$15 \leq \overline{E}_s < 30$	$30 \leq \overline{E}_s < 40$
ψ_p	0.5	0.4	0.3

注:$\overline{E}_s$ 为变形计算深度范围内压缩模量的当量值,按下式计算:

$$\overline{E} = \frac{\sum A_i}{\sum \dfrac{A_i}{E_{si}}}$$

式中 A_i——第 i 层土附加应力系数沿土层厚度的积分值。

实体深基础桩底平面处的基底附加压力 p_{0k} 按下列方法考虑:

1)考虑扩散作用时,如图 7.14(a)所示。

$$p_{0k} = p_k - \sigma_c = \frac{F_K + G'_k}{A} - \sigma_c \tag{7.35}$$

式中 p_k——相应于荷载效应准永久组合时的实体深基础底面处的基底压力;

σ_c——实体深基础基底处原有的土中自重应力;

F_k——相应于荷载效应准永久组合时,作用于桩基承台顶面的竖向力;

G'_k——实体深基础自重包括承台自重、承台上土重以及承台底面至实体深基础范围内的土重与桩重;$G'_k \approx \gamma A(d+l)$,其中 γ 为承台、桩与土的平均重度,一般取 19 kN/m³,但在地下水位以下部分应扣去浮力;

d、l——承台埋深及自承台底面算起的桩长;

A——实体深基础基底面积,$A = (a_0 + 2l\tan\dfrac{\varphi}{4})(b_0 + 2l\tan\dfrac{\varphi}{4})$;

a_0、b_0——桩群外围桩边包络线内矩形面积的长、短边长。

2)不考虑扩散作用时,如图 7.14(b)所示。

$$p_{0k} = p_k - \sigma_c = \frac{F_K + G_k + G_{fk} - 2(a_0 + b_0)\sum q_{sia} l_i}{a_0 b_0} - \gamma_m(d+l) \tag{7.36}$$

式中 G_k——桩基承台自重及承台上土自重;

G_{fk}——实体深基础的桩及桩间土自重;

γ_m——实体深基础底面以上各土层的加权平均重度。

如认为 $G_{fk} \approx \gamma_m(d+l)a_0 b_0$,则上式简化为:

$$p_{0k} = \frac{F_K + G_k - 2(a_0 + b_0)\sum q_{sia} l_i}{a_0 b_0} \tag{7.37}$$

(2)明德林(Mindlin)应力公式。采用明德林应力公式计算地基中某点的竖向附加应力值,是根据格德斯(Geddes)对明德林公式积分而导出的应力解,用叠加原理将各根桩在该点所产生的附加应力逐根叠加按下式计算的:

$$\sigma_{j,i} = \sum_{k=1}^{n} \sigma_{zp,k} + \sigma_{zs,k} \tag{7.38}$$

单桩在竖向荷载准永久组合作用下的附加荷载为 Q,由桩端阻力 Q_p 和桩侧摩阻力 Q_s 共同承担,且 $Q_p = \alpha Q$,α 是桩端阻力比。桩的端阻力假定为集中力,桩侧摩阻力可假定为沿桩身均匀分布和沿桩身线性增长分布两种形式组成,其值分别为 βQ 和 $(1-\alpha-\beta)Q$,如图 7.15 所示。

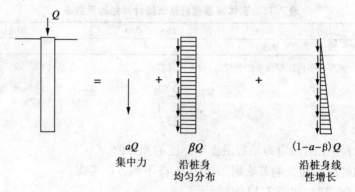

图7.15 单桩荷载分担

第 k 根桩的端阻力在深度 z 处产生的应力:

$$\sigma_{zp,k} = \frac{\alpha Q}{l^2} I_{p,k} \qquad (7.39)$$

第 k 根桩的侧摩阻力在深度 z 处产生的应力:

$$\sigma_{zs,k} = \frac{Q}{l^2}[\beta I_{s1,k} + (1-\alpha-\beta)I_{s2,k}] \qquad (7.40)$$

对于一般摩擦型桩,可假定桩侧摩阻力全部是沿桩身线形增长的(即 $\beta = 0$),则式(7.40)可简化为:

$$\sigma_{zs,k} = \frac{Q}{l^2}(1-\alpha-\beta)I_{s2,k} \qquad (7.41)$$

式中 l——桩长;

I_p、I_{s1}、I_{s2}——分别为桩端集中力、桩侧摩阻力沿桩身均匀分布和沿桩身线性增长分布情况下对应力计算点的应力影响系数,按《建筑地基基础设计规范》(GB 50007—2002)附录 R 计算。

将式(7.38)~(7.41)代入式(7.33),可得桩基础单向压缩分层总和法最终沉降量的计算公式:

$$s = \psi_p \frac{Q}{l^2}\sum_{j=1}^{m}\sum_{i=1}^{n_j}\frac{\Delta h_{j,i}}{E_{sj,i}}[\alpha I_{p,k} + (1-\alpha)I_{s2,k}] \qquad (7.42)$$

采用上式计算时,桩端阻力比 α 和桩基础沉降计算经验系数 ψ_p 应根据当地工程的实测资料统计确定。

2.《建筑桩基设计规范》推荐的沉降计算方法

(1)建筑桩基沉降变形允许值。

1)建筑桩基沉降变形允许值,应按表 7.16 规定采用。

表 7.16 建筑桩基沉降变形允许值

变形特征	允许值
砌体承重结构基础的局部倾斜	0.002
各类建筑相邻柱(墙)基的沉降差	
(1)框架、框架-剪力墙、框架-核心筒结构	$0.002l_0$
(2)砌体墙填充的边排柱	$0.0007l_0$
(3)当基础不均匀沉降时不产生附加应力的结构	$0.005l_0$
单层排架结构(柱距为 6 m)桩基的沉降量/mm	120

续表 7.16

变形特征		允许值
桥式吊车轨面的倾斜(按不调整轨道考虑) 纵向 横向		0.004 0.003
多层和高层建筑的整体倾斜	$H_g \leq 24$	0.004
	$24 < H_g \leq 60$	0.003
	$60 < H_g \leq 100$	0.002 5
	$H_g > 100$	0.002
高耸结构桩基的整体倾斜	$H_g \leq 20$	0.008
	$20 < H_g \leq 50$	0.006
	$50 < H_g \leq 100$	0.005
	$100 < H_g \leq 150$	0.004
	$150 < H_g \leq 200$	0.003
	$200 < H_g \leq 250$	0.002
高耸结构基础的沉降量/mm	$H_g \leq 100$	350
	$100 < H_g \leq 200$	250
	$200 < H_g \leq 250$	150
体型简单的剪力墙结构 高层建筑桩基最大沉降量/mm	—	200

注:l_0 为相邻柱(墙)二测点间距离,H_g 为自室外地面算起的建筑物高度。

2)对于表 7.16 中未包括的建筑桩基沉降沉降变形允许值,应根据上部结构对桩基沉降变形的适应能力和使用要求确定。

(2)桩中心距不大于 6 倍桩径的桩基。

1)对于桩中心距不大于 6 倍桩径的桩基,其最终沉降量计算可采用等效作用分层总和法。等效作用面位于桩端平面,等效作用面积为桩承台投影面积,等效作用附加压力近似取承台底平均附加压力。等效作用面以下的应力分布采用各向同性均质直线变形体理论。计算模式如图 7.16 所示,桩基任一点最终沉降量可用角点法按下式计算:

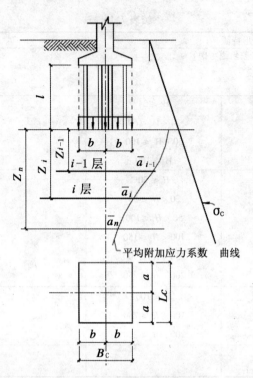

图7.16 桩基沉降计算示意

$$s = \psi\psi_e s' = \psi\psi_e \sum_{j=1}^{m} p_{0j} \sum_{i=1}^{m} \frac{z_{ij}\overline{\alpha}_{ij} - z_{(i-1)j}\overline{\alpha}_{(i-1)j}}{E_{si}} \quad (7.43)$$

式中　　s——桩基最终沉降量(mm)；

　　　　s'——采用布辛奈斯克解，按实体深基础分层总和法计算出的桩基沉降量(mm)；

　　　　ψ——桩基沉降计算经验系数，当无当地可靠经验时可按本节第6)条确定；

　　　　ψ_e——桩基等效沉降系数，可按本节第4)条确定；

　　　　m——角点法计算点对应的矩形荷载分块数；

　　　　p_{0j}——第 j 块矩形底面在荷载效应准永久组合下的附加压力(kPa)；

　　　　n——桩基沉降计算深度范围内所划分的土层数；

　　　　E_{si}——等效作用面以下第 i 层土的压缩模量(MPa)，采用地基土在自重压力至自重压力加附加压力作用时的压缩模量；

　　　　z_{ij}、$z_{(i-1)j}$——桩端平面第 j 块荷载作用面至第 i 层土、第 $i-1$ 层土底面的距离(m)；

　　　　$\overline{\alpha}_{ij}$、$\overline{\alpha}_{(i-1)j}$——桩端平面第 j 块荷载计算点至第 i 层土、第 $i-1$ 层土底面深度范围内平均附加应力系数，可按《建筑桩基技术规范》(JGJ 94—2008)附录D选用。

2)计算矩形桩基中点沉降时，桩基沉降量可按下式简化计算：

$$s = \psi\psi_e s' = 4\psi\psi_e p_{0j} \sum_{i=1}^{n} \frac{z_i\overline{\alpha}_i - z_{i-1}\overline{\alpha}_{i-1}}{E_{si}} \quad (7.44)$$

式中　　p_0——在荷载效应准永久组合下承台底的平均附加压力；

　　　　$\overline{\alpha}_i$、$\overline{\alpha}_{i-1}$——平均附加应力系数，根据矩形长宽比 a/b 及深度比 $\dfrac{z_i}{b} = \dfrac{2z_i}{B_c}$，$\dfrac{z_{i-1}}{b} = \dfrac{2z_{i-1}}{B_c}$，可

按《建筑桩基技术规范》(JGJ 94—2008)附录 D 选用。

3)桩基沉降计算深度 z_n 应按应力比法确定,即计算深度处的附加应力 σ_z 与土的自重应力 σ_c 应符合下列公式要求:

$$\sigma_z \leqslant 0.2\sigma_c \tag{7.45}$$

$$\sigma_z = \sum_{j=1}^{m} \alpha_j p_{0j} \tag{7.46}$$

式中 α_j——附加应力系数,可根据角点法划分的矩形长宽比及深宽比按《建筑桩基技术规范》(JGJ 94—2008)附录 D 选用。

4)桩基等效沉降系数 ψ_e 可按下列公式简化计算:

$$\psi_e = C_0 + \frac{n_b - 1}{C_1(n_b - 1) + C_2} \tag{7.47}$$

$$n_b = \sqrt{n \cdot B_c / L_c} \tag{7.48}$$

式中 n_b——矩形布桩时的短边布桩数,当布桩不规则时可按式(7.48)近似计算,$n_b > 1$;$n_b = 1$ 时,可按式(7.51)~(7.55)计算;

C_0、C_1、C_2——根据群桩距径比 s_a/d、长径比 l/d 及基础长宽比 L_c/B_c,按《建筑桩基技术规范》(JGJ 94—2008)附录 E 确定;

L_c、B_c、n——分别为矩形承台的长、宽及总桩数。

5)当布桩不规则时,等效距径比可按下列公式近似计算:

圆形桩:

$$s_a/d = \sqrt{A}/(\sqrt{n} \cdot d) \tag{7.49}$$

方形桩:

$$s_a/d = 0.886\sqrt{A}/(\sqrt{n} \cdot b) \tag{7.50}$$

式中 A——桩基承台总面积;

b——方形桩截面边长。

6)当无当地可靠经验时,桩基沉降计算经验系数 ψ 可按表 7.17 选用。对于采用后注浆施工工艺的灌注桩,桩基沉降计算经验系数应根据桩端持力土层类别,乘以 0.7(砂、砾、卵石)~0.8(黏性土、粉土)折减系数;饱和土中采用预制桩(不含复打、复压、引孔沉桩)时,应根据桩距、土质、沉桩速率和顺序等因素,乘以 1.3~1.8 挤土效应系数,土的渗透性低,桩距小,桩数多,沉降速率快时取大值。

表 7.17 桩基沉降计算经验系数 ψ

$\overline{E}_s$/MPa	≤10	15	20	35	≥50
ψ	1.2	0.9	0.65	0.50	0.40

注:1. $\overline{E}_s$ 为沉降计算深度范围内压缩模量的当量值,可按下式计算:$\overline{E}_s = \sum A_i / (\sum A_i/E_{si})$,式中 A_i 为第 i 层土附加压力系数沿土层厚度的积分值,可近似按分块面积计算。

2. ψ 可根据 $\overline{E}_s$ 内插取值。

7)计算桩基沉降时,应考虑相邻基础的影响,采用叠加原理计算;桩基等效沉降系数可按独立基础计算。

8)当桩基形状不规则时,可采用等代矩形面积计算桩基等效沉降系数,等效矩形的长宽比可根据承台实际尺寸和形状确定。

(3)单桩、单排桩、疏桩基础。

1)对于单桩、单排桩、桩中心距大于6倍桩径的疏桩基础的沉降计算应符合下列规定:

①承台底地基土不分担荷载的桩基。桩端平面以下地基中由基桩引起的附加应力,按《建筑桩基技术规范》(JGJ 94—2008)附录F计算确定。将沉降计算点水平面影响范围内各基桩对应力计算点产生的附加应力叠加,采用单向压缩分层总和法计算土层的沉降,并计入桩身压缩s_e。桩基的最终沉降量可按下列公式计算:

$$s = \psi \sum_{i=1}^{n} \frac{\sigma_{zi}}{E_{si}} \Delta z_i + s_e \qquad (7.51)$$

$$\sigma_{zi} = \sum_{j=1}^{m} \frac{Q_j}{l_j^2} [\alpha_j I_{p,ij} + (1-\alpha_j) I_{s,ij}] \qquad (7.52)$$

$$s_e = \xi_e \frac{Q_j l_j}{E_c A_{ps}} \qquad (7.53)$$

②承台底地基土分担荷载的复合桩基。将承台底土压力对地基中某点产生的附加应力按布辛奈斯克解计算,与基桩产生的附加应力叠加,采用与①相同的方法计算沉降。其最终沉降量可按下列公式计算:

$$s = \psi \sum_{i=1}^{n} \frac{\sigma_{zi} + \sigma_{zci}}{E_{si}} \Delta z_i + s_e \qquad (7.54)$$

$$\sigma_{zci} = \sum_{k=1}^{u} \alpha_{ki} P_{c,k} \qquad (7.55)$$

式中 m——以沉降计算点为圆心,0.6倍桩长为半径的水平面影响范围内的基桩数;

n——沉降计算深度范围内土层的计算分层数;分层数应结合土层性质,分层厚度不应超过计算深度的0.3倍;

σ_{zi}——水平面影响范围内各基桩对应力计算点桩端平面以下第i层土1/2厚度处产生的附加竖向应力之和;应力计算点应取与沉降计算点最近的桩中心点。

σ_{zci}——承台压力对应力计算点桩端平面以下第i计算土层1/2厚度处产生的应力;可将承台板划分为u个矩形块,可按《建筑桩基技术规范》(JGJ 94—2008)附录D采用角点法计算;

Δz_i——第i计算土层厚度(m);

E_{si}——第i计算土层的压缩模量(MPa),采用土的自重压力至土的自重压力加附加压力作用时的压缩模量;

Q_j——第j桩在荷载效应准永久组合作用下,桩顶的附加荷载(kN);当地下室埋深超过5 m时,取荷载效应准永久组合作用下的总荷载为考虑回弹再压缩的等代附加荷载;

l_j——第j桩桩长(m);

A_{ps}——桩身截面面积;

α_j——第j桩总桩端阻力与桩顶荷载之比,近似取极限总端阻力与单桩极限承载力之比;

$I_{p,ij},I_{s,ij}$——分别为第j桩的桩端阻力和桩侧阻力对计算轴线第i计算土层1/2厚度处的应力影响系数,可按《建筑桩基技术规范》(JGJ 94—2008)附录F确定;

E_c——桩身混凝土的弹性模量;

$P_{c,k}$——第k块承台底均布压力,可按$P_c,k = \eta_{c,k} \cdot f_{ak}$取值,其中$\eta_{c,k}$为第$k$块承台底

板的承台效应系数,按表7.9确定;f_{ak}为承台底地基承载力特征值;

α_{ki}——第 k 块承台底角点处,桩端平面以下第 i 计算土层 1/2 厚度处的附加应力系数,可按《建筑桩基技术规范》(JGJ 94—2008)附录 D 确定;

s_e——计算桩身压缩;

ξ_e——桩身压缩系数。端承型桩,取 $\xi_e = 1.0$;摩擦型桩,当 $l/d \leqslant 30$ 时,取 $\xi_e = 2/3$;$l/d \geqslant 50$ 时,取 $\xi_e = 1/2$;介于两者之间可线性插值;

ψ——沉降计算经验系数,无当地经验时,可取 1.0。

2)对于单桩、单排桩、疏桩复合桩基础的最终沉降计算深度 Z_n,可按应力比法确定,即 Z_n 处由桩引起的附加应力 σ_z、由承台土压力引起的附加应力 σ_{zc} 与土的自重应力 σ_c 应符合下式要求:

$$\sigma_z + \sigma_c = 0.2\sigma_c \tag{7.56}$$

【实 例】

【例7.3】 某灌注桩,桩径 0.8 mm,桩顶位于地面下 2.0 m,桩长 8.5 m,土层分布如图 7.17 所示,当水位由 -2 m 降至 -7.0 m 后,试求单桩负摩阻力引起的下拉荷载。

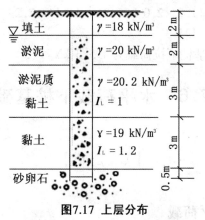

图7.17 土层分布

解:

该桩桩周的淤泥和淤泥质黏土可能会引起桩侧负摩阻力,桩端持力层为砂卵石,属端承型桩,应考虑负摩阻力引起桩的下拉荷载 Q_g。

单桩负摩阻力 q_{si}^n 按下式进行计算:

$q_{si}^n = \zeta_n \sigma'_i$

其中 $\zeta_n \sigma'_i$ 为桩周第 i 层土平均竖向有效应力:

$\zeta_n \sigma'_i = p + \gamma'_i z_i$

其中 p 为超载,该桩桩顶距地面 2.0 m,桩顶以上土的自重应力近似当为超载 p:

$p/(kN \cdot m^{-2}) = \gamma Z = 18 \times 2 = 36$

桩长范围内压缩层厚度 $L_0 = 8m$

由表 7.12 查得:$l_n/l_0 = 0.9$,中性点深度 l_n 为:

$l_n/m = 0.9 l_0 = 0.9 \times 8 = 7.2$

其中 l_n、l_0 为中性点深度和桩周沉降变形土层下限深度。

由表7.11,负摩阻力系数为:饱和软土、ζ_n 取 0.2;黏性土,ζ_n 取 0.3。

深度 2~4 m,淤泥:

$\sigma'_1/\text{kPa} = 18 \times 2 + 2 \times 20 \times \frac{1}{2} = 56$

$q_{s1}^n/\text{kN} = 0.2 \times 56 = 11.2$

深度 4~7 m,淤泥质黏土:

$\sigma'_2/\text{kPa} = (18 \times 2 + 20 \times 2 + 20.2 \times 3 \times \frac{1}{2}) = 106.3$

$q_{s2}^n/\text{kN} = 0.2 \times 106.3 = 21.26$

深度 7~9.2 m,黏土:

$\sigma'_3/\text{kPa} = (18 \times 2 + 20 \times 2 + 20.2 \times 3 + 9 \times 2.2 \times \frac{1}{2}) = 146.5$

$q_{s3}^n/\text{kN} = 0.3 \times 146.5 = 44$

基桩下拉荷载为:

$Q_g^n = \eta_n u \sum_1^n q_{si}^n l_i$,式中 η_n(负摩阻力群桩效应系数)取 1.0。

则 $Q_g^n/\text{kN} = 1.0 \times 2.51 (11.2 \times 2.0 + 21.26 \times 3 + 44 \times 2.2)$
$= 2.51 \times 183 = 495.3$

所以考虑负摩阻力引起基桩下拉荷载为 495.3 kN。

7.6 水平荷载下桩基础

【基　　础】

◆作用在桩基础上的水平荷载

作用在桩基础上的水平荷载包括长期作用的水平荷载(如地下室外墙上的侧向土压力、水压力及拱的推力等)、反复作用的水平荷载(如风荷载、波浪力、撞击力、车辆制动力等)及地震荷载产生的水平力作用。

【实　　务】

◆水平荷载下桩的工作状态

在水平荷载作用下,桩产生变形并挤压桩周土,促使桩周土发生相应的变形而产生水平抗力。水平荷载较小时,桩周土的变形是弹性的,水平抗力主要由靠近地面的表层土提供;随着水平荷载的增大,桩的变形加大,表层土逐渐产生塑性屈服,水平荷载将向更深的土层传递;当桩周土失去稳定、或桩体发生破坏、或桩的变形超过建筑物的允许值时,水平荷载也就达到极限。由此可见,水平荷载下桩的工作性状取决于桩、土之间的相互作用。

依据桩、土相对刚度的不同,水平荷载作用下的桩可分为刚性桩、半刚性桩和柔性桩。其划分界限与各家计算方法中所采用的地基水平反力系数分布图式有关,若采用"m"法计算,当换算深度 $\bar{h} \leqslant 2.5$ 时为刚性桩,$2.5 < \bar{h} < 4.0$ 时为半刚性桩,$\bar{h} \geqslant 4.0$ 时为柔性桩。半刚性桩和柔性桩统称为弹性桩。

1. 刚性桩

当桩很短或桩周土很软弱时,桩、土的相对刚度很大,属于刚性桩。由于刚性桩的桩身不发生挠曲变形且桩的下段得不到充分的嵌制,因而桩顶自由的刚性桩发生绕靠近桩端的一点作全桩长的刚体转动,如图7.18(a)所示,而桩顶嵌固的刚性桩则发生平移,如图7.18(a)′所示。刚性桩的破坏一般只发生在桩周土中,桩体本身不发生破坏。刚性桩常用B.B.布诺姆斯的极限平衡法计算。

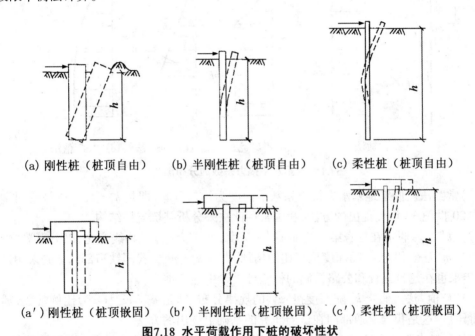

图7.18 水平荷载作用下桩的破坏性状

2. 弹性桩

半刚性桩(中长桩)和柔性桩(长桩)的桩、土相对刚度较低,在水平荷载作用下桩身发生挠曲变形,桩的下段可视为嵌固在土中而不能转动,随着水平荷载的增大,桩周土的屈服区逐步向下扩展,桩身最大弯矩截面也因上部土抗力减小而向下部转移,一般半刚性桩的桩身位移曲线只出现一个位移零点,如图7.18(b)、(b)′所示,柔性桩则出现两个以上位移零点和弯矩零点,如图7.18(c)、(c)′所示。当桩周土失去稳定、或桩身最大弯矩处出现塑性屈服、或桩的水平位移过大时,弹性桩便趋于破坏。

◆ **水平荷载下弹性桩的计算**

水平荷载作用下弹性桩的分析计算方法主要有地基反力系数法、弹性理论法和有限元法等,本节仅介绍目前常用的地基反力系数法。

地基反力系数法是应用E.文克勒地基模型,把承受水平荷载的单桩视作弹性地基中的竖直梁,通过求解梁的挠曲微分方程来计算桩身的弯矩、剪力以及桩的水平承载力。

1. 基本假设

单桩承受水平荷载作用时,可把土体视为线性变形体,假定深度 z 处的水平抗力 σ_x 等于该点的水平抗力系数 k_x 与该点的水平位移 x 的乘积,即:

$$\sigma_x = k_x x \tag{7.57}$$

此时忽略桩、土之间的摩阻力对水平抗力的影响以及邻桩的影响。

地基水平抗力系数的分布和大小,将直接影响挠曲微分方程的求解和桩身截面内力的变化。如图 7.19 所示表示地基反力系数法所假定的 4 种较为常用的 k_x 分布图式。

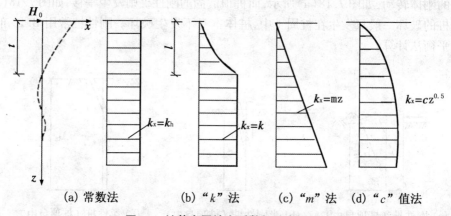

(a) 常数法　　(b) "k" 法　　(c) "m" 法　　(d) "c" 值法

图7.19　地基水平搞力系数的分布图式

(1) 常数法。假定地基水平抗力系数沿深度为均匀分布,即是 $k_x = k_h$。这是我国学者张有龄在 20 世纪 30 年代提出的方法,我国常用此法来分析基坑支护结构。

(2) "k" 法。假定在桩身第一挠曲零点(深度 t 处)以上按抛物线变化,以下为常数。

(3) "m" 法。假定 k_x 随深度成正比地增加,即是 $k_x = m_z$。我国铁道部门首先采用这一方法,近年来也在建筑工程和公路桥涵的桩基础设计中逐渐推广。

(4) "C 值" 法。假定 k_x 随深度按 $cz^{0.5}$ 的规律分布,即是 $k_x = cz^{0.5}$(c 为比例常数,随土类不同而异)。这是我国交通部门在试验研究的基础上提出的方法。

实测资料表明,"m" 法(当桩的水平位移较大时)和"C 值" 法(当桩的水平位移较小时)比较接近实际。本节只简单介绍"m" 法。

2. 计算参数

单桩在水平荷载作用下所引起的桩周土的抗力不仅分布于荷载作用平面内,而且,桩的截面形状对抗力也有影响。计算时简化为平面受力,因此,取桩的截面计算宽度 $b_0(m)$ 如下:

方形截面桩:当实际宽度 $b > 1$ m 时,$b_0 = b + 1$;当 $b \leq 1$ m 时,$b_0 = 1.5b + 0.5$。

圆形截面桩:当桩径 $d > 1$ m 时,$b_0 = 0.9(d+1)$;$d \leq 1$ m 时,$b_0 = 0.9(1.5d + 0.5)$。

计算桩身抗弯刚度 EI 时,桩身的弹性模量 E,对于混凝土桩可采用混凝土的弹性模量 E_c 的 0.85 倍($E = 0.85E_c$)。

按"m"法计算时,地基水平抗力系数的比例常数 m,如无试验资料,可参考表 7.18 所列数值。

表7.18 地基土水平抗力系数的比例常数 m

序号	地基土类别	预制桩、钢桩		灌注桩	
		m/(MN·m^{-4})	相应单桩在地面处水平位移 mm	m/(MN·m^{-4})	相应单桩在地面处水平位移 mm
1	淤泥,淤泥质土,饱和湿陷性黄土	2~4.5	10	2.5~6	6~12
2	流塑($I_L>1$)、软塑($0.75<I_L\leq1$)状黏性土,$e>0.9$粉土,松散粉细砂,松散、稍密填土	4.5~6.0	10	6~14	4~8
3	可塑($0.25<I_L\leq0.75$)状黏性土,$e=0.75~0.9$粉土,湿陷性黄土,中密填土,稍密细砂	6.0~10	10	14~35	3~6
4	硬塑($0<I_L\leq0.25$)、坚硬($I_L\leq0$)状黏性土,湿陷性黄土,$e<0.75$粉土,中密中粗砂,密实老填土	10~22	10	35~100	2~5
5	中密、密实的砾砂,碎石类土			100~300	1.5~3

注:1. 当桩顶横向位移大于表列数值或当灌注桩配筋率较高(≥0.65%)时,m值应适当降低;当预制桩的横向位移小于10 mm时,m值可适当提高。

2. 当横向荷载为长期或经常出现的荷载时,应将表列数值乘以0.4降低采用。

3. 当地基为可液化土层时,表列数值尚应乘以有关系数。

3. 单桩计算

(1) 确定桩顶荷载 N_0、H_0、M_0。

单桩的桩顶荷载可分别按下列各式确定:

$$N_0 = \frac{F+G}{n}; \quad H_0 = \frac{H}{n}; \quad M_0 = \frac{M}{n} \tag{7.58}$$

式中 n——同一承台中的桩数。

(2) 桩的挠曲微分方程。单桩在 H_0、M_0 和地基水平抗力 σ_x 作用下产生挠曲,取图7.19所示的坐标系统,根据材料力学中梁的挠曲微分方程得到:

$$EI\frac{d^4x}{dz^4} = -\sigma_x b_0 = -k_x x b_0$$

或

$$\frac{d^4x}{dz^4} + \frac{k_x b_0}{EI}x = 0 \tag{7.59}$$

在上列方程中,按不同的 k_x 图式求解,就得到不同的计算方法。"m"法假定 $k_x = mz$,代入上式得到:

$$\frac{d^4x}{dz^4} + \frac{mb_0}{EI}zx = 0 \tag{7.60}$$

令

$$\alpha = \sqrt[5]{\frac{mb_0}{EI}} \tag{7.61}$$

α 称为桩的水平变形系数,其单位是 $1/m$。将式(7.61)代入式(7.60),则得:

$$\frac{d^4x}{dz^4} + \alpha^5 zx = 0 \tag{7.62}$$

注意到梁的挠度 x 与转角 φ、弯矩 M 和剪力 V 的微分关系,利用幂级数积分后可得到微分方程(7.62)的解答,从而求出桩身各截面的内力 M、V 和位移 x、φ 以及土的水平抗力 σ_x。计算这些项目时,可查用已编制的系数表。如图7.20所示表示一单桩的 x、M、V 和 σ_x 的分布图形。

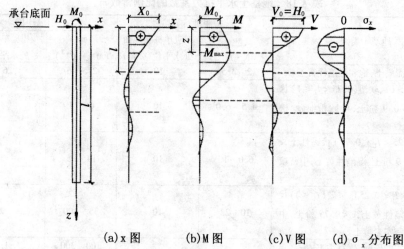

(a) x 图　　(b) M 图　　(c) V 图　　(d) σ_x 分布图

图7.20　单桩的挠度x、弯矩M、剪力V和水平抗力σ_x的分布曲线示意

(3) 桩身最大弯矩及其位置。设计承受水平荷载的单桩时,为了计算截面配筋,设计者最关心桩身的最大弯矩值和最大弯矩截面的位置。为了简化,可根据桩顶荷载 H_0、M_0 及桩的变形系数 α 计算如下系数:

$$C_{\mathrm{I}} = \alpha \frac{M_0}{H_0} \tag{7.63}$$

由系数 C_{I} 从表 7.19 查得相应的换算深度 $\bar{h}(\bar{h} = \alpha z)$,则桩身最大弯矩的深度 $z_{\max}$:

$$z_{\max} = \frac{\bar{h}}{\alpha} \tag{7.64}$$

同时,由系数 C_{I} 或换算深度 $\bar{h}$ 从表 7.19 查得相应的系数 C_{II},则桩身最大弯矩 $M_{\max}$ 为:

$$M_{\max} = C_{\mathrm{II}} M_0 \tag{7.65}$$

表 7.19 是按桩长 $l \geq 4.0/\alpha$ 编制的,当 $l < 4.0/\alpha$ 时,可另查有关设计手册。

桩顶刚接于承台的桩,其桩身所产生的弯矩和剪力的有效深度为 $z = 4.0/\alpha$,在这个深度以下,桩身的内力 M、V 实际上可忽略不计,只需要按构造配筋或不配筋。

表7.19　计算桩身最大弯矩位置和最大弯矩的系数 C_{I} 和 C_{II}

$\bar{h} = \alpha z$	C_{I}	C_{II}	$\bar{h} = \alpha z$	C_{I}	C_{II}
0.0	∞	1.000 00	1.4	-0.144 79	-4.596 37
0.1	131.252 34	1.000 50	1.5	-0.298 66	-1.875 85
0.2	34.186 40	1.003 82	1.6	-0.433 85	-1.128 38
0.3	15.544 33	1.012 48	1.7	-0.554 97	-0.739 96
0.4	8.781 45	1.029 14	1.8	-0.665 46	-0.530 30
0.5	5.539 03	1.057 18	1.9	-0.767 97	-0.396 00
0.6	3.708 96	1.101 30	2.0	-0.864 74	-0.303 61
0.7	2.565 62	1.169 02	2.2	-1.048 45	-0.186 78
0.8	1.791 34	1.273 65	2.4	-1.229 54	-0.117 95
0.9	1.238 25	1.440 71	2.6	-1.420 38	-0.074 18
1.0	0.824 35	1.728 00	2.8	-1.635 25	-0.045 30
1.1	0.503 03	2.299 39	3.0	-1.892 98	-0.026 03
1.2	0.245 63	3.875 72	3.5	-2.993 86	-0.003 43
1.3	0.033 81	23.437 69	4.0	-0.044 50	0.011 34

◆单桩水平静载荷实验

桩的水平静载荷试验是在现场条件下进行的,影响桩的承载力的各种因素都将在试验过程中被真实反映出来,由此得到的承载力值和地基土水平抗力系数最符合实际情况。如果预先在桩身中埋设量测元件,则试验资料还能反映出加荷过程中桩身截面的应力和位移,并可由此求出桩身弯矩,以此检验理论分析结果。

1. 试验装置

进行单桩静载荷试验时,常采用一台水平放置的千斤顶同时对两根桩进行加荷,如图7.21所示。为了不影响桩顶的转动,在朝向千斤顶的桩侧应对中放置半球形支座。量测桩的位移的大量程百分表,应放置在桩的另一侧(外侧),并应成对对称布置。条件允许时应在上方 500 mm 处再对称布置一对百分表,以便从上、下百分表的位移差求出地面以上的桩轴转角。固定百分表的基准桩应设在试验桩的侧面,与试验桩的净距应大于一倍桩径。

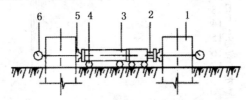

1- 桩;2- 千斤顶及测力计;3- 传力杆
4- 滚轴;5- 球支座;6- 量测桩顶水平位移的百分表
图7.21 单桩水平静载荷试验装置

2. 加荷方法

对于承受反复作用的水平荷载的桩基础,其单桩试验宜采用多循环加卸载方式。每级荷载的增量为预估水平极限承载力的 1/15 ~ 1/10,或取 2.5 ~ 20 kN(当桩径为 300 ~ 1 000 mm 时)。每级各加卸载 5 次,即每次施加不变的水平荷载 4 min(用千斤顶加荷时,达到预计的荷载值所需要的时间很短,不另外计算),卸载 2 min;或者加载、卸载各 10 min,并按上述时间间隔记录百分表的读数,每次卸载都将该级荷载全部卸除。承受长期作用的水平荷载的桩基础,宜采用分级连续的加载方式,各级荷载的增量同上,各级荷载维持 10 min 并记录百分表读数后即进行下一级荷载的试验。如在加载过程中观测到 10 min 时的水平位移还未稳定,则应延长该级荷载的维持时间,直至稳定为止。其稳定标准可参照竖向静载荷试验。

3. 终止加荷的条件

终止加荷的条件如下:
(1) 桩身已断裂。
(2) 桩侧地表出现明显裂缝或隆起。
(3) 桩顶水平位移超过 30 ~ 40 mm(软土取 40 mm)。
(4) 所加的水平荷载已超过极限荷载。

4. 资料整理

根据试验记录,可绘制桩顶水平荷载 - 时间 - 桩顶水平位移($H_0 - t - u_0$)曲线(如图7.22所示)及水平荷载 - 位移梯度($H_0 - \triangle u_0 / \triangle H_0$)曲线(如图 7.23 所示)。当具有桩身应力量测资料时,还可绘制桩身应力分布图以及水平荷载与最大弯矩截面钢筋应力($H_0 - \sigma_g$)曲线,如图 7.24 所示。

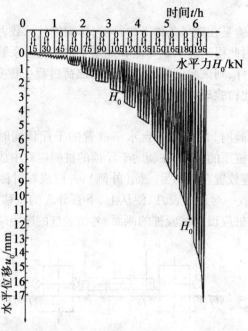

图 7.22 单桩水平静载荷试验 H_0-t-u_0 曲线

5. 水平临界荷载与极限荷载

根据试验结果分析,在上列各种曲线中常发现两个特征点,这两个特征点所对应的桩顶水平荷载,可称为临界荷载和极限荷载。

水平临界荷载(H_{cr})是相当于桩身开裂、受拉区混凝土不参加工作时的桩顶水平力。其数值可按下列方法综合确定:

(1) 取(H_0-t-u_0) 曲线出现突变点(在荷载增量相同的条件下出现比前一级明显增大的位移增量)的前一级荷载。

(2) 取($H_0-\Delta u_0/\Delta H_0$) 曲线的第一直线段的终点所对应的荷载。

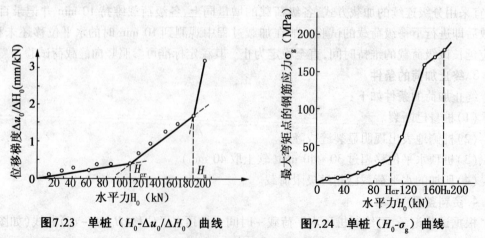

图7.23 单桩(H_0-$\Delta u_0/\Delta H_0$) 曲线　　图7.24 单桩(H_0-σ_g) 曲线

(3) 取($H_0-\sigma_g$) 曲线第一突变点对应的荷载。水平极限荷载(H_u)是相当于桩身应力达到强度极限时的桩顶水平力,此外,使得桩顶水平位移超过 30～40 mm 或者使得桩侧土体破坏的前一级水平荷载,宜作为极限荷载看待。确定 Hu 时,可根据下列方法,并取其中的较小值。

(1)取($H_0 - t - u_0$)曲线明显陡降的第一级荷载,或按该曲线各级荷载下水平位移包络线的凹向确定。若包络线向上方凹曲,则表明在该级荷载下,桩的位移逐渐趋于稳定。如包络线朝下方凹曲(如图 7.22 中当 $H_0 = 195$ kN 时的水平位移包络线所示),则表明在该级荷载作用下,随着加卸荷循环次数的增加,水平位移仍在增加,且不稳定。因此可认为该级水平力为桩的破坏荷载,而其前一级水平力则为极限荷载。

(2)取($H_0 - \triangle u_0/\triangle H_0$)曲线第二直线段终点所对应的荷载。

(3)取桩身断裂或钢筋应力达到流限的前一级荷载。

由水平极限荷载 H_u 确定允许承载力时应除以安全系数 2.0。

◆单桩水平承载力特征值

影响桩的水平承载力的因素较多,如桩的截面刚度、材料强度、入土深度、土质条件、桩顶水平位移允许值和桩顶嵌固情况等。显然,材料强度高和截面抗弯刚度大的桩,当桩侧土质良好而桩又有一定的入土深度时,其水平承载力较高。桩顶嵌固(刚接)于承台中的桩,其抗弯性能好,因而其水平承载力大于桩顶自由的桩。

确定单桩水平承载力的方法,以水平静载荷试验最能反映实际情况。此外,也可根据理论计算,从桩顶水平位移限值、材料强度或抗裂验算出加以确定,有可能时还应参考当地经验。

(1)单桩的水平承载力特征值应通过现场单桩水平载荷试验确定,必要时可进行带承台桩的载荷试验,试验宜采用慢速维持荷载法。

(2)对于混凝土预制桩、钢桩、桩身全截面配筋率大于 0.65% 的灌注桩,根据静载试验结果取地面处水平位移为 10 mm(对于水平位移敏感的建筑物取水平位移 6 mm)所对应的荷载为单桩水平承载力特征值。

(3)对于桩身配筋率小于 0.65% 的灌注桩,取单桩水平静载试验的临界荷载为单桩水平承载力特征值。

(4)当缺少单桩水平静载试验资料时,可按下列公式估算桩身配筋率小于 0.65% 的灌注桩的单桩水平承载力特征值:

$$R_{Ha} = \frac{\alpha \gamma_m f_t W_0}{v_m}(1.25 + 22\rho_g)(1 \pm \frac{\zeta_N \cdot N}{\gamma_m f_t A_n}) \tag{7.66}$$

式中 R_{Ha}——单桩水平承载力特征值;

$\pm$——根据桩顶竖向力性质确定,压力取"+",拉力取"-";

α——桩的水平变形系数;

γ_m——桩截面抵抗矩塑性系数,圆形截面 $\gamma_m = 2$,矩形截面 $\gamma_m = 1.75$;

f_t——桩身混凝土抗拉强度设计值;

W_0——桩身换算截面受拉边缘的弹性抵抗矩,圆形截面为:

$$W_0 = \frac{\pi d}{32}[d^2 + 2(\alpha_E - 1)\rho_g d_0^2]$$

d_0——扣除保护层的桩直径;

α_E——钢筋弹性模量与混凝土弹性模量的比值;

v_m——桩身最大弯矩系数按表 7.20 取值,单桩基础和单排桩基础纵向轴线与水平力方向相垂直的情况,按桩顶铰接考虑;

ρ_g——桩身配筋率;

A_n——桩身换算截面面积,对圆形截面为:

$$A_n = \frac{\pi d^2}{4}[1 + (\alpha_E - 1)\rho_g]$$

ζ_N——桩顶竖向力影响系数,竖向压力取 $\zeta_N = 0.5$;竖向拉力取 $\zeta_N = 1.0$。

(5)当缺少单桩水平静载试验资料时,可按下式估算预制桩、钢桩、桩身配筋率大于 0.65% 的灌注桩等的单桩水平承载力特征值:

$$R_{Ha} = \frac{\alpha^3 EI}{v_x}\chi_{0a} \tag{7.67}$$

式中 EI——桩身抗弯刚度,对于混凝土桩,$EI = 0.85 E_c I_0$;其中,I_0 为桩身换算截面惯性矩,对圆形截面,$I_0 = W_0 d/2$;

χ_{0a}——桩顶允许水平位移;

v_x——桩顶水平位移系数,按表 7.20 取值,取值方法同 v_m。

表 7.20 桩顶(身)最大弯矩系数 v_m 和桩顶水平位移系数 v_x

桩顶约束情况	桩的换算埋深(ah)	v_m	v_x	桩顶约束情况	桩的换算埋深(ah)	v_m	v_x
铰接、自由	4.0	0.768	2.441	固接	4.0	0.926	0.940
	3.5	0.750	2.502		3.5	0.934	0.970
	3.0	0.703	2.727		3.0	0.967	1.028
	2.8	0.675	2.905		2.8	0.990	1.055
	2.6	0.639	3.163		2.6	1.018	1.079
	2.4	0.601	3.526		2.4	1.045	1.095

注:1.铰接(自由)的 v_m 是桩身的最大弯矩系数,固接 v_m 是桩顶的最大弯矩系数。
2.当 $ah > 4$ 时,取 $ah = 4.0$,h 为桩的入土深度。

当作用于桩基础上的外力主要为水平力时,应根据使用要求对桩顶变位的限制,对桩基础的水平承载力进行验算。当外力作用面的桩距较大时,桩基础的水平承载力可视为各单桩的水平承载力的总和。当承台侧面的土未经扰动或回填密实时,应计算土抗力的作用。

水平荷载作用下桩的水平位移和水平极限承载力,主要受地面以下深度为 3~4 倍桩直径范围内土的性质决定。因而设计时要特别注意这一深度范围内的土的性质调查、评定沉桩以及加载方式等的影响。

7.7 桩承台设计与计算

【基　　础】

◆**桩承台**

当建筑物采用桩基础时,在群桩基础上将桩顶用钢筋混凝土平台或者平板连成整体基础,以承受其上荷载的机构,此结构称为桩承台。

◆**桩承台的类型**

根据上部结构类型和布桩要求,承台可采用独立承台、条形承台、井格形承台和整片式承台等形式,如图 7.25 所示。

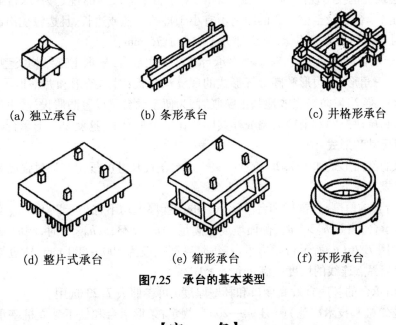

(a) 独立承台　　(b) 条形承台　　(c) 井格形承台

(d) 整片式承台　　(e) 箱形承台　　(f) 环形承台

图7.25　承台的基本类型

【实　　务】

◆**承台尺寸和形式的确定**

1. 平面尺寸和形式

(1)根据上部结构类型和布桩情况确定承台的平面尺寸,一般应使尺寸尽可能小,以节省材料。因此,应按最小桩距要求布桩。

(2)关于最小桩距、最小边桩距(边桩中心至承台边距离)和最小边桩净距(边缘外缘至承台边距离)的规定见表 7.21 和表 7.22。

表7.21 最小桩中心距 S_{min}

桩的类型		最小桩中心距 S_{min}	说　明
预制混凝土桩	端承桩	$3.0d_p$	d_p 为桩身直径或边长
	摩擦桩	$3.5d_p$	
灌注桩	人工挖孔	$1.5d_p$	d_p 为最大孔径
	钻孔和冲孔	$2.5d_p$	d_p 为钻头直径或冲孔直径。对端承桩并成孔有保障，$S_{min}=1.5d_p$
	沉管穿越非饱和土	$3.0d_p$	d_p 为钢沉管外径
	穿越饱和土	$3.5d_p$	

注：当相邻两桩桩径不同时，表中 d_p 为相邻两桩桩径的平均值。

表7.22 最小边桩距 S_{emin} 和最小边桩净距 S_{nmin}

桩径	S_{emin}	S_{nmin}
<1 m	d_p	150 mm
>1 m	$d_p/2+400$ mm	400 mm

(3)《建筑桩基技术规范》(JGJ 94—2008)对承台平面尺寸的规定为：承台最小宽度不应小于500 mm，承台边缘至桩中心的距离不宜小于桩的直径或边长，且边缘挑出部分不应小于150 mm。对于条形承台梁边缘，挑出部分不应小于75 mm。

(4)关于承台的平面形式，对于独立承台和整片式承台，根据上部结构类型和布桩要求，可采用矩形、三角形、多边形和圆形等形式的现浇承台板；对于条形和井格形承台，一般采用现浇连续承台梁，当需防冻胀或地基土膨胀时，为便于承台梁设置防胀设施，也可采用预制承台梁，有时，高层建筑的数个剪力墙或柱共同放在一个承台上，这就是异形承台。

2. 剖面尺寸和形式

桩承台的剖面形式如图7.26所示。关于承台剖面尺寸的规定应通过强度和承载力验算确定。主要规定如下：

(1)承台板的厚度、台锥形和台阶形承台的边缘厚度均不宜小于300 mm。如图7.26(b)所示台锥形承台，当 $a/h_0>1$ 时，侧面坡度应满足 $n/m<1/3$；$a/h_0<1$ 时，侧面坡度应满足 $n/m<1/2$。如图7.26(c)所示台阶形承台，每阶高度一般为300~500 mm，柱边与台阶形承台最上部两阶交界点连线的坡度应满足 $n/m<1/2$。

(2)杯口承台的杯底有效高度口和杯壁厚度 t 可参照表7.23选用。

(3)《建筑桩基技术规范》(JGJ 94—2008)规定：条形承台和柱下独立桩基承台的厚度不应小于300 mm；筏形、箱形承台板的厚度应满足整体刚度、施工条件及防水要求。对于桩布置于墙下或基础梁下的情况，承台板的厚度不宜小于250 mm，且板厚与计算区段最小跨度之比不宜小于1/20。

根据各种需要，承台被设计成各种剖面形式，如矩形等厚度板、台锥形式或台阶形剖面形式、倒T形截面形式、桩顶扩大成倒锥台形、柱底扩大成正锥台形以及杯口承台等。承台的厚度以及割坡的起点和坡角或变阶部位的尺寸均应满足承台结构计算中局部承压、抗冲切、抗弯和抗剪切承载力的计算要求。

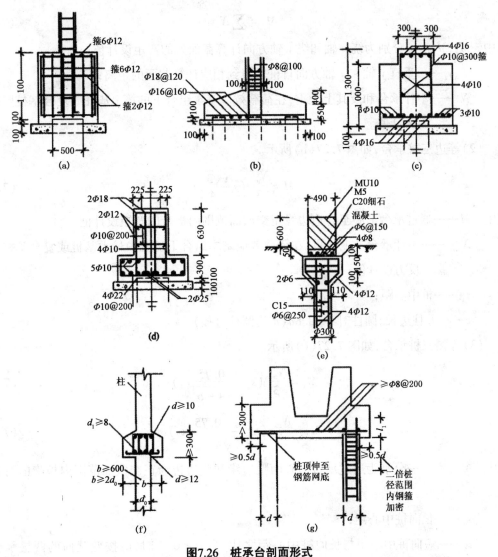

图7.26 桩承台剖面形式

表7.23 杯口承台的杯底和杯壁高度

桩断面长边尺寸	杯底有效高度 a	杯壁厚度 t
$h < 500$	≥250	150~200
$500 \leq h \leq 800$	≥300	≥200
$800 \leq h \leq 1\,000$	≥300	≥300
$1\,000 \leq h \leq 1\,500$	≥300	≥350
$1\,500 \leq h \leq 2\,000$	≥400	≥400

◆受弯计算

(1)两桩矩到承台和多桩矩形承台弯矩计算截面取在柱边和承台高度变化处(杯口外侧或台阶边缘,如图7.27a所示)。

$$M_x = \sum N_i y_i \tag{7.68}$$

$$M_y = \sum N_i x_i \tag{7.69}$$

式中 M_x、M_y——分别为绕 x 轴和绕 y 轴方向计算截面处的弯矩设计值;

x_i、y_i——垂直 y 轴和 x 轴方向自桩轴线到相应计算截面的距离;

N_i——不计承台和及其上土重,在荷载效应基本组合下的第 i 基桩或复合基桩竖向反力设计值。

(2)等边三桩承台,如图 7.27(b)所示。

$$M = \frac{N_{\max}}{3}\left(s - \frac{\sqrt{3}}{4}c\right) \tag{7.70}$$

式中 M——通过承台形心至各边边缘正交截面范围内板带的弯矩设计值;

$N_{\max}$——不计承台及上土重,在荷载效应基本组合下三桩中最大基桩或复合基桩竖向反力设计值;

s_a——桩中心距;

c——方柱边长,圆柱时 $c = 0.8d$(d 为圆柱直径)。

(3)等腰三桩承台,如图 7.27(c)所示。

$$M_1 = \frac{N_{\max}}{3}\left(s_a - \frac{0.75}{\sqrt{4-\alpha^2}}c_1\right) \tag{7.71}$$

$$M_2 = \frac{N_{\max}}{3}\left(\alpha s_a - \frac{0.75}{\sqrt{4-\alpha^2}}c_2\right) \tag{7.72}$$

式中 M_1、M_2——分别为通过承台形心两腰边缘和底边边缘正交截面范围内板带的弯矩设计值;

s_a——长向桩中心距;

α——短向桩中心距与长向桩中心距之比,当 $\alpha < 0.5$ 时,应按变截面的两桩承台设计;

c_1、c_2——分别为垂直于、平行于承台底边的柱截面边长。

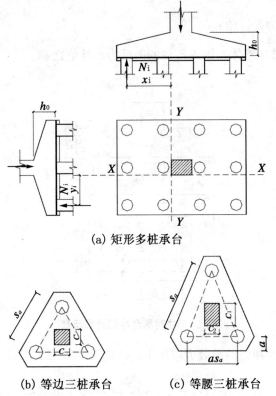

(a) 矩形多桩承台

(b) 等边三桩承台　　(c) 等腰三桩承台

图7.27　承台弯矩计算示意

◆受冲切计算

(1)桩对承台的冲切计算,如图7.28所示。

$$F_l \leq 2[\beta_{0x}(b_c + a_{0y}) + \beta_{0y}(h_c + a_{0x})]\beta_{hp}f_t h_0 \tag{7.73}$$

$$F_t = F - \sum N_i \tag{7.74}$$

$$\beta_{0x} = 0.84/(\lambda_{0x} + 0.2) \tag{7.75}$$

$$\beta_{0y} = 0.84/(\lambda_{0y} + 0.2) \tag{7.76}$$

式中　F_l——扣除承台及上填土自重,作用在冲切破坏锥体上相应于荷载效应基本组合的冲切设计值,冲切破坏锥体应采用自柱边或承台变阶处至相应柱顶边缘连线构成的锥体,锥体与承台底面的夹角不小于45°;

　　　h_0——冲切破坏锥体的有效高度;

　　　β_{hp}——受冲切承载力截面高度影响系数;

　　　β_{0x}、β_{0y}——冲切系数;

　　　λ_{0x}、λ_{0y}——冲跨比,$\lambda_{0x} = a_{0x}/h_0$、$\lambda_{0y} = a_{0y}/h_0$,$a_{0x}$、$a_{0y}$ 为柱边或变阶处至桩边的水平距离;当 $a_{0x}(a_{0y}) < 0.2h_0$ 时,$a_{0x}(a_{0y}) = 0.2h_0$;当 $a_{0x}(a_{0y}) > h_0$ 时,$a_{0x}(a_{0y})$

$= h_0$；

F——柱根部轴力设计值；

$\sum N_i$——冲切破坏锥体范围内各桩的净反力设计值之和。

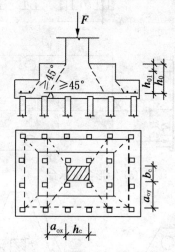

图7.28 柱对承台冲切计算示意

(2)多桩矩形承台受角桩冲切的承载力应按下式计算,如图7.29所示。

$$N_1 \leq \left[\beta_{1x}\left(c_2 + \frac{a_{1y}}{2}\right) + \beta_{1y}\left(c_1 + \frac{a_{1x}}{2}\right)\right]\beta_{hp}f_t h_0 \tag{7.77}$$

$$\beta_{1x} = \frac{0.56}{\lambda_{1x} + 0.2} \tag{7.78}$$

$$\beta_{1y} = \frac{0.56}{\lambda_{1y} + 0.2} \tag{7.79}$$

式中 N_1——扣除承台及其上填土自重后的角桩桩顶相应于荷载效应基本组合时的竖向力设计值；

β_{1x}、β_{1y}——角桩冲切系数；

λ_{1x}、λ_{1y}——角桩冲跨比,其值满足 $0.2\sim1.0$,$\lambda_{1x} = a_{1x}/h_0$、$\lambda_{1y} = a_{1y}/h_0$；

c_1、c_2——从角桩内边缘至承台外边缘的距离；

a_{1x}、a_{1y}——从承台底角桩内边缘引45°冲切线与承台顶面或承台变阶处相交点至角桩内边缘的水平距离；

h_0——承台外边缘的有效高度。

第7章 桩基础设计

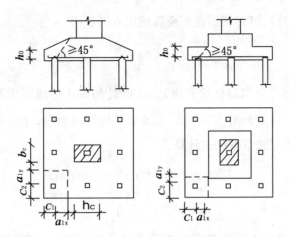

图7.29 矩形承台角桩冲切计算示意

(3)对于三桩三角形承台受角桩冲切的承载力,可按下列公式计算,如图7.30所示。

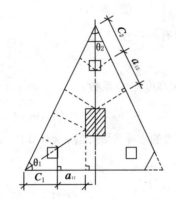

图7.30 三角形承台角桩冲切计算示意

底部角桩:

$$N_1 \leqslant \beta_{11}(2c_1 + a_{11})\tan\frac{\theta_1}{2}\beta_{hp}f_t h_0 \tag{7.80}$$

$$\beta_{11} = \left(\frac{0.56}{\lambda_{11} + 0.2}\right) \tag{7.81}$$

顶部角桩:

$$N_1 \leqslant \beta_{12}(2c_2 + a_{12})\tan\frac{\theta_2}{2}\beta_{hp}f_t h_0 \tag{7.82}$$

$$\beta_{12} = \left(\frac{0.56}{\lambda_{12} + 0.2}\right) \tag{7.83}$$

式中 λ_{11}、λ_{12}——角桩冲跨比,$\lambda_{11} = a_{11}/h_0$、$\lambda_{12} = a_{12}/h_0$,其值均应满足 0.25~1.0 的要求;

a_{11}、a_{12}——从承台底角桩内边缘向相邻承台边引45°冲切线与承台顶面相交点至角桩内边缘的水平距离;当柱位于该45°线以内时则取柱边与桩内边缘连线为冲切锥体的锥线。

对圆柱及圆桩,计算时可将圆形截面换算成正方形截面。

◆受剪切计算

柱下桩基独立承台应分别对柱边和桩边、变阶处和桩边连线形成的斜截面进行受剪计算,如图7.31所示。当柱边外有多排桩形成多个剪切斜截面时,还应对每个斜截面进行验算。斜截面受剪承载力可按下列公式计算:

$$V \leqslant \beta_{hs}\alpha f_t b_0 h_0 \tag{7.84}$$

$$\alpha = \frac{1.75}{\lambda + 1.0} \tag{7.85}$$

式中　V——扣除承台及其上填土自重后相应于荷载效应基本组合时斜截面的最大剪力设计值;

　　　b_0——承台计算截面处的计算宽度、锥形;

　　　h_0——计算宽度处的承台有效高度;

　　　α——剪切系数;

　　　β_{hs}——受剪切承载力截面高度影响系数;

　　　λ——计算截面的剪跨比,$\lambda_x = a_x/h_0$、$\lambda_y = a_y/h_0$;a_x、a_y为柱边或承台变阶处至x、y方向计算一排桩的桩边的水平距离,当$\lambda < 0.3$时,取$\lambda = 0.3$;当$\lambda > 3$时,取$\lambda = 3$。

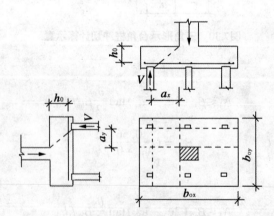

图7.31 承台斜面受剪计算示意

对于阶梯形承台应分别在变阶处及柱边处进行斜截面受剪计算,如图7.32所示。

计算变阶处截面($A_1 - A_1$,$B_1 - B_1$)的斜截面受剪承载力时,其截面有效高度均为h_{01},截面计算宽度分别为b_{y1}和b_{x1}。

计算柱边截面($A_2 - A_2$,$B_2 - B_2$)处的斜截面受剪承载力时,其截面有效高度均为$h_{01} + h_{02}$,截面计算宽度按下列公式计算:

对 $A_2 - A_2$:

$$b_{y0} = \frac{b_{y1} \cdot h_{01} + b_{y2} \cdot h_{02}}{h_{01} + h_{02}} \tag{7.86}$$

对 $B_2 - B_2$:

$$b_{x0} = \frac{b_{x1} \cdot h_{01} + b_{x2} \cdot h_{02}}{h_{01} + h_{02}} \tag{7.87}$$

对于锥形承台应对 $A - A$ 及 $B - B$ 两个截面进行受剪承载力计算,如图 7.33 所示,截面有效高度均为 h_0,截面的计算宽度按式(7.88)和式(7.89)计算:

对 $A - A$:

$$b_{y0} = \left[1 - 0.5 \frac{h_1}{h_0}\left(1 - \frac{b_{y2}}{b_{y1}}\right)\right] b_{y1} \tag{7.88}$$

对 $B - B$:

$$b_{x0} = \left[1 - 0.5 \frac{h_1}{h_0}\left(1 - \frac{b_{x2}}{b_{y1}}\right)\right] b_{x1} \tag{7.89}$$

当承台的混凝土强度等级低于柱或桩的混凝土强度等级时,还应验算柱下或桩上承台的局部受压承载力。

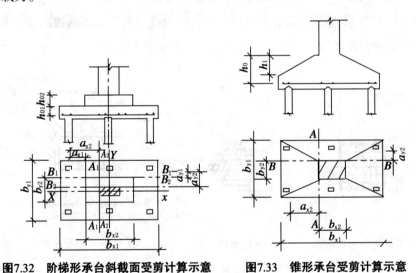

图7.32 阶梯形承台斜截面受剪计算示意　　图7.33 锥形承台受剪计算示意

◆ 承台构造

(1)桩基承台的构造,应满足抗冲切、抗剪切、抗弯承载力和上部结构要求,尚应符合下列要求:

1)独立柱下桩基承台的最小宽度不应小于 500 mm,边桩中心至承台边缘的距离不应小于桩的直径或边长,且桩的外边缘至承台边缘的距离不应小于 150 mm。对于墙下条形承台梁,桩的外边缘至承台梁边缘的距离不应小于75 mm。承台的最小厚度不应小于300 mm。

2)高层建筑平板式和梁板式筏形承台的最小厚度不应小于400 mm,墙下布桩的剪力墙结构筏形承台的最小厚度不应小于200 mm。

3)高层建筑箱形承台的构造应符合《高层建筑箱形与筏形基础技术规范》(JGJ 6—1999)的规定。

(2)承台混凝土材料及其强度等级应符合结构混凝土耐久性的要求和抗渗要求。

(3)承台的钢筋配置应符合下列规定:

1)柱下独立桩基承台纵向受力钢筋应通长配置如图7.34(a)所示,对大于等于四桩的承台应按双向均匀布置,对三桩的三角形承台应按三向板带均匀布置,且最里面的三根钢筋围成的三角形应在柱截面范围内如图7.34(b)所示。纵向钢筋锚固长度自边桩内侧(当为圆桩时,应将其直径乘以0.8等效为方桩)算起,不应小于$35d_g$(d_g为钢筋直径);当不满足时应将纵向钢筋向上弯折,此时水平段的长度不应小于$25d_g$,弯折段长度不应小于$10d_g$。承台纵向受力钢筋的直径不应小于12 mm,间距不应大于200 mm。柱下独立桩基承台的最小配筋率不应小于0.15%。

2)柱下独立两桩承台,应按《混凝土结构设计规范》(GB 50010—2002)中的深受弯构件配置纵向受拉钢筋、水平及竖向分布钢筋。承台纵向受力钢筋端部的锚固长度及构造应与柱下多桩承台的规定相同。

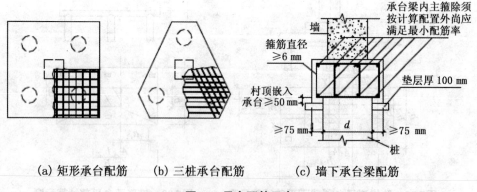

(a) 矩形承台配筋　　(b) 三桩承台配筋　　(c) 墙下承台梁配筋

图7.34 承台配筋示意

3)条形承台梁的纵向主筋应符合《混凝土结构设计规范》(GB 50010—2002)关于最小配筋率的规定如图7.34(c)所示,主筋直径不应小于12 mm,架立筋直径不应小于10 mm,箍筋直径不应小于6 mm。承台梁端部纵向受力钢筋的锚固长度及构造应与柱下多桩承台的规定相同。

4)筏形承台板或箱形承台板在计算中当仅考虑局部弯矩作用时,考虑到整体弯曲的影响,在纵横两个方向的下层钢筋配筋率不宜小于0.15%;上层钢筋应按计算配筋率全部连通。当筏板的厚度大于 2 000 mm 时,宜在板厚中间部位设置直径不小于 12 mm、间距不大于 300 mm 的双向钢筋网。

5)承台底面钢筋的混凝土保护层厚度,当有混凝土垫层时,不应小于 50 mm,无垫层时不应小于 70 mm;此外尚不应小于桩头嵌入承台内的长度。

(4)桩与承台的连接构造应符合下列规定。

1)桩嵌入承台内的长度对中等直径桩不宜小于 50 mm;对大直径桩不宜小于 100 mm。

2)混凝土桩的桩顶纵向主筋应锚入承台内,其锚入长度不宜小于 35 倍纵向主筋直径。对于抗拔桩,桩顶纵向主筋的锚固长度应按《混凝土结构设计规范》(GB 50010—2002)确定。

3)对于大直径灌注桩,当采用一柱一桩时可设置承台或将桩与柱直接连接。

(5)柱与承台的连接构造应符合下列规定。

1)对于一柱一桩基础,柱与桩直接连接时,柱纵向主筋锚入桩身内长度不应小于 35 倍纵向主筋直径。

2)对于多桩承台,柱纵向主筋应锚入承台不应小于 35 倍纵向主筋直径;当承台高度不满足锚固要求时,竖向锚固长度不应小于 20 倍纵向主筋直径,并向柱轴线方向呈 90°弯折。

3)当有抗震设防要求时,对于一、二级抗震等级的柱,纵向主筋锚固长度应乘以 1.15 的系数;对于三级抗震等级的柱,纵向主筋锚固长度应乘以 1.05 的系数。

(6)承台与承台之间的连接构造应符合下列规定。

1)一柱一桩时,应在桩顶两个主轴方向上设置联系梁。当桩与柱的截面直径之比大于 2 时,可不设联系梁。

2)两桩桩基的承台,应在其短向设置联系梁。

3)有抗震设防要求的柱下桩基承台,宜沿两个主轴方向设置联系梁。

4)联系梁顶面宜与承台顶面位于同一标高。联系梁宽度不宜小于 250 mm,其高度可取承台中心距的 1/15 ~ 1/10,且不宜小于 400 mm。

5)联系梁配筋应按计算确定,梁上下部配筋不宜小于 2 根直径 12 mm 钢筋;位于同一轴线上的联系梁纵筋宜通长配置。

(7)承台和地下室外墙与基坑侧壁间隙应灌注素混凝土,或采用灰土、级配砂石、压实性较好的素土分层夯实,其压实系数不宜小于 0.94。

第8章 基坑工程设计

8.1 支护结构上的土压力

【基　　础】

◆ **基坑工程**

建筑物或构筑物地下部分施工时,需开挖基坑,进行施工降水和基坑周边的围挡,同时要对基坑四周的建筑物、构筑物、道路和地下管线进行监测及维护,确保正常、安全施工,这项综合性工程称为基坑工程。

◆ **侧向压力**

作用于支护结构的侧向压力包括土压力、水压力、地面堆载以及施工车辆、机械和邻近结构物荷载等引起的侧向荷载。

【实　　务】

◆ **土压力计算一般规定**

(1)土压力应根据土体经受的侧向变形条件来确定。包括静止土压力、主动土压力、被动土压力,或与侧向变形条件相应的可能出现的土压力。

(2)土压力的计算可采用库仑土压理论或朗肯土压理论。

(3)计算土压力强度标准值时荷载效应按基本组合,荷载分项系数取1.0,土体抗剪强度指标取标准值。

(4)作用在基坑支护结构上的土压力应考虑场地的工程地质条件,支护结构相对于土体的位移,地面坡度,地面超载,邻近建筑及设施的影响,地下水位及其变化,支护结构体系的刚度,基坑工程的施工方法等影响因素。

(5)基坑支护结构计算,宜根据土与结构共同作用原理进行内力分析,可根据支护结构的位移条件确定作用在支护结构上的土压力值。

◆ **静止土压力**

对于不容许位移的支护结构,在设计中要考虑承受静止土压力。

(1)静止土压力强度,可按下式计算:

$$P_0 = K_0 \sum \gamma_i h_i \tag{8.1}$$

式中 P_0——静止土压力强度(kPa);
γ_i——第i层土的重度(kN/m³);
h_i——第i层土的厚度(m);
K_0——静止土压力系数。

(2)静止土压力系数 K_0 值随土体密实度、固结程度的增加而增加,当土层处于超压密状态时,K_0 值的增大尤为显著。K_0 值宜通过试验测定,当无试验条件时,也可按下式估算:

正常固结土:
$$K_0 = 1 - \sin \varphi' \tag{8.2}$$

超固结土:
$$K_0 = (1 - \sin \varphi')^{0.5} \tag{8.3}$$

式中 φ'——土的有效内摩擦角。

当无试验条件时,对正常固结土也可按表 8.1 估算 K_0 值。

表 8.1 静止土压力系数 K_0

土类	坚硬土	硬-可塑黏性土、粉土、砂土	可-软塑黏性土	软塑黏性土	流塑黏性土
K_0	0.2~0.4	0.4~0.5	0.5~0.6	0.6~0.75	0.75~0.8

◆ **主动土压力与被动土压力**

(1)按朗肯理论计算主动与被动土压力强度时,按下式计算:

$$P_a = (q + \sum \gamma_i h_i)K_a - 2c\sqrt{K_a} \tag{8.4}$$

$$P_p = (q + \sum \gamma_i h_i)K_p + 2c\sqrt{K_p} \tag{8.5}$$

式中 P_a、P_p——朗肯主动与被动土压力强度(kPa);
q——地面均布荷载(kPa);
γ_i——第i层土的重度(kN/m³);
h_i——第i层土的厚度(m);
K_a、K_p——朗肯主动与被动土压力系数;
c——计算点土的抗剪强度指标(kPa)。

(2)按库仑理论计算主动与被动土压力时(如图 8.1 所示),按下式计算:

$$E_a = \frac{1}{2}\gamma H^2 K_a \tag{8.6}$$

$$E_p = \frac{1}{2}\gamma H^2 K_p \tag{8.7}$$

式中 E_a、E_p——库仑主动与被动土压力(kN/m);
γ——基坑开挖深度内土层的平均重度(kN/m³);
H——基坑开挖深度(m);
K_a、K_p——库仑主动与被动土压力系数。

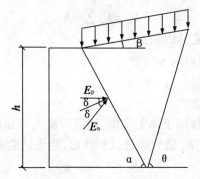

图8.1 库仑土压力计算简图

(3)作用在支护结构上的土压力及其分布规律取决于支护体的刚度及横向位移条件。

刚性支护结构的土压力分布可由经典的库仑和朗肯土压理论计算得到。实测结果表明,只要支护结构底部的位移不大于顶部的位移,就可按三角形计算土压力沿垂直方向的分布。但是,如果支护结构底部位移大于顶部位移,土压力将沿高度近似呈抛物线分布,此时,土压力的合力较上述典型条件要大10% ~15%,在设计中应特别注意。

柔性支护结构的位移及土压力分布主要取决于支护结构体系的刚度,设计时应根据具体情况具体分析,选择适当的土压力值。在条件允许的情况下,土压力值应采用现场实测和反演分析等方法总结地区经验,使设计更加符合实际情况。

◆ 土压力系数的调整

(1)当支护结构经受的侧向变形条件不符合主动、被动极限平衡状态条件时,按上述计算的主动及被动土压力系数 K_a、K_p,调整为 K_{ma}、K_{mp},或采用实际产生的土压力。

(2)主动压力系数 K_a 的调整值 K_{ma} 可按下式确定:

$$K_{ma} = \frac{1}{2}(K_0 + K_a) \tag{8.8}$$

(3)被动土压力系数 K_p 的调值 K_{mp} 可按下式确定:

$$K_{mp} = (0.5 \sim 0.7)K_p \tag{8.9}$$

◆ 地下水对土压力的影响

(1)当存在地下水时,宜按水压力与土压力分算的原则计算,作用在支护结构上的侧压力为有效土压力与水压力之和。有效土压力按土的浮重度及有效抗剪强度指标计算。

当采用水压力与土压力合并计算的原则计算时,水土合并的压力按土的饱和重度及总应力抗剪强度指标计算。

(2)基坑内外无渗流条件时,支护结构上作用的静水压力按基坑内外的静止地下水位计算。

(3)当基坑内外地下水有稳态渗流时,支护结构的主动土压力侧(基坑外侧)静水压力,处于基坑开挖面以上按静水压力计算,基坑开挖面至支护结构底,取基坑底面处的静水压力降为零的倒三角形分布(如图8.2所示)。

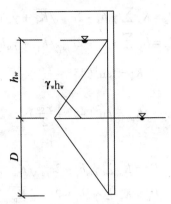

图8.2 水压力简化分面计算

(4)计算地下水位以下的有效土压力时,取浮重度(γ')和有效应力抗剪强度指标($c'、\varphi'$)计算。

对碎石土、砂土、粉土,按水土分算时的朗肯土压理论的土压力表达式为:

$$P_a = K_a \sum \gamma'_i h_i + \gamma_w h_w \tag{8.10}$$

$$P_p = K_p \sum \gamma'_i h_i + \gamma_w h_w \tag{8.11}$$

$$K_a = \tan^2\left(45° - \frac{\varphi'}{2}\right)$$

$$K_p = \tan^2\left(45° + \frac{\varphi'}{2}\right)$$

式中 $c'、\varphi'$——计算点碎石、砂土、粉土的有效抗剪强度指标(kPa,度);

h_w——地下水位至计算点的深度(m);

γ_i'——第 i 层土的浮重度(kN/m³)。

(5)黏性土无条件取得有效抗剪强度指标 $c'、\varphi'$ 时,可用总应力固结不排水强度指标($c_{cu}、\varphi_{cu}$),并可按地区经验作必要的调整。

当具有地区工程实践经验时,对黏性土作用在支护结构上的侧压力也可按水土合算原则计算,地下水位以下取饱和重度(γ_m)和总应力固结不排水抗剪强度指标($c_{cu}、\varphi_{cu}$)计算。

对黏性土按水土分算或水土合算的朗肯土压理论的表达式为:

1)水、土分算时:

$$P_a = K_a \sum \gamma'_i h_i - 2c'\sqrt{K_a} + \gamma_w h_w \tag{8.12}$$

$$P_p = K_p \sum \gamma'_i h_i - 2c'\sqrt{K_p} + \gamma_w h_w \tag{8.13}$$

$$K_a = \tan^2\left(45° - \frac{\varphi'}{2}\right)$$

$$K_p = \tan^2\left(45° + \frac{\varphi'}{2}\right)$$

式中 $c'、\varphi'$——土的有效应力抗剪强度指标(kPa,度)。

当无条件取得有效抗剪强度指标 $c'、\varphi'$ 时,也可用总应力固结不排水抗剪强度指标 $c_{cu}、\varphi_{cu}$ 代替,上式可改写为:

$$P_a = K_a \sum \gamma_i h_i - 2c_{cu}\sqrt{K_a} + \gamma_w h_w$$

$$P_p = K_p \sum \gamma_i h_i - 2c_{cu}\sqrt{K_p} + \gamma_w h_w$$

$$K_a = \tan^2\left(45° - \frac{\varphi_{cu}}{2}\right)$$

$$K_p = \tan^2\left(45° + \frac{\varphi_{cu}}{2}\right)$$

2)水、土合算时：

$$P_a = K_a \sum \gamma_m h_i - 2c_{cu}\sqrt{K_a} \tag{8.14}$$

$$P_p = K_p \sum \gamma_m h_i + 2c_{cu}\sqrt{K_p} \tag{8.15}$$

$$K_a = \tan^2\left(45° - \frac{\varphi_{cu}}{2}\right)$$

$$K_p = \tan^2\left(45° + \frac{\varphi_{cu}}{2}\right)$$

式中　γ'_m——土的饱和重度(kN/m^3)，$\gamma_m = \gamma' + 10$；

　　　c_{cu}、φ_{cu}——土的总应力固结不排水抗剪强度指标(kPa,度)。

8.2　支护结构设计

【基　础】

◆ 支护结构选型

支护结构选型见表8.2。

表8.2　支护结构选型

结构形式	适用条件	优缺点
排桩或地下连续墙	(1)适于基坑侧壁安全等级一、二、三级； (2)悬臂式结构在软土场地中不宜大于5m； (3)当地下水位高于基坑底面时，宜采用降水、排桩加截水帷幕或地下连续墙	施工时对周围环境影响小，能紧邻建(构)筑物施工；刚度大、整体性好、变形小、能用于深基坑
水泥土墙	(1)基坑侧壁安全等级宜为二、三级； (2)水泥土桩施工范围内地基土承载力不宜大于150kPa； (3)基坑深度不宜大于6m	便于机械化快速挖土，具有挡土、挡水双重功能，一般比较经济。一般不宜用于深基坑，在基坑长度大时位移相对较大
土钉墙	(1)基坑侧壁安全等级宜为二、三级的非软土场地； (2)基坑深度不宜大于12m； (3)当地下水位高于基坑底面时，应采取降水或截水措施	增加边坡的稳定性，使基坑开挖后坡面保持稳定

续表 8.2

结构形式	适用条件	优缺点
逆作拱墙	(1)基坑侧壁安全等级宜为二、三级； (2)淤泥和淤泥质土场地不宜采用； (3)拱墙轴线的矢跨比不宜小于1/8； (4)基坑深度不宜大于12 m； (5)地下水位高于基坑底面时,应采取降水或截水措施	宜连续施工,但每道拱墙施工时不宜超过36 h
放坡	(1)基坑侧壁安全等级宜为三级； (2)施工场地应满足放坡条件； (3)可独立或与上述其他结构结合使用； (4)当地下水位高于坡脚时,应采取降水措施	会增加挖方和回填工程量,也受施工现场场地的限制

【实　　务】

◆排桩和地下连续墙设计

1.一般规定

(1)桩墙式围护结构的设计应满足施工工艺及环境保护要求,保证其在施工及使用过程中必须具备的强度、刚度、稳定性和抗渗性;且宜将钢筋混凝土围护结构作为主体结构的一部分加以利用。

(2)桩墙式围护结构的设计应包括以下内容。

1)入土深度的确定:根据挡土结构的静力平衡条件初步确定墙体入土深度,并分别按支护结构与地基的抗滑动稳定、基坑底部的抗隆起、抗渗流稳定及墙体变形控制要求进行校核。

2)根据支撑系统的布置及架、拆撑顺序,进行围护结构的内力及变形计算。

3)围护结构的构件和节点设计。

4)当必须严格控制施工引起的地面变形时,分析和预估基坑开挖产生的墙体水平位移、墙脚下沉、坑底土体隆起及降水等对墙背土层位移的影响,必要时应提出相应工程技术措施。

5)围护结构作为主体结构的一部分时,尚应计算在使用荷载作用下的内力及变形。

(3)在软弱土层或必须严格控制地表沉降的基坑中,应通过支撑或锚杆对墙体施加预压力。预加压力的大小宜根据支撑类型及所在部位、温度变化对支撑力的影响程度等因素确定。

2.计算方法

基坑围护结构的计算有极限平衡法、土抗力法和平面有限元法三种基本方法,本节主要介绍极限平衡法和土抗力法。

(1)极限平衡法。极限平衡法假定作用在结构上的前后墙上的土压力分别达到被动土压力和主动土压力,在此基础上再作某些力学上的简化,把超静定的结构力学问题作为静定问题求解。

1)计算挡土结构的整体稳定和内力时,作用在围护结构上的土压力分布模式,迎土侧一般可取主动土压力,开挖侧坑底以下取被动土压力;当需控制墙体水平位移时,主动土压力和被动土压力可按式(8.8)和(8.9)予以调整;计算锚撑式钢板桩等柔性围护结构的内力时,宜采用经验土压力分布图式。

2) 用极限平衡法计算围护结构的入土深度及内力时,一般可采用等值梁法或静力平衡法,确有实践依据时也可采用其他方法。

3) 用等值梁法或静力平衡法计算的锚撑式板桩墙及地下连续墙,开挖侧坑底以下按朗肯理论计算的被动土压力宜根据地区经验进行修正。

4) 按极限平衡法计算锚撑式围护结构的假定。

①应逐层计算基坑开挖过程中每层支承(锚杆)设置前围护结构的内力,达到最终挖土深度后,应验算围护结构抗倾覆的稳定性;当基坑回筑过程中需要拆除或替换支撑时,尚应计算相应状态下围护结构的稳定性及内力。

②应根据围护结构嵌固段端点的支撑条件合理选定计算方法。一般情况下视为简支,按等值梁法计算;当嵌固段土体特别软弱或入土深度较浅时,可视为自由端,按静力平衡法计算。

③假定支撑(锚杆)为不动支点,且下层支撑(锚杆)设置后,上层支撑(锚杆)的支撑力(锚固力)保持不变。

5) 悬臂式围护结构计算要点。

①悬臂式围护结构的最小嵌固深度 t 可按顶端自由、嵌固段下端简支的静定结构计算,如图 8.3 所示,由下式通过试算确定:

$$E_p b_p - E_a b_a = 0 \tag{8.16}$$

式中　E_p、b_p——分别为被动侧土压力的合力及合力对围护结构底端的力臂;

E_a、b_a——分别为主动侧土压力的合力及合力对围护结构底端的力臂。

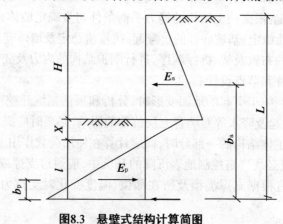

图8.3　悬壁式结构计算简图

②围护结构的设计长度 L 按下式计算:

$$L = H + x + Kt \tag{8.17}$$

式中　H——基坑深度;

x——基坑面至墙上土压力为零之点的距离;

K——与土层和环境条件等有关的经验嵌固系数,对安全等级为一级、二级、三级的基坑,板桩可分别取 2.10、2.00、1.90,排桩取 1.40、1.30、1.20;

t——土压力零点至墙脚的距离。

③围护结构的最大弯矩位置在基坑面以下,可根据剪力 $Q = 0$ 条件按常规方法确定。

6)锚撑式围护结构用静力平衡法计算要点。

①基本原理。静力平衡法(也称自由端支承法)适用于围护结构插入深度不太深(非嵌固)的情况。该法假定围护结构是刚性的,并且可以绕支撑点转动。根据力和弯矩的平衡条件,确定围护结构的内力、插入深度和支撑力(锚杆力)。此法需要的插入深度较小,但需要围护结构的内力和支撑压力(锚杆拉力)较大。

②静力平衡法的计算要点(如图 8.4 所示)。

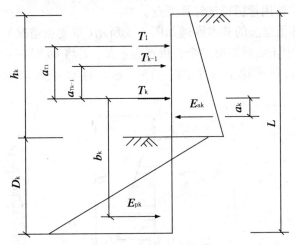

图8.4 描撑式结构静力平衡法计算简图

a. 第一层支撑设置后的围护结构计算,基坑深度 h_1 取第二层支撑设置时的开挖深度。按下式计算第一层支撑的支撑力 T_1:

$$T_1 = E_{a1} - E_{p1} \tag{8.18}$$

式中 E_{a1}——基坑开挖至 h_1 深度时,主动侧土压力的合力;

E_{p1}——基坑开挖至 h_1 深度时,被动侧土压力的合力。

b. 第 K 层支撑设置后的围护结构计算,基坑深度 h_k 取第 $K+1$ 层支撑设置时的开挖深度,第一层至第 $K-1$ 层支撑力为已知。第 K 层支撑的支撑力 T_k 按下式计算:

$$T_k = E_{ak} - E_{pk} - \sum T_A \tag{8.19}$$

式中 E_{ak}——基坑开挖至 h_k 深度时,主动侧土压力的合力;

E_{pk}——基坑开挖至 h_k 深度时,被动侧土压力的合力,板桩墙和地下连续墙的被动土压力宜根据地区经验进行修正;

T_A——第一层至第 $K-1$ 层支撑的支撑力。

c. 第 K 层支撑设置后围护结构的入土深度 D_k 应满足下式:

$$E_{pk}b_k - E_{ak}a_k - \sum T_a a_{TA} = 0 \tag{8.20}$$

式中 b_k——基坑开挖至 h_k 深度时,E_{pk} 对第 K 层支撑点的力臂;

a_k——基坑开挖至 h_k 深度时,E_{ak} 对第 K 层支撑点的力臂;

a_{TA}——第一层至第 $K-1$ 层支撑的支撑力对第 K 层支撑点的力臂。

d. 支护结构的设计长度 L 按下式计算:

$$L = H + K_D \tag{8.21}$$

式中　　H——基坑深度；

　　　　D——对最下一层支撑计算所得的围护结构的入土深度；

　　　　K——入土深度的增大系数，对安全等级为一级、二级、三级的基坑分别取 1.4、1.3、1.2。

e. 各施工阶段围护结构的内力可根据支撑力和作用在围护结构上的土压力按常规方法求得。

7) 锚撑式围护结构用等值梁法计算要点。

①基本原理。等值梁法的基本原理如图 8.5 所示（单支点情况），图中 ab 梁一端固定，另一端简支，弯矩图中正负弯矩第二个转折点为 c 点。若将 ab 梁在 c 点切断，并在 c 点设置自由支承，形成 ac 梁，则 ac 梁上的弯矩将保持不变，即称 ac 梁为 ab 梁上的 ac 段的等值梁。

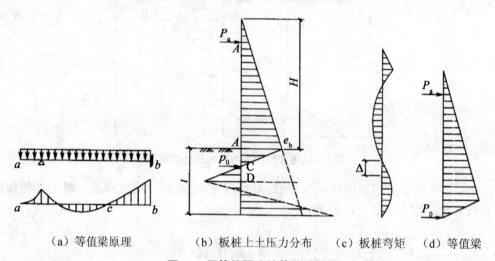

（a）等值梁原理　　（b）板桩上土压力分布　　（c）板桩弯矩　　（d）等值梁

图8.5　用等值梁法计算单锚板桩

等值梁法亦称为固定端支承法，因此，通常围护结构需要有较大的插入深度，所以可以假设围护结构在底端范围内是固定的，如图 8.6 所示，假定基坑底下某点（常取土压力为零点处）为假想铰，然后按照弹性结构的简支梁（单支点情况）或连续梁（多支点情况）求得围护结构的内力。

②计算要点。

a. 基坑面以下围护结构的反弯点取在土压力为零的 C 点，并视为等值梁的一个铰支点。

b. 第一层支撑设置后的围护结构计算，基坑深度 h_1 取第二层支撑设置时的开挖深度，按下式计算第一层支撑的支撑力 T_1：

$$T_1 = \frac{E_{a1} a_1}{a_{T1}} \tag{8.22}$$

式中　　E_{a1}——基坑开挖至 h_1 深度时，主动侧土压力的合力；

　　　　a_1——E_{a1} 对反弯点的力臂；

　　　　a_{T1}——第一层支撑的支撑力对反弯点的力臂。

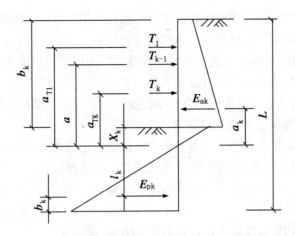

图8.6 锚撑式结构等值梁法计算简图

c. 第 K 层支撑设置后围护结构的计算,基坑深度 h_k 取第 $K+1$ 层支撑设置时的开挖深度,第一层至第 $K-1$ 层支撑的支撑力为已知;第 K 层支撑的支撑力 T_k 靠按下式计算:

$$T_k = \frac{E_{ak} - \sum T_A a_{TA}}{a_{Tk}} \quad (8.23)$$

式中 E_{ak}——基坑开挖至 hk 深度时,主动侧土压力的合力;
a_k——E_{ak} 对反弯点的力臂;
T_A——第一层至第 $K-1$ 层支撑的支撑力;
a_{TA}——第一层至第 $K-1$ 层支撑的支撑力对反弯点的力臂;
a_{Tk}——第 K 层支撑的支撑力对反弯点的力臂。

d. 第 K 层支撑设置后,基坑开挖至 h_k 深度时支护结构的嵌固深度 t_k 应满足下式:

$$t_k \geq \frac{E_{pk} b_k}{Q_k} \quad (8.24)$$

式中 E_{pk}——基坑开挖至 h_k 深度时,被动侧土压力的合力、板桩墙和地下连续墙的被动土压力宜根据地区经验进行修正;
b_k——E_{pk} 对支护结构下端的力臂;
Q_k——反弯点处支护结构单位宽度的剪力,按下式计算:

$$Q_k = E_{ak} - \sum T_A \quad (8.25)$$

e. 围护结构的设计长度按式(8.17)计算,其中 t 与 x 分别为对最下一层支撑计算所得的支护结构入土深度及坑底至反弯点的距离。经验嵌固系数 K 对安全等级为一、二、三级的基坑可分别取 1.40、1.30、1.20。

f. 各施工阶段围护结构的内力可根据支撑力和作用在围护结构上的土压力按常规方法求得。

(2)土抗力法。

1)基本原理。土抗力法是将排桩或地下连续墙简化为侧向地基上的弹性地基梁,墙背作用土压力,支撑和被动区土体简化为等效弹簧,从而计算支护结构和支撑的内力和变形。

2)适用条件。土坑力法能较好地反映基坑开挖和回筑过程中各种基本因素和复杂情况对围护结构受力的影响。施工过程中基坑开挖、支撑设置、失效和拆除、荷载变化、预加压力、墙体刚度改变、与主体结构板、墙的结合方式内撑式挡土结构基坑两侧非对称荷载等的影响；结构与地层的相互作用及开挖过程中土体刚度变化的影响；围护结构的空间效应及围护结构与支撑系统的共同作用；反映施工过程及施工完成后的使用阶段墙体受力变化的连续性。

3）应用范围。锚拉式支撑系统或受力比较对称的内撑式挡土结构。一类基坑和地层软弱、环境保护要求高的基坑以及多支点支护结构或空间效应比较明显的围护结构。

4）计算模型。计算模型可按下列原则确定：

①采用锚拉式支撑系统或受力基本对称的内撑式挡土结构，可将支撑简化为刚度等效的弹簧，考虑支撑和围护结构变形的协调，单独对围护结构进行分析。

②下列情况宜把围护结构和支撑系统作为一个整体进行分析：平面形状不规则、支撑形式复杂或受力明显不对称的内撑式挡土结构；用全逆作法施工时的支挡结构。

③平面结构可采用侧向地基上的杆系有限元模型。

④扶壁式挡土结构、平面形状不规则、支撑形式复杂的围护结构以及符合下列情况的竖井式围护结构宜采用侧向地基上的空间板壳元模型：围护结构为地下连续墙，槽段之间采用可传逆面外剪力或弯矩的接头连接；围护结构为灌注桩、钢筋混凝土板桩或普通接头的地下连续墙，与钢筋混凝土内衬组成的复合墙或重合墙。

5）侧土压力。墙背土压力一般假定为定值，根据围护结构的受力特点和对其变形的控制要求，可分别采用主动土压力、静止土压力或实测统计值。

6）侧向地基上的杆系有限元法及空间板壳元法可按《建筑基坑工程技术规范》（YB 9258—1997）附录 L 的要点进行计算。

◆水泥土墙设计

1. 一般规定

(1) 水泥土重力式挡土结构适用于淤泥、淤泥质土、黏土、粉质黏土、粉土，具有薄夹砂层的土，素填土等地基承载力标准值不大于 140 kPa 的土层。作为基坑截水及较浅基坑（不大于 6 m）的支挡。

(2) 水泥土挡墙断面应采用连续型或格栅型，当采用格栅型时，水泥土的置换率不宜小于 0.7，纵向墙肋之净距不宜大于 1.3 m，横向墙肋净距不宜大于 1.8 m。

(3) 水泥土中的水泥掺量不宜小于 15%，水泥标号不得低于 C32.5 号。水泥土 28d 龄期时的无侧限抗压强度不宜小于 1 MPa。

(4) 水泥土挡墙顶部宜设置厚度为 0.2 m、宽度与墙身一致的钢筋混凝土顶部压板，并与挡墙用插筋连结，插筋深度不小于 1 m，直径不小于 $\Phi 12$ mm。

2. 水泥土墙的设计

(1) 挡墙断面如图 8.7 所示，需经试算确定。初定尺寸可按下式采用。

$$D = (0.8 \sim 1.2)$$
$$B = (0.6 \sim 0.8)h \tag{8.26}$$

式中 D——墙埋入基坑底面以下深度(m)；

h——墙的挡土高度(m)；

B——墙的底宽(m)。

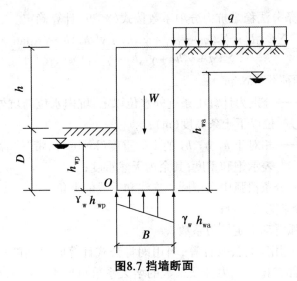

图8.7 挡墙断面

(2)水泥土挡墙整体稳定包括抗倾覆、抗水平滑动、抗圆弧滑动、抗基底隆起和抗渗稳定。

1)抗倾覆稳定抗力分项系数按式(8.27)计算确定。

$$\gamma_t = \frac{\sum M_{Ep} + G\dfrac{B}{2} - Ul_w}{\sum E_a + \sum M_w} \tag{8.27}$$

式中 $\sum M_{Ep}$、$\sum E_a$——分别为被动土压力与主动土压力绕墙前趾 O 点的力矩和(kN·m/m);

$\sum M_w$——墙前与墙后水压力对 O 点的力矩之和(kN·m/m);
G——墙身重量(kN);
B——墙身宽度(m);
U——作用于墙底面上的水浮力(kPa);

$$U = \frac{\gamma_w(h_{wa} + h_{wp})}{2}$$

h_{wa}——主动侧地下水位至墙底的距离(m);
h_{wp}——被动侧地下水位至墙底的距离(m);
l_w——U 的合力作用点距 O 点的距离(m);
γ_t——倾覆稳定抗力分项系数。

2)水平滑动稳定抗力分项系数按式(8.28)计算确定。

$$\gamma_1 = \sum E_p + (G - U)\tan\varphi_{cu} + c_{cu}B \tag{8.28}$$

式中 $\sum E_p$、$\sum E_a$——分别为被动和主动土压力的合力(kN);

$\sum E_w$——作用于墙前墙后水压力的合力(kN);
φ_{cu}——墙底处土的固结快剪摩擦角(°);
c_{cu}——墙底处土的固结快剪内聚力(kPa);
γ_1——水平滑动稳定抗力分项系数。

3)圆弧滑动简单条分法稳定抗力分项系数按式(8.29)计算确定。

$$\gamma_s = \frac{\sum C_{cqi} L_i + \sum (q + \gamma_1 h_1 + \gamma'_2 h_2 + \gamma'_3 h_3) b\cos\alpha_i \tan\varphi_{cqi}}{\sum (q + \gamma_1 h_1 + \gamma_{2m} h_2 + \gamma_3 h_3) b\sin\alpha_i} \quad (8.29)$$

式中 q——地面荷载(kN/m^2);

h_1、h_2、h_3——分别为计算土条坑外水位以上,坑内水位与坑外水位之间和坑内水位以下土条高度(m);

γ_1、γ_2、γ_3——相对于 h_1、h_2、h_3 的土的重度(kN/m^3),带"'"者为浮重度,下角标 m 表示饱和重度;其余为天然重度;

α_i——每一分条滑弧中点至圆心连线和垂线的夹角(°);

b——每分条宽度(m);

γ_s——圆弧滑动稳定抗力系数。

4)墙前后土压力宜用库仑公式计算,当用朗肯公式计算时得到的稳定抗力分项系数需乘以增大系数。对于倾覆稳定抗力分项系数的增大系数可取 1.20~1.40,对于水平滑动稳定抗力分项系数的增大系数可取 1.15~1.30,软土取低值,好土取高值。

5)计算砂性土及粉土土压力采用水土分算。即水下土取浮重度,土压力与水压力共同作用于水泥土挡墙上。

6)稳定抗力分项系数应大于表 8.3 规定的系数。

表 8.3 稳定抗力分项系数

项目	抗力分项系数
倾覆稳定 γ_t	1.0~1.1
水平滑动稳定 γ_l	1.1~1.2
圆弧滑动稳定 γ_s	1.2~1.3

7)对于黏性土,采用水土合算土压力时,倾覆稳定抗力分项系数 γ_t 应大于 1.5,水平滑动稳定抗力分项系数 γ_l 应大于 1.4。

(3)水泥土墙的强度核算。

1)墙下端和墙身应力由式(8.30)确定。

$$\begin{matrix}\sigma_{max}\\\sigma_{min}\end{matrix} = \gamma_z + q \pm \frac{M_y x}{I_y} \quad (8.30)$$

式中 σ_{max}、σ_{min}——计算断面水泥土壁应力(kPa);

γ——土与水泥土壁的平均重度(kN/m^3);

z——自墙顶算起的计算断面深度(m);

q——墙顶面的超载(kPa);

M_y——计算断面墙身力矩($kN \cdot m/m$);

I_y——计算断面的惯性矩(m^4);

x——由计算断面形心起算的最大水平距(m)。

2)墙底端截面应力必须满足式(8.31)的要求。

$$\begin{matrix}\sigma_{max} \leq 1.2f\\\sigma_{min} > 0\end{matrix} \quad (8.31)$$

式中 f——墙底端处地基承载力设计值(kPa)。

3)桩身应力必须满足式(8.32)的要求。

$$\sigma_{max} \leq 0.3 q_u$$
$$\sigma_{min} > 0 \tag{8.32}$$

式中 q_u——水泥土壁的单轴抗压强度(kPa)。

◆土钉墙设计

1. 一般规定

(1)基坑周围不具备放坡条件,地下水位较低或坑外有降水条件,邻近无重要建筑或地下管线,基坑外地下空间允许土钉占用时,可采用土钉支护。

(2)场地土质较好且均匀,基坑开挖深度在 5~15 m 以内时,可采用土钉加固土体构成土钉支护。

(3)土钉支护设置喷射混凝土面层。

(4)基坑侧壁有软弱夹层,侧压力较大时,可在土钉支护中局部采用预应力锚杆代替土钉,将土钉和锚杆混合使用,增加侧壁的稳定性。

2. 适用范围及置入方式

(1)土钉支护适用于地下水位以上或人工降水后的黏性土、粉土、杂填土及非松散砂土、卵石土等,不宜用于淤泥质土、饱和软土及未经降水处理地下水位以下的土层。对变形有严格要求的护坡工程,土钉支护应进行变形预测分析,符合要求后方可采用。

(2)土钉材料的置入,可分为钻孔置入、打入或射入置入方式,常用钻孔注浆型土钉。

3. 土钉支护的设计

(1)设计前应查明场地周围已有建筑物、埋设物、道路交通、工程范围内的土层分布、土性指标及地下水变化等情况,判断土钉支护护坡的适用性。

(2)土钉支护工程设计包括下列内容。

1)确定加固边坡的平面、剖面尺寸及分段施工高度。

2)设计土钉锚体的直径、间距、长度、倾角、土钉布置及插筋直径。

3)设计面层及注浆参数。

4)稳定性验算和土钉抗拔力验算。

5)构造设计。

6)提出质量控制标准及施工与监测要求。

(3)初步选定土钉支护各组成部分尺寸及参数:

1)锚固体孔径:$D/cm = 8 \sim 15$。

2)土钉长度:一般对非饱和土,土钉长度 L 与开挖深度 H 之比为 0.6~1.0 范围内,密实及干硬性黏土取小值。

3)土钉直径:一般为 20~35 mm,不少于 16 mm Ⅱ 级以上螺纹钢筋。

4)注浆材料:水泥砂浆或水泥素浆。水泥采用普通硅酸盐水泥,标号不小于C32.5,水灰比 1:0.40~0.50。

5)墙面倾角:垂直方向倾角 0~25°,土钉水平方向倾角一般为 5~20°,利用重力向孔中注浆时倾角不宜小于15°。

6)间距:水平间距为 $(10 \sim 15)D$,一般为 0.8~1.2 m,垂直间距依土层及计算确定,一般为 0.8～1.2 m。上下插筋交错排列,遇局部软弱土层间距可低于 0.8 m。

7)钢丝网或钢筋网片:无地下水、土质好时可用一般钢丝网,土体稳定性差时可用钢筋网片,一般采用 Φ6 I 级钢筋焊成 15～20 cm 方格形网片。面层砂浆或喷射混凝土厚度为 50～150 mm。

8)锚板:直径 30～35 cm 六边形或方形混凝土预制板,内配构造筋,厚度大于 7 cm。也可采用长度不小于 400 mm 的井字钢筋(Φ16)代替锚板。

(4)土钉的抗拔力和锚固长度按《建筑基坑工程技术规范》(YB 9258—1997)"锚杆设计"计算。

(5)土钉支护内部稳定分析计算按《建筑基坑工程技术规范》(YB 9258—1997)"基坑稳定性"规定的方法计算。

(6)进行外部稳定分析验算,可将土钉支护视为复合土体的重力式挡土结构,按作用其后部的土体压力和上部荷载,进行下列三个方面验算:

1)抗滑移验算如图 8.8 所示。

$$\gamma_1 = \frac{(qB + W + E_a \sin \delta)f}{E_a \cos \delta} \tag{8.33}$$

式中 γ_1——抗滑移抗力分项系数,取 $\gamma_1 \geq 1.3$;

q——地面均布荷载;

W——土钉支护沿基坑单位长度自重;

f——土钉支护与基坑底间的摩擦系数,可取基底土体的抗剪强度 τ;

δ——土钉支护与土体间的摩擦角,无试验资料时,可取 $\delta = \varphi/3 \sim \varphi/2$。

2)抗倾覆验算如图 8.8 所示。

$$\gamma_t = \frac{3B(qB + W + 2E_a \sin \delta)}{2HE_a \cos \delta} \tag{8.34}$$

式中 γ_t——抗倾覆抗力系数,取 $\gamma_t \geq 1.3$。

3)基坑底抗隆起验算及整体稳定验算。

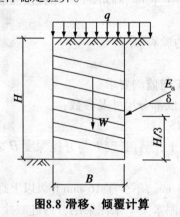

图 8.8 滑移、倾覆计算

(7)钢筋网喷射混凝土面层设计可按下列构造要求:

1)钢筋网可用 Φ6～Φ8 钢筋,网眼宜为 150～300 mm,必要时可在土钉头之间设 2Φ16 加强钢筋。

2)喷射面层的混凝土等级不宜低于 C20,喷射面层厚度宜取 80～150 mm(土质差时取大值,反之取小值)。

(8)如遇有软弱土层,可增设加强锚杆,土钉与锚杆合用。

(9)土钉头与钢筋网连接。当土钉头之间有加强钢筋通过时,宜与土钉头焊接;当土钉头之间无加强钢筋通过时,可用不小于 4Φ16、长度为 200～300 mm 的钢筋在土钉头处呈井字架与土钉头焊接,井字架钢筋应位于钢筋网之外,以代替混凝土锚板。

◆天然放坡设计

1. 一般规定

(1)当场地为一般黏性土或粉土,基坑周围具有堆放土料和机具的条件,地下水位较低,或降水、放坡开挖又不会对相邻建筑物产生不利影响,具有放坡开挖条件时,可采用局部或全深度的基坑放坡开挖方法。

(2)基坑深度范围内为密实的碎石土、黏性土、风化岩石或其他良好土质,基坑土体有直立开挖条件且基坑较浅时,可不放坡竖直开挖。

(3)当基坑不具备全深度或分级放坡开挖时,上段可自然放坡或对坡面进行保护处理,以防止渗水或风化碎石土的剥落。保护处理的方法有水泥抹面、铺塑料布或土工布、挂网喷水泥浆、喷射混凝土护面以及浆砌片石等。下段的土体加固可用土钉支护、螺旋锚、喷锚,在坡脚处堆砌草袋或土工织物砂土袋以及砌筑砖石墙体等加固方法。

(4)在基坑深度范围内,场地条件允许时,上段可挖土卸载放坡或直立开挖,需要时可对坡面进行加固保护;下段设置挡土、止水桩墙支护结构。

常见的边坡类型如图 8.9 所示。

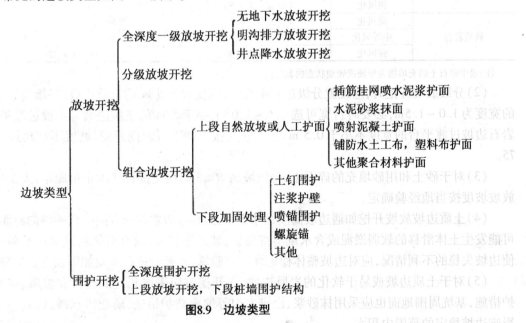

图 8.9 边坡类型

2. 设计

(1)自立边坡的放坡应按表 8.4 和表 8.5 的要求,确定开挖放坡坡度及坡高,以确保基坑的稳定性与安全。

表8.4 土质边坡

土的类别	密实度或状态	坡度容许值(高宽比)	
		坡高在5 m以内	坡高5～10 m
碎石土	密实	1:0.35～1:0.50	1:0.50～1:0.75
	中密	1:0.50～1:0.75	1:0.75～1:1.00
	稍密	1:0.75～1:1.00	1:1.00～1:1.25
粉土	$S_r \leq 0.5$	1:1.00～1:1.25	1:1.25～1:1.50
粉质黏土	坚硬	1:0.75	—
	硬塑	1:1.00～1:1.25	—
	可塑	1:1.25～1:1.50	—
黏性土	坚硬	1:0.75～1:1.00	1:1.00～1:1.25
	硬塑	1:1.00～1:1.25	1:1.25～1:1.50
花岗岩残积黏性土	硬塑	1:0.75～1:1.10	
	可塑	1:0.85～1:1.25	
杂填土	中密或密实的建筑垃圾	1:0.75～1:1.00	
砂土	—	1:1.00(或自然休止角)	—

表8.5 岩石边坡

岩石类别	风化程度	坡度容许值(高宽比)	
		坡高在8 m以内	坡高8～15 m
硬质岩石	微风化	1:0.10～1:0.20	1:0.20～1:0.35
	中等风化	1:0.20～1:0.35	1:0.35～1:0.50
	强风化	1:0.35～1:0.50	1:0.50～1:0.75
软质岩石	微风化	1:0.35～1:0.50	1:0.50～1:0.75
	中等风化	1:0.50～1:0.75	1:0.75～1:1.00
	强风化	1:0.75～1:1.00	1:1.00～1:1.25

注:表中碎石土的充填物为坚硬或硬塑状态的黏性土。

(2)分级放坡开挖时,应设置分级过渡平台,对深度大于5 m的土质边坡,各级过渡平台的宽度为1.0～1.5m,必要时台宽可选0.6～1.0m,小于5 m的土质边坡可不设过渡平台。岩石边坡过渡平台的宽度不小于0.5 m,施工时应按上陡下缓原则开挖,坡度不宜超过1:0.75。

(3)对于砂土和用砂填充的碎石土,分级坡高$H \leq 5m$,坡度按自然休止角确定;人工填土放坡坡度按当地经验确定。

(4)土质边坡放坡开挖如遇边坡高度大于5 m、具有与边坡开挖方向一致的斜向界面、有可能发生土体滑移的软弱淤泥或含水量丰富夹层、坡顶堆料、堆物有可能超载时以及各种易使边坡失稳的不利情况,应对边坡整体稳定性进行验算,必要时进行有效加固及支护处理。

(5)对于土质边坡或易于软化的岩质边坡,在开挖时应采取相应的排水和坡脚、坡面保护措施,基坑周围地面也应采用抹砂浆、设排水沟等地面防护措施,防止雨水渗入,并不得在影响边坡稳定的范围内积水。

第9章 特殊土地基设计

9.1 软土地基

【基 础】

◆特殊土成土环境

土的成因与自然环境密切相关,自然环境的多样性必然影响成土环境的多变性,特殊的成土环境造成了某些土类具有与一般土显然不同的特殊工程性质,人们把具有特殊工程性质的土类称为特殊性土。成土环境主要包括以下几方面:

1. 岩性

岩性是指成土母岩的性质。如石灰岩、砂岩、火山喷出物的凝灰岩等,在这些母岩上发育的土的性质不一样。

2. 气候环境

气候环境包括气温、降水、湿度、冰冻等因素,气候条件影响母岩的物理风化和化学风化的程度。

3. 地形地貌环境

地形地貌环境包括山区或平原,高山或深谷等,这些地形都会影响土的发育变化。

4. 搬运和沉积环境

搬运主要指重力、水流、冰川和风四种形式,岩石的风化物经搬运后在某些情况下(如干旱环境、湿润环境、酸性环境或碱性环境)成土对土的性质都有重要的影响。

除上述四种主要成土环境外,还有其他成土环境,如局部微气候、微地形等,这些对土的形成也具有重要作用,而且各种环境都是相互关联,互相影响的。

◆软土

软土(软弱黏性土的简称)是指在静水或缓慢流水环境中以细颗粒为主的近代沉积物。软土也称软黏土。

◆软土的特征

软土具有天然含水量大、压缩性高、承载力低、渗透性小的性质,是一种呈软塑到流塑状态的饱和黏性土。软土的天然含水量 $w \geqslant w_L$;天然孔隙比 $e \geqslant 1$;压缩系数 $a_{1-2} > 0.5 \text{ MPa}^{-1}$;不排水抗剪强度 $c \leqslant 20 \text{ kPa}$。当软土由生物化学作用形成,并含有机质,其天然孔隙比 $e \geqslant 1.5$ 时为淤泥;天然孔隙比 $1 \leqslant e < 1.5$ 时为淤泥质土。

【实 务】

◆软土的成因及分布

软土分布在我国沿海地区、内陆平原和山区,形成滨海相、泻湖相、溺谷相、三角洲相和沼泽相等沉积。

以滨海相沉积为主的软土,沿海岸线由北至南分布在大连湾、天津塘沽、连云港、舟山、温州湾、厦门、香港、湛江等地;泻湖相沉积的软土以温州、宁波地区软土为代表;溺谷相软土则分布在福州、泉州一带;三角洲相软土主要分布在长江下游的上海地区和珠江下游的广州地区。不同成因类型的软土具有不同的分布规律和特征,详见表9.1。

表9.1 软土的成因类型

成因类型		特 征
滨海沉积	滨海相	常与海浪岸流及潮汐的水动力作用形成较粗的颗粒(粗、中、细砂)相掺杂,在沿岸与垂直岸边方向有较大的变化,土质疏松且具不均匀性,增加了淤泥和淤泥质土的透水性能
	浅海相	多位于海湾区域内,在较平静的海水中沉积而成,细粒物质来源于入海河流携带的泥砂和浅海中动植物残骸,经海流搬运分选和生物化学作用,形成灰色或灰绿色的软弱淤泥质土和淤泥
	泻湖相	沉积物颗粒微细,分布范围较宽阔,常形成海滨平原,表层为较薄的黏性土,其下为厚层淤泥层,在泻湖边缘常有泥炭堆积
	溺谷相	分布范围略窄,结构疏松,在其边缘表层常有泥炭堆积
	三角洲相	由于河流及海湖的复杂交替作用,而使软土层与薄层砂交错沉积,多交错成不规则的尖灭层或透镜体夹层,分选程度差,结构疏松,颗粒细。表层为褐黄色黏性土,其下则为厚层的软土或软土夹薄层砂
湖泊沉积	湖相	是近代盆地的沉积。其物质来源与周围岩性基本一致,在稳定的湖水期逐渐沉积而成,沉积物中夹有粉砂颗粒,呈现明显的层理,淤泥结构松软,呈暗灰、灰绿或黑色,表层硬层不规律,时而有泥炭透镜体
河滩沉积	河漫滩相 牛轭湖相	成层情况较为复杂,其成分不均一,走向和厚度变化大,平面分布不规律,软土常呈带状或透镜状,间与砂或泥炭互层,其厚度不大。
沼泽沉积	沼泽相	分布在水流排泄不畅的低注地带,在蒸发量不足以疏干淹水地面的情况下,形成的一种沉积物。多伴以泥炭为主,且常出露于地表。下部分布有淤泥层或底部与泥炭互层

按软土工程性质,综合自然地质地理环境,在我国可划分为三个软土分布区域,自北向南分别为 I—北方地区; II—中部地区; III—南方地区。沿秦岭走向向东至连云港以北的海边一线,为 I、II 地区界线;沿苗岭、南岭走向向东至莆田海边一线,作为 II、III 地区界线。各区域都分布着不同成因类型的软土。

◆软土的物理力学性质

1. 天然含水量高孔隙比大

(1)软土天然含水量通常都大于30%。山区软土的含水量变化幅度很大,有时可达70%,甚至高达200%。

(2)软土的饱和度通常大于90%。液限通常在35%~60%之间,随土的矿物成分、胶体矿物的活性因素而定,液性指数大多大于1.0。

(3)软土的重度较小,约在 $15~19$ kN/m³ 之间。孔隙比都大于1,山区软土的孔隙比有的甚至可达6.0。

2. 透水性低

软土的透水性很低。垂直方向的渗透系数值约在 $10^{-9}~10^{-7}$ cm/s 之间,水平向渗透系数为 $10^{-5}~10^{-4}$ cm/s。

3. 压缩性高

软土孔隙比大,具有高压缩性。由于软土中存在大量微生物,并且进行厌气菌活动,在土内蓄积了可燃气体,致使土的压缩性增高,并使土层在自重和外荷作用下,长期得不到固结。软土的压缩系数 a_{1-2} 一般在 $0.5~2.0$ MPa^{-1} 之间,最大可达 4.5 MPa^{-1}。如其他条件相同,则软土的液限越大,压缩性也越大。

4. 抗剪强度低

软土的抗剪强度很低,并与排水固结程度密切相关,在不排水剪切时,软土的内摩擦角接近零,抗剪强度主要由内聚力决定,而内聚力值一般小于20kPa。经排水固结后,软土的抗剪强度便能提高,但由于其透水性差,当应力改变时,孔隙水渗出过程相当缓慢,因此抗剪强度的增长也很缓慢。

5. 触变性

软土是结构性沉积物,具有触变性。当其结构未被破坏时,具有一定的结构强度,可一旦被扰动,土的结构强度便被破坏。软土中含亲水性矿物(如蒙脱石)多时,结构性强,其触变性较显著。常用灵敏度 S_t 来表示黏土的触发性。软土的灵敏度一般在3~4之间,个别情况可达8~9。

6. 流变性

软土具有流变性,其中包括蠕变特性、流动特性、应力松弛特性和长期强度特性。

(1)蠕变特性是指在荷载不变的情况下变形随时间发展的特性。

(2)流动特性是土的变形速率随应力变化的特性。

(3)应力松弛特性是在恒定的变形条件下应力随时间减小的特性。

(4)长期强度特性是指土体在长期荷载作用下土的强度随时间变化的特性。

考虑到软土的流变性,用一般剪切试验方法求得的软土的抗剪强度值不宜全部用足。

◆软土地基承载力计算

软土地基承载力计算方法有极限荷载法、临塑荷载法、原位测试方法和经验法四种,本节主要介绍极限荷载法和临塑荷载法。

1. 极限荷载法

(1)条形基础:

$$p_u = 5.14c + \gamma d \tag{9.1}$$

(2)方形基础:

$$p_u = 5.71c + \gamma d \tag{9.2}$$

(3)矩形基础:

当 $\frac{b}{a} < 0.53$ 时:

$$p_u = (5.14 + 0.66\frac{b}{a})c + \gamma d \tag{9.3}$$

当 $\frac{b}{a} < 0.53$ 时:

$$p_u = (5.14 + 0.47\frac{b}{a})c + \gamma d \tag{9.4}$$

式中 p_u——极限荷载;
　　　c——土的内聚力,由不排水剪切试验求得(kPa);
　　　γ——基底以上土的重度(kN/m^3);
　　　d——基础埋深(m);
　　　b——基础短边(m);
　　　a——基础长边(m)。

2.临塑荷载法

$$p = \pi c + \gamma d \tag{9.5}$$

式中 c——土的内聚力,由不排水剪切试验求得(kPa);
　　　γ——基底以上土的加权平均重度(kN/m^3);
　　　d——基础埋深(m);
　　　p——软土地基承载力。

◆软土地基设计

软土地基设计采取措施如下:

(1)当表层有密实土层(软土硬壳层)时,应充分利用作为天然地基的持力层,"轻基浅埋"是我国软土地区总结出来的经验。

(2)减少建筑物作用在地基上的压力,如采用轻型结构、轻质墙体、空心构件、设置地下室或半地下室等,具体措施如下:

1)对3~6层民用建筑采用薄筏基础,筏厚为20~30 cm。上部结构采用轻型结构,每层平均荷载为10 kN/m^2,则基底压力大约为40~70 kN/m^2。利用软土上部的"硬壳"层作为基础的持力层,可以减少施工期间对软土的扰动。

2)采用箱形基础。利用箱形基础排出的土重来减小地基的附加压力,同时还可利用箱形基础本身的刚度来减小地基的不均匀变形。

(3)当建筑物对变形要求较高时,可采用较小的地基承载力。铺设砂垫层不但可以减小作用在软土上的附加压力,减少建筑物沉降,而且有利于软土中水分的排除,缩短土层固结时间,使建筑物沉降较快地达到稳定。

(4)采用砂井、砂井预压、电渗法等促使土层排水固结,以提高地基承载力。当黏土中夹有薄砂层或互层时,更有利于采用砂井预压加固的办法来减小土的压缩性,提高地基承载力。

(5)当软土地基加载过大、过快时,容易发生地基土塑流挤出的现象,防止软土塑流挤出的措施如下:

1)控制施工速度和加载速度不能过快。可通过现场加载试验进行观测,根据沉降情况控制加载速率,掌握加载间隔时间,使地基逐渐固结,强度逐渐提高,这样可使地基土不发生塑流挤出。

2)在建筑物的四周打板桩围墙,能防止地基软土挤出。板桩应有足够的刚度和锁口抗拉力,以抵抗向外的水平压力,但此法由于用料较多,因此没有得到广泛应用。

3)用反压法防止地基土塑流挤出。软土是否会发生塑流挤出,主要取决于作用在基底平面处土体上的压力差。压差小,发生塑流挤出的可能性也就减小。若在基础两侧堆土反压,即可减小压差,增加地基稳定性。

(6)遇有局部软土和暗埋的塘、浜、沟、坑、穴等情况,应查清其范围,根据具体情况,采取基础局部深埋、换土垫层、短桩、基础梁跨越等办法处理。

(7)施工时,应注意对软土基坑的保护、减少扰动。当一个建筑群中有不同形式的建筑物时,应当从沉降观点去考虑其相互影响及其对地面下一系列管道设施的影响。

(8)同一建筑物有不同结构形式时必需妥善处理,特别是在地震区,对于不同的基础形式,上部结构必须断开,因为在地震中,软土上各类基础的附加下沉量是不同的。

对建筑物附近有大面积堆载或相邻建筑物过近,可采用桩基。

在建筑物附近或建筑物内开挖深基坑时,应考虑边坡稳定及降水所引起的问题。

在建筑物附近不宜采用深井取水,必要时应通过计算确定深井的位置及限制抽水。

9.2 湿陷性黄土地基

【基　　础】

◆黄土的主要特征

黄土是一种特殊性土类,在我国地域分布最广。其主要特征为:颜色以黄为主,有灰黄、褐黄等;含有大量粉粒(0.005~0.075 mm),含量一般在55%以上;具有肉眼可见的大孔隙,孔隙比在1.0左右;富含碳酸盐类;无层理,垂直节理发育;具有湿陷性和易溶性、易冲刷性等,对工程建设有其特殊的危害性。

◆湿陷性黄土

湿陷性黄土是指在一定压力下受水浸湿,土结构迅速破坏,并产生显著附加下沉的黄土。

◆非湿陷性黄土

非湿陷性黄土是指在一定压力下受水浸湿,无显著附加下沉的黄土。

◆自重湿陷性黄土

自重湿陷性黄土是指在上覆土的自重压力下受水浸湿,发生显著附加下沉的湿陷性黄土。

◆非自重湿陷性黄土

非自重湿陷性黄土是指在上覆土的自重压力下受水浸湿,不发生显著附加下沉的湿陷性黄土。

◆新近堆积黄土

新近堆积黄土是指沉积年代短、具高压缩性、承载力低、均匀性差,在 50~150 kPa 压力下变形较大的全新世(Q_4^2)黄土。

【实　务】

◆黄土的成因及分布

我国黄土广泛分布于北纬 34~35°之间,面积大约在 60 万平方千米的干旱和半干旱地区,其中以黄土高原的黄土分布最为集中,沉积最为典型。黄土高原的范围是以太行山以西、日月山以东、秦岭以北、长城以南,包括青海、甘肃、宁夏、陕西、山西、河南等省的一部分或大部分地区。

黄土的成因特征主要是以风力搬运堆积为主,从西北黄土高原到华北山西、河南一带,黄土的厚度逐渐变薄,湿陷性逐渐降低。

黄土因沉积的地质年代不同,从而导致其性质差别很大,见表 9.2。

表 9.2　黄土地层的划分

时　　代		地　层　名　称		说　　明
全新世 Q_4	Q_4^2	—	新近堆积黄土	一般有湿陷性常具有高压缩性
	Q_4^1		一般湿陷性黄土	有湿陷性
晚更新世 Q_3		马兰黄土		
中更新世 Q_2		离石黄土		一般无湿陷性
早更新世 Q_1		午城黄土		

微红至棕红的午城黄土和深黄及棕黄的离石黄土均属于老黄土。老黄土的土质密实,颗粒均匀,无大孔或略具大孔结构,除离石黄土层上部具有轻微湿陷性外,老黄土一般不具有湿陷性。老黄土常见于山西高原、豫西山前高地、渭北高原、陕甘和陇西高原。

新黄土是指覆盖在离石黄土层上部的马兰黄土及全新世中各种成因的次生黄土。色呈褐黄至黄褐,土质均匀、结构疏松、大孔发育,一般具有湿陷性。新黄土主要分布在黄土地区的河岸阶地,其中全新世近期堆积的黄土,形成历史只有几百年,土质不均匀,结构松散,大孔排列杂乱,多虫孔,孔壁有白色碳酸盐粉末状结晶。新近堆积的黄土在外貌和物理性质上与马兰黄土差别不大,但其力学性质比马兰黄土差,一般具湿陷性和高压缩性,承载力基本值一般为 75~130 kPa。新近堆积的黄土多分布在河漫滩,低级阶地,山间洼地的表层,黄土塬、梁、峁的坡脚,洪积扇或山前坡积地带。

第9章 特殊土地基设计

◆黄土湿陷性评价

1. 黄土的湿陷性

黄土的湿陷性应按室内浸水(饱和)压缩试验,在一定压力下测定的湿陷系数 δ_s 进行判定。$\delta_s < 0.015$ 定为非湿陷性黄土;$\delta_s \geq 0.015$ 定为湿陷性黄土。

湿陷系数采用室内压缩试验测定,按下式计算:

$$\delta_s = \frac{h_p - h'_p}{h_0} \tag{9.6}$$

式中 h_p——保持天然湿度和结构的试样,加至一定压力时,下沉稳定后的高度(mm);

h'_p——上述加压稳定后的试样,在浸水(饱和)作用下,附加下沉稳定后的高度(mm);

h_0——试样的原始高度(mm)。

测定湿陷系数的压力,应符合《湿陷性黄土地区建筑规范》(GB 50025—2004)中的规定。

2. 湿陷程度

湿性黄土的湿陷程度可根据湿陷系数 δ_s 值的大小分为下列三种:

(1)当 $0.015 \leq \delta_s \leq 0.03$ 时,湿陷性轻微。

(2)当 $0.03 < \delta_s \leq 0.07$ 时,湿陷性中等。

(3)当 $\delta_s > 0.07$ 时,湿陷性强烈。

3. 自重湿陷值

(1)湿陷性黄土场地的湿陷类型应按自重湿陷量的实测值 $\triangle'_{zs}$ 或计算值 $\triangle_{zs}$ 判定,并应符合下列规定:

1)当自重湿陷量的实测值 $\triangle'_{zs}$ 或计算值 $\triangle_{zs}$ 小于等于 70 mm 时,应定为非自重湿陷性黄土场地。

2)当自重湿陷量的实测值 $\triangle'_{zs}$ 或计算值 $\triangle_{zs}$ 大于 70 mm 时,应定为自重湿陷性黄土场地。

3)当自重湿陷量的实测值和计算值出现矛盾时,应按自重湿陷量的实测值判定。

(2)湿陷性黄土场地自重湿陷量的计算值 $\triangle_{zs}$ 应按下式计算:

$$\triangle_{zs} = \beta_0 \sum_{i=1}^{n} \delta_{zsi} h_i \tag{9.7}$$

式中 δ_{zsi}——第 i 层土的自重湿陷系数;

h_i——第 i 层土的厚度(mm);

β_0——因地区土质而异的修正系数,在缺乏实测资料时,可按下列规定取值:

陇西地区取 1.50;

陇东—陕北—晋西地区取 1.20;

关中地区取 0.90;

其他地区取 0.50。

自重湿陷量的计算值 $\triangle_{zs}$ 应自天然地面(当挖、填方的厚度和面积较大时,应自设计地面)算起,到其下非湿陷性黄土层的顶面为止,其中自重湿陷系数 $\delta_{zs} < 0.015$ 的土层不累计。

(3)湿陷性黄土地基受水浸湿饱和,其湿陷量的计算值 $\triangle_s$ 应符合下列规定:

1)湿陷量的计算值 $\triangle_s$ 应按下式计算:

$$\triangle_s = \sum_{i=1}^{n} \beta \delta_{si} h_i \tag{9.8}$$

式中 δ_{si}——第 i 层土的湿陷系数；

h_i——第 i 层土的厚度（mm）；

β——考虑基底下地基土的受水浸湿可能性和侧向挤出等因素的修正系数，在缺乏实测资料时，可按下列规定取值：

基底下 0～5 m 深度内，取 $\beta = 1.50$；

基底下 5～10 m 深度内，取 $\beta = 1$；

基底下 10 m 以下至非湿陷性黄土层顶面，在自重湿陷性黄土场地可取工程所在地区的 β_0 值。

2）湿陷量的计算值 $\triangle_s$ 的计算深度应自基础底面（如基底标高不确定时，自地面下1.50 m）算起；在非自重湿陷性黄土场地累计到基底下 10 m（或地基压缩层）深度为止；在自重湿陷性黄土场地累计到非湿陷黄土层的顶面为止。其中湿陷系数 δ_s（10 m 以下为 δ_{zs}）<0.015 的土层不累计。

4. 湿陷等级

湿陷性黄土地基的湿陷等级应根据湿陷量的计算值和自重湿陷量的计算值等因素，按表9.3 判定。

表9.3　湿陷性黄土地基的湿陷等级

湿陷类型 $\triangle_{zs}$/mm $\triangle_s$/mm	非自重湿陷性场地	自重湿陷性场地	
	$\triangle_{zs} \leq 70$	$70 < \triangle_{zs} \leq 350$	$\triangle_{zs} > 350$
$\triangle_s \leq 300$	Ⅰ（轻微）	Ⅱ（中等）	—
$300 < \triangle_s \leq 700$	Ⅱ（中等）	*Ⅱ（中等）或Ⅲ（严重）	Ⅲ（严重）
$\triangle_s > 700$	Ⅱ（中等）	Ⅲ（严重）	Ⅳ（很严重）

注：当湿陷量的计算值 $\triangle_s > 600$ mm、自重湿陷量的计算值 $\triangle_{zs} > 300$ mm 时，可判为Ⅲ级，其他情况可判为Ⅱ级。

◆场址选择与总平面设计

（1）场址选择应符合下列要求：

1）具有排水畅通或利于组织场地排水的地形条件。

2）避开洪水威胁的地段。

3）避开不良地质环境发育和地下坑穴集中的地段。

4）避开新建水库等可能引起地下水位上升的地段。

5）避免将重要建设项目布置在很严重的自重湿陷性黄土场地或厚度大的新近堆积黄土和高压缩性的饱和黄土等地段。

6）避开由于建设可能引起工程地质环境恶化的地段。

（2）总平面设计应符合下列要求：

1）合理规划场地，做好竖向设计，保证场地、道路和铁路等地表排水畅通。

2）在同一建筑物范围内，地基土的压缩性和湿陷性变化不宜过大。

3）主要建筑物宜布置在地基湿陷等级低的地段。

4）在山前斜坡地带，建筑物宜沿等高线布置，填方厚度不宜过大。

5)水池类构筑物和有湿润生产工艺的厂房等,宜布置在地下水流向的下游地段或地形较低处。

(3)山前地带的建筑场地,应整平成若干单独的台地,并应符合下列要求:

1)台地应具有稳定性。

2)避免雨水沿斜坡排泄。

3)边坡宜做护坡。

4)用陡槽沿边坡排泄雨水时,应保证使雨水由边坡底部沿排水沟平缓地流动,陡槽的结构应保证在暴雨时土不受冲刷。

(4)埋地管道、排水沟、雨水明沟和水池等与建筑物之间的防护距离,不宜小于表9.4规定的数值。当不能满足要求时,应采取与建筑物相应的防水措施。

表9.4 埋地管道、排水沟、雨水明沟和水池等与建筑物之间的防护距离　　　单位:m

建筑类别	地基湿陷等级			
	Ⅰ	Ⅱ	Ⅲ	Ⅳ
甲	—	—	8~9	11~12
乙	5	6~7	8~9	10~12
丙	4	5	6~7	8~9
丁	—	5	6	7

注:1.陇西地区和陇东-陕北-晋西地区,当湿陷性黄土层的厚度大于12 m时,压力管道与各类建筑的防护距离,不宜小于湿陷性黄土层的厚度;

2.当湿陷性黄土层内有碎石土、砂土夹层时,防护距离可大于表中数值;

3.采用基本防水措施的建筑,其防护距离不得小于一般地区的规定。

(5)防护距离的计算:对建筑物,应自外墙轴线算起;对高耸结构,应自基础外缘算起;对水池,应自池壁边缘(喷水池等应自回水坡边缘)算起;对管道、排水沟,应自其外壁算起。

(6)各类建筑与新建水渠之间的距离,在非自重湿陷性黄土场地不得小于12 m;在自重湿陷性黄土场地不得小于湿陷性黄土层厚度的3倍,并不应小于25 m。

(7)建筑场地平整后的坡度,在建筑物周围6 m内不宜小于0.02,当为不透水地面时,可适当减小;在建筑物周围6 m外不宜小于0.005。

当采用雨水明沟或路面排水时,其纵向坡度不应小于0.005。

(8)在建筑物周围6 m内应平整场地,当为填方时,应分层夯(或压)实,其压实系数不得小于0.95;当为挖方时,在自重湿陷性黄土场地,表面夯(或压)实后宜设置150~300 mm厚的灰土面层,其压实系数不得小于0.95。

(9)防护范围内的雨水明沟,不得漏水。在自重湿陷性黄土场地宜设混凝土雨水明沟,防护范围外的雨水明沟,宜做防水处理,沟底下均应设灰土(或土)垫层。

(10)建筑物处于下列情况之一时,应采取畅通排除雨水的措施:

1)邻近有构筑物(包括露天装置)、露天吊车、堆场或其他露天作业场等。

2)邻近有铁路通过。

3)建筑物的平面为E、U、H、L、口等形状构成封闭或半封闭的场地。

(11)山前斜坡上的建筑场地,应根据地形修筑雨水截水沟。

(12)防洪设施的设计重现期,宜略高于一般地区。

(13)冲沟发育的山区,应尽量利用现有排水沟排走山洪,建筑场地位于山洪威胁的地段,必须设置排洪沟。排洪沟和冲沟应平缓地连接,并应减少弯道,采用较大的坡度。在转弯及跌水处,应采取防护措施。

(14)在建筑场地内,铁路的路基应有良好的排水系统,不得利用道渣排水。路基顶面的排水应引向远离建筑物的一侧。在暗道床处,应将基床表面翻松夯(或压)实,也可采用优质防水材料处理。道床内应设防止积水的排水措施。

◆ **建筑设计要求**

(1)建筑设计应符合下列要求:

1)建筑物的体型和纵横墙的布置,应利于加强其空间刚度,并具有适应或抵抗湿陷变形的能力。多层砌体承重结构的建筑,体型应简单,长高比不宜大于3。

2)妥善处理建筑物的雨水排水系统,多层建筑的室内地坪应高出室外地坪450 mm。

3)用水设施宜集中设置,缩短地下管线并远离主要承重基础,其管道宜明装。

4)在防护范围内设置绿化带,应采取措施防止地基土受水浸湿。

(2)单层和多层建筑物的屋面,宜采用外排水;当采用有组织外排水时,宜选用耐用材料的水落管,其末端距离散水面不应大于300 mm,并不应设置在沉降缝处;集水面积大的外水落管,应接入专设的雨水明沟或管道。

(3)建筑物的周围必须设置散水。其坡度不得小于0.05,散水外缘应略高于平整后的场地,散水的宽度应按下列规定采用。

1)当屋面为无组织排水时,檐口高度在8 m以内宜为1.50 m;檐口高度超过8 m,每增高4 m宜增宽250 mm,但最宽不宜大于2.50 m。

2)当屋面为有组织排水时,在非自重湿陷性黄土场地不得小于1 m,在自重湿陷性黄土场地不得小于1.50 m。

3)水池的散水宽度宜为1~3 m,散水外缘超出水池基底边缘不应小于200 mm,喷水池等的回水坡或散水的宽度宜为3~5 m。

4)高耸结构的散水宜超出基础底边缘1 m,并不得小于5 m。

(4)散水应用现浇混凝土浇筑,其下应设置150 mm厚的灰土垫层或300 mm厚的土垫层,并应超出散水和建筑物外墙基础底外缘500 mm。

散水宜每隔6~10 m设置一条伸缩缝。散水与外墙交接处和散水的伸缩缝,应用柔性防水材料填封,沿散水外缘不宜设置雨水明沟。

(5)经常受水浸湿或可能积水的地面,应按防水地面设计。对采用严格防水措施的建筑,其防水地面应设可靠的防水层。地面坡向集水点的坡度不得小于0.01。地面与墙、柱、设备基础等交接处应做翻边,地面下应做300~500 mm厚的灰土(或土)垫层。

管道穿过地坪应做好防水处理,排水沟与地面混凝土宜一次浇筑。

(6)排水沟的材料和做法,应根据地基湿陷等级、建筑物类别和使用要求选定,并应设置灰土(或土)垫层。在防护范围内宜采用钢筋混凝土排水沟,但在非自重湿陷性黄土场地,室内小型排水沟可采用混凝土浇筑,并应做防水面层。对采用严格防水措施的建筑,其排水沟应增设可靠的防水层。

(7)在基础梁底下预留空隙,应采取有效措施防止地面水渗入地基。对地下室内的采光井,应做好防、排水设施。

(8)防护范围内的各种地沟和管沟(包括有可能积水、积汽的沟)的做法,均应符合给排水、供热与通风设计要求中关于地沟和管沟的规定。

◆结构设计要求

(1) 当地基不处理或仅消除地基的部分湿陷量时,结构设计应根据建筑物类别、地基湿陷等级或地基处理后下部未处理湿陷性黄土层的湿陷起始压力值或剩余湿陷量以及建筑物的不均匀沉降、倾斜和构件等不利情况,采取下列结构措施:

1) 选择适宜的结构体系和基础形式。
2) 墙体宜选用轻质材料。
3) 加强结构的整体性与空间刚度。
4) 预留适应沉降的净空。

(2) 当建筑物的平面、立面布置复杂时,宜采用沉降缝将建筑物分成若干个简单、规则,并具有较大空间刚度的独立单元。沉降缝两侧,各单元应设置独立的承重结构体系。

(3) 高层建筑的设计,应优先选用轻质高强材料,并应加强上部结构刚度和基础刚度。当不设沉降缝时,宜采取下列措施:

1) 调整上部结构荷载合力作用点与基础形心的位置,减小偏心。
2) 采用桩基础或采用减小沉降的其他有效措施,控制建筑物的不均匀沉降或倾斜值在允许范围内。
3) 当主楼与裙房采用不同的基础型式时,应考虑高、低不同部位沉降差的影响,并采取相应的措施。

(4) 丙类建筑的基础埋置深度,不应小于 1 m。

(5) 当有地下管道或管沟穿过建筑物的基础或墙时,应预留洞孔。洞顶与管道及管沟顶间的净空高度:对消除地基全部湿陷量的建筑物,不宜小于 200 mm;对消除地基部分湿陷量和未处理地基的建筑物,不宜小于 300 mm。洞边与管沟外壁必须脱离。洞边与承重外墙转角处外缘的距离不宜小于 1 m;当不能满足要求时,可采用钢筋混凝土框加强。洞底距基础底不应小于洞宽的 1/2,并不宜小于 400 mm,当不能满足要求时,应局部加深基础或在洞底设置钢筋混凝土梁。

(6) 砌体承重结构建筑的现浇钢筋混凝土圈梁、构造柱或芯柱,应按下列要求设置:

1) 乙、丙类建筑的基础内和屋面檐口处,均应设置钢筋混凝土圈梁。单层厂房与单层空旷房屋,当檐口高度大于 6 m 时,宜适当增设钢筋混凝土圈梁。

乙、丙类中的多层建筑:当地基处理后的剩余湿陷量分别不大于 150 mm、200 mm 时,均应在基础内、屋面檐口处和第一层楼盖处设置钢筋混凝土圈梁,其他各层宜隔层设置;当地基处理后的剩余湿陷量分别大于 150 mm 和 200 mm 时,除在基础内应设置钢筋混凝土圈梁外,并应每层设置钢筋混凝土圈梁。

2) 在 Ⅱ 级湿陷性黄土地基上的丁类建筑,应在基础内和屋面檐口处设置配筋砂浆带;在 Ⅲ、Ⅳ 级湿陷性黄土地基上的丁类建筑,应在基础内和屋面檐口处设置钢筋混凝土圈梁。

3) 对采用严格防水措施的多层建筑,应每层设置钢筋混凝土圈梁。

4) 各层圈梁均应设在外墙、内纵墙和对整体刚度起重要作用的内横墙上,横向圈梁的水平间距不宜大于 16 m。

圈梁应在同一标高处闭合,遇有洞口时应上下搭接,搭接长度不应小于其竖向间距的 2

倍,且不得小于 1 m。

5) 在纵、横圈梁交接处的墙体内,宜设置钢筋混凝土构造柱或芯柱。

(7) 砌体承重结构建筑的窗间墙宽度,在承受主梁处或开间轴线处,不应小于主梁或开间轴线间距的 1/3,并不应小于 1 m;在其他承重墙处,不应小于 0.60 m。门窗洞孔边缘至建筑物转角处(或变形缝)的距离不应小于 1 m。当不能满足上述要求时,应在洞孔周边采用钢筋混凝土框加强,或在转角及轴线处加设构造柱或芯柱。

对多层砌体承重结构建筑,不得采用空斗墙和无筋过梁。

(8) 当砌体承重结构建筑的门、窗洞或其他洞孔的宽度大于 1 m,且地基未经处理或未消除地基的全部湿陷量时,应采用钢筋混凝土过梁。

(9) 厂房内吊车上的净空高度;对消除地基全部湿陷量的建筑,不宜小于 200 mm;对消除地基部分湿陷量或地基未经处理的建筑,不宜小于 300 mm。

吊车梁应设计为简支。吊车梁与吊车轨之间应采用能调整的连接方式。

(10) 预制钢筋混凝土梁的支撑长度,在砖墙、砖柱上不宜小于 240 mm;预制钢筋混凝土板的支撑长度,在砖墙上不宜小于 100 mm,在梁上不应小于 80 mm。

◆给排水、供热与通风设计要求

1. 给水、排水管道

(1) 设计给水、排水管道,应符合下列要求:

1) 室内管道宜明装。暗设管道必须设置便于检修的设施。

2) 室外管道宜布置在防护范围外。布置在防护范围内的地下管道,应简捷并缩短其长度。

3) 管道接口应严密不漏水,并具有柔性。

4) 设置在地下管道的检漏管沟和检漏井,应便于检查和排水。

(2) 地下管道应结合具体情况,采用下列管材:

1) 压力管道宜采用球墨铸铁管、给水铸铁管、给水塑料管、钢管、预应力钢筒混凝土管或预应力钢筋混凝土管等。

2) 自流管道宜采用铸铁管、塑料管、离心成型钢筋混凝土管、耐酸陶瓷管等。

3) 室内地下排水管道的存水弯、地漏等附件,宜采用铸铁制品。

(3) 对埋地铸铁管应做防腐处理,对埋地钢管及钢配件宜设加强防腐层。

(4) 屋面雨水悬吊管道引出外墙后,应接入室外雨水明沟或管道。在建筑物的外墙上,不得设置洒水栓。

(5) 检漏管沟,应做防水处理。其材料与做法可根据不同防水措施的要求,按下列规定采用:

1) 对检漏防水措施,应采用砖壁混凝土槽形底检漏管沟或砖壁钢筋混凝土槽形底检漏管沟。

2) 对严格防水措施,应采用钢筋混凝土检漏管沟。在非自重湿陷性黄土场地可适当降低标准;在自重湿陷性黄土场地,对地基受水浸湿可能性大的建筑,宜增设可靠的防水层。防水层应做保护层。

3) 对高层建筑或重要建筑,当有成熟经验时,可采用其他形式的检漏管沟或有电汛检漏系统的直埋管中管设施。

对直径较小的管道,当采用检漏管沟确有困难时,可采用金属或钢筋混凝土套管。

(6)设计检漏管沟,除应符合本小节(5)条的要求外,还应符合下列规定:

1)检漏管沟的盖板不宜明设。当明设时或在人孔处,应采取防止地面水流入沟内的措施。

2)检漏管沟的沟底应设坡度,并应坡向检漏井。进、出户管的检漏管沟,沟底坡度宜大于0.02。

3)检漏管沟的截面,应根据管道安装与检修的要求确定。在使用和构造上需保持地面完整或当地下管道较多并需集中设置时,宜采用半通行或通行管沟。

4)不得利用建筑物和设备基础作为沟壁或井壁。

5)检漏管沟在穿过建筑物基础或墙处不得断开,并应加强其刚度。检漏管沟穿出外墙的施工缝,宜设在室外检漏井处或超出基础3 m处。

(7)对甲类建筑和自重湿陷性黄土场地上乙类中的重要建筑,室内地下管线宜敷设在地下或半地下室的设备层内。穿出外墙的进、出户管段,宜集中设置在半通行管沟内。

(8)穿基础或穿墙的地下管道、管沟,在基础或墙内预留洞的尺寸,应符合结构设计中的第(5)条的规定。

(9)设计检漏井,应符合下列规定:

1)检漏井应设置在管沟末端和管沟沿线的分段检漏处。

2)检漏井内宜设集水坑,其深度不得小于300 mm。

3)当检漏井与排水系统接通时,应防止倒灌。

(10)检漏井、阀门井和检查井等,应做防水处理,并应防止地面水、雨水流入检漏井或阀门井内。在防护范围内的检漏井、阀门井和检查井等,宜采用与检漏管沟相应的材料。

不得利用检查井、消火栓井、洒水栓井和阀门井等兼作检漏井。但检漏井可与检查井或阀门井共壁合建。

不宜采用闸阀套筒代替阀门井。

(11)在湿陷性黄土场地,对地下管道及其附属构筑物,如检漏井、阀门井、检查井、管沟等的地基设计,应符合下列规定:

1)应设150~300 mm厚的土垫层;对埋地的重要管道或大型压力管道及其附属构筑物,尚应在土垫层上设300 mm厚的灰土垫层。

2)对埋地的非金属自流管道,除应符合上述地基处理要求外,还应设置混凝土条形基础。

(12)当管道穿过井(或沟)时,应在井(或沟)壁处预留洞孔。管道与洞孔间的缝隙,应采用不透水的柔性材料填塞。

(13)管道穿过水池的池壁处,宜设柔性防水套管或在管道上加设柔性接头。水池的溢水管和泄水管,应接入排水系统。

2.供热管道与风道

(1)采用直埋敷设的供热管道,选用管材应符合国家有关标准的规定。对重点监测管段,宜设置报警系统。

(2)采用管沟敷设的供热管道,在防护距离内,管沟的材料及做法,应符合给水、排水管道设计要求的第(5)条和(6)条的要求;各种地下井、室,应采用与管沟相应的材料及做法;在防护距离外的管沟或采用基本防水措施,其管沟或井、室的材料和做法,可按一般地区的规定设计,阀门不宜设在沟内。

(3)供热管沟的沟底坡度宜大于0.02,并应坡向室外检查井,检查井内应设集水坑,其深度不应小于300 mm。

检查井可与检漏井合并设置。

在过门地沟的末端应设检漏孔,地沟内的管道应采取防冻措施。

(4)直埋敷设的供热管道、管沟和各种地下井、室及构筑物等的地基处理,应符合给水、排水管道设计要求的第(11)条的要求。

(5)地下风道和地下烟道的入孔或检查孔等,不得设在有可能积水的地方。当确有困难时,应采取措施防止地面水流入。

(6)架空管道和室内外管网的泄水、凝结水,不得任意排放。

◆地基计算

(1)湿陷性黄土场地自重湿陷量的计算值和湿陷性黄土地基湿陷量的计算值,应按结构设计中的第(4)条和(5)条的规定分别进行计算。

(2)当湿陷性黄土地基需要进行变形验算时,其变形计算和变形允许值,应符合现行国家标准《建筑地基基础设计规范》(GB 50007—2002)的有关规定。但其中沉降计算经验系数 ψ_s 可按表9.5取值。

表9.5 湿陷性黄土地基沉降计算经验系数

E_s/MPa	3.30	5.00	7.50	10.00	12.50	15.00	17.50	20.00
ψ_s	1.80	1.22	0.82	0.62	0.50	0.40	0.35	0.30

(3)湿陷性黄土地基承载力的确定,应符合下列规定:

1)地基承载力特征值,应保证地基在稳定的条件下,使建筑物的沉降量不超过允许值。

2)甲、乙类建筑的地基承载力特征值,可根据静载荷试验或其他原位测试、公式计算,并结合工程实践经验等方法综合确定。

3)当有充分依据时,对丙、丁类建筑,可根据当地经验确定。

4)对天然含水量小于塑限含水量的土,可按塑限含水量确定土的承载力。

(4)基础底面积,应按正常使用极限状态下荷载效应的标准组合,并按修正后的地基承载力特征值确定。当偏心荷载作用时,相应于荷载效应标准组合,基础底面边缘的最大压力值,不应超过修正后的地基承载力特征值的1.20倍。

(5)当基础宽度大于3 m或埋置深度大于1.50 m时,地基承载力特征值应按下式修正:

$$f_a = f_{ak} + \eta_b \gamma (b-3) + \eta_d (d-1.50) \tag{9.9}$$

式中 f_a——修正后的地基承载力特征值(kPa);

f_{ak}——相应于 $b=3$ m和 $d=1.50$ m的地基承载力特征值(kPa),可按本节第(3)条的原则确定;

η_b、η_d——分别为基础宽度和基层埋深的地基承载力修正系数,可按基底下土的类别由表9.6查得。

γ——基础底面以下土的重度(kN/m³),地下水位以下取有效重度;

γ_m——基础底面以上土的加权平均重度(kN/m^3),地下水位以下取有效重度;

b——基础底面宽度(m),当基础宽度小于 3 m 或大于 6 m 时,可分别按 3 m 或 6 m 计算;

d——基础埋置深度(m),一般可自室外地面标高算起;当为填方时,可自填土地面标高算起,但填方在上部结构施工后完成时,应自天然地面标高算起;对于地下室,如采用箱形基础或筏形基础时,基础埋置深度可自室外地面标高算起;在其他情况下,应自室内地面标高算起。

表 9.6 基础宽度和埋置深度的地基承载力修正系数

土的类别	有关物理指标	承载力修正系数	
		η_b	η_d
晚更新世(Q_3)、全新世(Q_4^1)湿陷性黄土	$w \leq 24\%$	0.20	1.25
	$w > 24\%$	0	1.10
新近堆积(Q_4^2)黄土	—	0	1.00
饱和土[①②]	e 及 I_L 都小于 0.85	0.20	1.25
	e 或 I_L 大于 0.85	0	1.10
	e 及 I_L 都不小于 1.00	0	1.00

注:1. 只适用于 $I_p > 10$ 的饱和黄土。

2. 饱和度 $S_r \geq 80\%$ 的晚更新世(Q_3)、全新世(Q_4^1)黄土。

◆桩基础设计要求

(1)在湿陷性黄土场地,符合下列中的任一款,均宜采用桩基础:

1)采用地基处理措施不能满足设计要求的建筑。

2)对整体倾斜有严格限制的高耸结构。

3)对不均匀沉降有严格限制的建筑和设备基础。

4)主要承受水平荷载和上拔力的建筑或基础。

5)经技术经济综合分析比较,采用地基处理不合理的建筑。

(2)在湿陷性黄土场地采用桩基础,桩端必须穿透湿陷性黄土层,并应符合下列要求:

1)在非自重湿陷性黄土场地,桩端应支撑在压缩性较低的非湿陷性黄土层中。

2)在自重湿陷性黄土场地,桩端应支撑在可靠的岩(或土)层中。

(3)在湿陷性黄土场地较常用的桩基础,可分为下列几种:

1)钻、挖孔(扩底)灌注桩。

2)挤土成孔灌注桩。

3)静压或打入的预制钢筋混凝土桩。

选用时,应根据工程要求、场地湿陷类型、湿陷性黄土层厚度、桩端持力层的土质情况、施工条件和场地周围环境等因素确定。

(4)在湿陷性黄土层厚度等于或大于 10 m 的场地,对于采用桩基础的建筑,其单桩竖向承载力特征值,应按《湿陷性黄土地区建筑规范》(GB 50025—2004)附录 H 的试验要点,在现场通过单桩竖向承载力静载荷浸水试验测定的结果确定。

当单桩竖向承载力静载荷试验进行浸水确有困难时,其单桩竖向承载力特征值,可按有关经验公式进行估算。

(5)在非自重湿陷性黄土场地,当自重湿陷量的计算值小于50 mm时,单桩竖向承载力的计算应计入湿陷性黄土层内的桩长按饱和状态下的正侧阻力。在自重湿陷性黄土场地,除不计湿陷性黄土层内的桩长按饱和状态下的正侧阻力外,尚应扣除桩侧的负摩擦力。对桩侧负摩擦力进行现场试验确有困难时,可按表9.7中的数值估算。

表9.7 桩侧平均负摩擦力特征值　　　　　　　　　　　　单位:kPa

自重湿陷量的计算值/mm	钻、挖孔灌注桩	预制桩
70~200	10	15
>200	15	20

(6)单桩水平承载力特征值,宜通过现场水平静载荷浸水试验的测试结果确定。

(7)在Ⅰ、Ⅱ区的自重湿陷性黄土场地,桩的纵向钢筋长度应沿桩身通长配置。在其他地区的自重湿陷性黄土场地,桩的纵向钢筋长度,不应小于自重湿陷性黄土层的厚度。

(8)为提高桩基的竖向承载力,在自重湿陷性黄土场地,可采取减小桩侧负摩擦力的措施。

(9)在湿陷性黄土场地进行钻、挖孔及护底施工过程中,应严防雨水和地表水流入桩孔内。当采用泥浆护壁钻孔施工时,应防止泥浆水对周围环境的不利影响。

(10)湿陷性黄土场地的工程桩,应按有关现行国家标准的规定进行检测,并应按第(5)条的规定对其检测结果进行调整。

【实 例】

【例9.1】 某一黄土场地(因土质地区而异的修正系数 β_0 取0.5)上进行场地初步勘察,在一探井中取样进行黄土湿陷性试验,结果如表9.8,试计算黄土的总湿陷量 Δ_s (不考虑地质分层)。

表9.8 黄土试验结果

取样深度/m	自重湿陷系数 δ_{zs}	湿陷系数 δ_s
1.0	0.032	0.044
2.0	0.027	0.036
3.0	0.022	0.038
4.0	0.020	0.030
5.0	0.001	0.012
6.0	0.005	0.022
7.0	0.004	0.020
8.0	0.001	0.006

解:当湿陷性系数 $\delta_s<0.015$ 时,一般定为非湿性黄土,所以凡湿陷性系数 $\delta_s<0.015$ 的土层不累计。

自重湿陷量按下式计算:

$$\Delta_{zs}/\text{cm} = \beta_0 \sum_1^n \delta_{zs} h_i$$

$$= 0.5(0.032 \times 100 + 0.027 \times 100 + 0.022 \times 100 + 0.020 \times 100)$$

$$= 0.5 \times 10.1$$

$$= 5.05$$

$\triangle_{zs} = 5.05 \text{ cm} < 7 \text{ cm}$,属于自重湿陷性黄土场地。

总湿陷量$\triangle_s$,在非自重湿陷黄土场地自基础底面(初勘时自地面下 1.5 m)算至基底下 5 m,本题计算自地面下 1.5 m ~ 6.5 m,β 值取 1.5。

$$\triangle_s/\text{cm} = \beta \sum_1^n \delta_{si} h_i$$
$$= 1.5 \times (0.036 \times 50 + 0.038 \times 100 + 0.030 \times 100 + 0.022 \times 100 + 0.020 \times 50)$$
$$= 1.5 \times 11.5$$
$$= 17.25$$

9.3 膨胀土地基

【基　础】

◆膨胀土

膨胀土通常是指土中黏粒成分主要由强亲水性的蒙脱石和伊利石矿物组成,同时具有显著的吸水膨胀和失水收缩两种性能的非饱和高塑性黏性土。

◆膨胀土的工程特性

1. 胀缩性

膨胀土吸水后体积膨胀,使其上的建筑物隆起,如果膨胀受阻即产生膨胀力;膨胀土失水体积收缩,造成土体开裂,并使其上的建筑物下沉。土中蒙脱石含量越多,其膨胀量和膨胀力越大;土的初始含水率越低,其膨胀量与膨胀力越大;击实膨胀土的膨胀性比原状膨胀土大,密实越高,膨胀性越大。

2. 崩解性

膨胀土浸水后体积膨胀,发生崩解。强膨胀土浸水后几分钟即完全崩解;弱膨胀土则崩解缓慢且不完全。

3. 多裂隙性

膨胀土中的裂隙主要可分为垂直裂隙、水平裂隙和斜交裂隙三种。这些裂隙将土层分割成具有一定几何形状的块体,从而破坏了土体的完整性,容易造成边坡的塌滑。

4. 超固结性

膨胀土大多具有超固结性,天然孔隙比小,密实度大,初始结构强度高。

5. 风化特性

膨胀土受气候因素影响很敏感,极易产生风化破坏作用。基坑开挖后,在风化作用下,土体很快会产生破裂、剥落,从而造成土体结构破坏,强度降低。受大气风化作用影响的深度各地不完全一样,云南、四川、广西地区约至地表下 3 ~ 5 m,其他地区 2 m 左右。

6. 强度衰减性

膨胀土的抗剪强度为典型的变动强度,具有峰值强度极高而残余强度极低的特性。由于膨胀土的超固结性,初期强度极高,现场开挖很困难,然而随着胀缩效应和风化作用时间的增加,其抗剪强度又大幅度衰减,在风化带以内,湿胀干缩效应显著。

【实　务】

◆膨胀土的成因及分布

膨胀土的成因环境主要为温和湿润且具备化学风化的良好条件,在这种环境条件下,硅酸盐为主的矿物不断分解,钙被大量淋失,钾离子被次生矿物吸收形成伊利石和伊利石、蒙脱石混合物为主的黏性土。

膨胀土在我国分布广泛,与其他土类不同的是,膨胀土主要呈岛状分布,根据现有资料,膨胀土主要分布在广西、云南、贵州、湖北、河北、河南、四川、安徽、山东、陕西、江苏和广东等地,在国外则主要分布在非洲和南亚地区。

◆膨胀土的辨别指标

膨胀土的判别指标大致可分三类:第一类根据膨胀土潜在的膨胀势来衡量,指标有膨胀力 P_e、膨胀性指标 K_e、压实指标 K_d 和吸水指标 K_w;第二类是根据土的表观膨胀率来评价,这类指标有自由线膨胀率 δ_e、自由体膨胀率 δ_{ef}、有荷膨胀率 δ_{ep}、线收缩率 δ_{si}、收缩系数 λ_s 和体缩率 δ_V 等;第三类是矿物成分及含水率等间接性指标,如活动性指数 K_A、缩限 w_s 和缩性指数 I_s 等。膨胀土的判别标准详见表9.9,凡有某一项达到或超过表中的临界值时,即可判为膨胀土。

表9.9　膨胀土的判别标准

序号	指标名称	计算公式	临界值 国外	临界值 国内
1	膨胀性指标 K_e	$K_e = \dfrac{e_1 - e}{1 + e}$	>0.4	0.2 或 0.4
2	压实指标 K_d	$K_d = \dfrac{e_1 - e}{e_1 - e_p}$	≥1.0	≥0.5 或 0.8
3	活动性指数 K_A	$K_A = \dfrac{I_p}{A}$	>1.25	≥0.6 或 ≥1.00
4	吸水指标 K_w	$K_w = \dfrac{w_L - w_{sr}}{w_{sr}}$	>0.4	≥0.4 或 ≥1.0
5	自由线膨胀率 δ_e	$\delta_e = \dfrac{h_1 - h_0}{h_0} \times 100\%$	>0.5%	>1.0%
6	缩限 w_s	—	<12%	<12%
7	缩性指数 I_s	$I_s = w_L - w_s$	>20	—
8	线收缩率 δ_{si}	$\delta_{si} = \dfrac{h_s - h_0}{h_0} \times 100\%$	>5.0%	—
9	收缩系数 λ_s	$\lambda_s = \dfrac{\Delta \delta_s}{\Delta w} \times 100\%$	—	—

表 9.9 膨胀土的判别标准

序号	指标名称	计算公式	临界值 国外	临界值 国内
10	有荷膨胀率 δ_{ep}	$\delta_{ep} = \dfrac{h_p - h_0}{h_0} \times 100\%$	>1.0%	—
11	体缩率 δ_v	$\delta_v = \dfrac{v_0 - v_s}{v_0} \times 100\%$	>10%	—
12	自由膨胀率 δ_{ef}	$\delta_{ef} = \dfrac{V_{we} - V_0}{V_0} \times 100\%$	—	≥40%

注:表中符号代表的含义如下:

I_p——塑性指数;

$\triangle\delta_{si}$——收缩过程中与两点含水量之差对应的竖向收缩率之差/%;

e_L、e_p——分别为液限和塑限时的孔隙比;

w_L、w_p、w_s——分别为液限、塑限和缩限;

w_{sr}、$\triangle_w$——分别为土样饱和时含水率和收缩过程中直线变化阶段两点含水量之差/%;

h_0——试样原始高度/mm;

h_t、h_p——分别为试样在无荷载和有荷载条件下浸水膨胀稳定后的高度/mm;

h_s——试样烘干后的高度/mm;

V_{we}、V_0——分别为试样浸水膨胀稳定后的体积和试样原有体积/ml。

◆膨胀土的分类

根据《膨胀土地区建筑技术规范》(GBJ 112—1987)及自由膨胀率对膨胀土进行分类,详见表 9.10。

表 9.10 膨胀土的膨胀潜势分类

自由膨胀率/%	$40 \leq \delta_{ef} < 65$	$65 \leq \delta_{ef} < 90$	$\delta_{ef} \geq 90$
膨胀潜势	弱	中	强

◆膨胀土地基变形量计算

膨胀土地基变形量可按以下三种情况分别计算:

(1)当离地表 1 m 处地基土的天然含水率等于或接近最小值时,或地面有覆盖层且无蒸发可能时,以及建筑物在使用期间经常有水浸湿的地基可按式(9.10)计算膨胀变形量。

(2)当离地表 1 m 处地基土的天然含水率大于 1.2 倍塑限含水率时,或直接受高温作用的地基,可按收缩变形量用式(9.11)计算。

(3)其他情况下则可按胀缩变形量用式(9.12)计算。

膨胀变形量 s_e 计算:

$$s_e = \psi_e \sum_{i=1}^{n} \delta_{epi} h_i \tag{9.10}$$

式中 ψ_e——经验系数宜根据当地经验确定,无经验时,三层及三层以下建筑物取 0.6;

δ_{epi}——基底下第 i 层土在自重和附加应力作用下的膨胀率由室内试验确定;

h_i——第 i 层土的计算厚度(mm);

n——自基础底面至计算深度内所划分的土层数,计算深度应根据大气影响深度确定;有浸水可能时,可按浸水影响深度确定。

收缩变形量 s_s 计算：

$$s_s = \psi_s \sum_{i=1}^{n} \lambda_{si} \triangle w_i h_i \tag{9.11}$$

式中　ψ_s——经验系数，宜根据当地经验确定，无经验时，三层及三层以下建筑物取 0.8；
　　　λ_{si}——第 i 层土的收缩系数，应由室内试验确定；
　　　$\triangle w_i$——地基土收缩过程中，第 i 层土可能发生的含水率变化平均值（以小数表示）；
　　　n——自基础底面至计算深度内所划分的土层数，计算深度可取大气影响深度确定；有热源影响时，可按浸水影响深度确定。

膨胀变形量 s 计算：

$$s = \varphi \sum_{i=1}^{n} \delta(\delta_{epi} + \lambda_{si} \triangle w_i) h_i \tag{9.12}$$

式中　ψ——计算胀缩变形量的经验系数，可取 0.7。

◆地基膨胀等级划分

根据地基的膨胀、收缩变形对低层砖混房屋的影响程度，可将膨胀土地基的胀缩等级划分为三级，见表 9.11，建筑物可能受损坏的程度见表 9.12。

表 9.11　膨胀土地基的膨胀等级

地基分级变形量 s_C/mm	$15 \leq s_C < 35$	$35 \leq s_C < 70$	$s_C \geq 70$
级别	Ⅰ	Ⅱ	Ⅲ

注：地基分级变形量应按式（9.10）、（9.11）和（9.12）计算，式中膨胀率采用的压力为 50 kPa。

表 9.12　房屋损坏程度标准

损坏程度	承重墙裂缝最大宽度/mm	最大变形幅度/mm
轻微	≤15	≤30
中等	16~50	30~60
严重	>50	>60

◆地基承载力确定

根据《膨胀土地区建筑技术规范》（GBJ 112—1987），对于荷载较大的建筑物用现场浸水载荷试验方法确定地基承载力；当采用饱和三轴不排水快剪试验确定土的抗剪强度时，可按国家现行《建筑地基基础设计规范》（GB 50007—2002）中有关规定计算地基承载力；当无资料时，可按表 9.13 确定膨胀土地基承载力。

表 9.13　膨胀土地基承载力　　　　　　　　　　　单位：kPa

含水比 a_w \ 孔隙比 e	0.6	0.9	1.1
<0.5	350	280	200
0.5~0.6	300	220	170
0.6~0.7	250	200	150

【实　　例】

【例9.2】 利用表9.14中所给的数据,按《膨胀土地区建筑技术规范》(GBJ 112—1987)规定,试计算膨胀土地基的分级变形量。

表9.14 膨胀土地基的分级变形量参数

层序	层厚 h_i/m	层底深度 /m	第i层的含水量变化$\triangle w_i$	第i层的收缩系数λ_{si}	第i层在50 kPa下的膨胀率δ_{epi}
1	0.64	1.60	0.0273	0.28	0.0084
2	0.86	2.50	0.0211	0.48	0.0223
3	1.00	3.50	0.044	0.035	0.0249

解:

$$s_c/\text{mm} = \psi \sum_{i=1}^{n}(\delta_{epi} + \lambda_{si}\triangle w_i)h_i$$

$= 0.7[(0.0084 \times 640 + 0.0223 \times 860 + 0.0249 \times 1\,000) + (0.28 \times 0.0273 \times 640 + 0.48$

$\times 0.0211 \times 860 + 0.35 \times 0.0140 \times 1\,000)]$

$= 0.7 \times 67.96$

$= 47.57$ mm

≈ 48

9.4 红黏土地基

【基　　础】

◆**红黏土**

红黏土是指碳酸盐岩系出露区的岩石,经过更新世以来在湿热的环境中,由岩变土一系列的红土化作用,形成并覆盖在基岩上,呈棕红、褐黄等色的高塑性黏土。

◆**红土化作用**

所谓红土化作用是指碳酸盐系岩石在湿热气候环境条件下,逐渐由岩石演变成土的过程。

◆**红黏土的分布**

红黏土主要集中分布在我国长江以南,即北纬33°以南的地区,西起云贵高原,经四川盆地南缘、鄂西、湘西、广西向东延伸到粤北、湘南、皖南、浙西等丘陵山地。

【实　　务】

◆**红黏土的工程分类**

1. 按土体结构分类

按土体结构可将红黏土分为三类，即致密状、巨块状和碎块状，见表9.15。

表9.15 土体结构类型

土体结构	外观特征	S_t
致密状的	偶见裂隙（<1 条/m）	>1.2
巨块状的	较多裂隙（<1~5 条/m）	0.8~1.2
碎块状的	富裂隙（>5 条/m）	≤0.8

2. 按湿度状态分类

红黏土的状态指标除惯用的液性指数 I_L 外，含水比 $a_w = w/w_L$ 与土的力学指标有紧密性。根据上述两个指标，可将红黏土划分成五类，即坚硬、硬塑、可塑、软塑和流塑，见表9.16。

表9.16 湿度状态分类标准

状态指标 状态	$a_w = w/w_L$	I_L	状态指标 状态	$a_w = w/w_L$	I_L
坚硬	≤0.55	≤0	软塑	0.85~1.0	0.67~1.0
硬塑	0.55~0.70	0~0.33	流塑	>1.0	>1.0
可塑	0.70~0.85	0.33~0.67			

◆ 红黏土的工程特性

红黏土的工程特性主要表现在以下几个方面：

1. 高塑性和高孔隙比

红黏土呈高分散性，黏粒含量高，粒间胶体氧化铁具有较强的黏结力，并形成团粒，因此反映出具有高塑性的特征，特别是液限 w_L 比一般黏性土高，都在50%以上。由于团粒结构在形成过程中，造成总的孔隙体积大，因此孔隙比常大于1.0，它与黄土的不同在于单个孔隙体积很小，黏粒间胶结力强且非亲水性，因此红黏土无湿陷性，其压缩性也低，力学性能好。

2. 土层的不均匀性

红黏土厚度不均匀特性主要表现在以下两方面：

（1）下伏碳酸盐岩系地层中的岩溶发育，在地表水和地下岩溶水的单独或联合作用下，由于水的冲蚀、吸蚀等作用，在红黏土地层中可形成洞穴，称为土洞。只要冲蚀吸蚀作用不停止，土洞可迅速发展扩大，由于这些洞体埋藏浅，在自重或外荷作用下，可演变为地表塌陷。

（2）母岩岩性和成土特性决定了红黏土厚度不大。特别是在高原山区，分布分散，由于石灰岩和白云岩岩溶化强烈，岩面起伏大，形成许多石笋石芽，导致红黏土厚度水平方向上变化大。常见水平相距1 m，土层厚度可相差5 m或更多。

3. 土体结构的裂隙性

自然状态下的红黏土呈致密状态，无层理，表面受大气影响呈坚硬或硬塑状态。当失水后土体发生收缩，土体中出现裂缝，接近地表的裂缝呈竖向开口状，往深处逐渐减弱，呈网状微裂隙且闭合。由于裂隙的存在，土体整体性遭到破坏，总体强度大为减弱，此外，裂隙又促使深部失水，有些裂隙发展成为地裂，土中裂隙发育深度一般为2~4 m，有些可达7~8 m，在这类地层内开挖，开挖面暴露后受气候的影响，裂隙的发生和发展迅速，可将开挖面切割的支离破碎，从而影响到边坡的稳定性。如图9.1所示。图中同时标出了裂隙周围含水率的等值线，可以看出在地裂缝附近含水率低于远处。

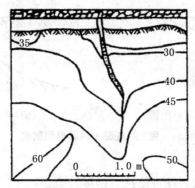

图9.1 地裂附近土体中含水率等值线

◆红黏土地基承载力

均质红黏土地基的承载力可根据经验方法和理论方法确定。

1. 经验方法

经验法确定红黏土地基承载力有两种方法,一是根据状态指标与载荷试验结果经统计按经验公式(9.13)计算;二是根据静力触探指标经统计按经验公式(9.14)计算。

$$f_0 = 121.8 \times (0.5968)^{I_r} \times (2.820)^{\frac{1}{a_w}} \qquad (9.13)$$

$$f_0 = 0.09 p_s + 90 \qquad (9.14)$$

式中 f_0——红黏土地基承载力基本值(kPa);

I_r——液塑比,$I_r = w_L/w_p$;

a_w——含水比,$a_w = w/w_L$;

p_s——静力触探比贯入阻力(kPa)。

2. 按承载力公式计算确定

按承载力公式进行计算时,抗剪强度指标应由三轴压缩试验求得,若采用直剪仪快剪指标时。其抗剪强度指标应予修正,对 c 值一般乘以 $0.6 \sim 0.8$ 系数,对 φ 值一般乘以 $0.8 \sim 1.0$ 系数。

不均匀地基处理

1. 土层厚度不均匀情况

常见土层厚度不均匀有如图9.2所示的两种情况,如图9.2(a)所示表示一端有岩石出露,另一端为有一定厚度土层;如图9.2(b)所示表示下卧岩层起伏,未出露地面两端土层厚度不一的情况。对于这两种岩土不均匀地基的处理,原则上通过沉降分析来考虑处理方案,常用做法如下:

(1)当下卧岩层单向倾斜较大时,可调整基础的深度、宽度或采用桩基等进行处理,也可将基础沿基岩的倾斜方向分段做成阶梯形,从而使地基变形趋于一致。

(2)对于大块孤石石芽、石笋或局部岩层出露等情况,应在基础与岩石接触的部位,将岩石露头削低,做厚度不小于 50 cm 的褥垫,然后再根据土质情况,结合结构措施进行综合处理。

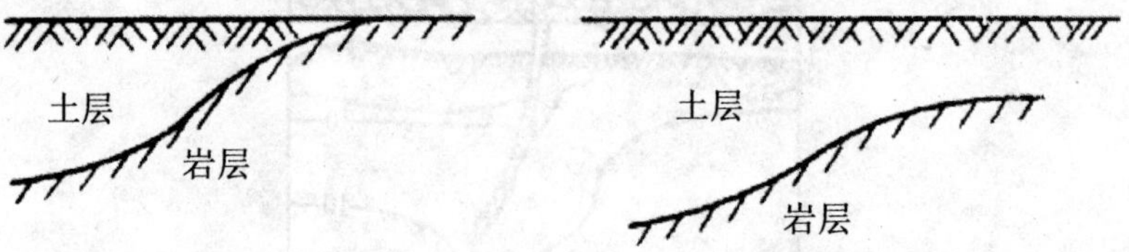

(a) 有岩石出露　　(b) 无岩石出露

图9.2 红黏土地基典型剖面

2. 土中裂缝的问题

(1) 土中出现的细微网状裂缝可使抗剪强度降低50%以上,主要影响土体的稳定性,所以,当土体承受较大水平荷载或外侧地面倾斜、有临空面等情况时应验算其稳定性,对于仅受竖向荷载时应适当折减地基承载力。

(2) 土中深长的地裂缝对工程危害极大,地裂缝可长达数公里,深可达 8~9 m,在其上的建筑物无一不损坏,这不是一般工程措施可治理的,所以原则上应避免裂缝地区。

3. 土的胀缩性问题

红黏土的收缩性能引起建筑物的损坏,特别是对一些低层建筑物影响较大,所以应采取有效的保温及保湿措施。

9.5 盐渍土地基

【基　础】

◆**盐渍土**

当土中易溶盐含量大于0.3%,并具有溶陷、盐胀、腐蚀等工程特性时,这类土可称为盐渍土。

◆**盐渍土分类**

盐渍土根据其含盐化学成分和含盐量可按表9.17和表9.18分类。

表9.17 盐渍土按含盐化学成分分类

盐渍土名称	$\dfrac{c(Cl^{-1})}{2c(SO_4^{2-})}$	$\dfrac{2c(CO_3^{2-})+c(HCO_3^{-})}{c(Cl^{-1})+2c(SO_4^{2-})}$	盐渍土名称	$\dfrac{c(Cl^{-1})}{2c(SO_4^{2-})}$	$\dfrac{2c(CO_3^{2-})+c(HCO_3^{-})}{c(Cl^{-1})+2c(SO_4^{2-})}$
氯盐渍土	>2	—	硫酸盐渍土	<0.3	—
亚氯盐渍土	1~2	—	碱性盐渍土	—	>0.3
亚硫酸盐渍土	0.3~1	—			

注:表中 $c(Cl^{-})$ 为氯离子在100g土中所含毫米数,其他离子一样。

表9.18 盐渍土按含盐量分类

盐渍土	平均含盐量/%		
	氯及亚氯盐	硫酸及亚硫酸盐	碱性盐
弱盐渍土	0.3~1.0	—	—
中盐渍土	1~5	0.2~0.3	0.3~1.0
强盐渍土	5~8	2~5	1~2
超盐渍土	>8	>5	>2

【实　务】

◆ 盐渍土的成因及分布

1. 盐渍土的成因

盐渍土的成因主要取决于盐源、迁移和积聚。

(1)盐源。盐渍土中盐的来源主要有三种：一是岩石在风化过程中分离出少量的盐；二是海水侵入、倒灌等将盐渗入土中；三是工业废水或含盐废弃物，使土体中含盐量增高。

(2)盐的迁移和积聚。盐的迁移积聚主要靠风力或水流完成。在沙漠干旱地区，大风常将含盐的土粒或盐的晶体吹落到远处，积聚起来，使盐重新分布。

水流是盐类迁移和重新分布的主要因素，地表水和地下水在流动过程中把所溶解的盐分带到低洼处，有时形成大的盐湖。在含盐量很高的水流经过的地区，如遇到干旱的气候环境，由于强烈蒸发，盐类析出并积聚在土体中形成盐渍土。在滨海地区，地下水中的盐分，通过毛细作用，将下部的盐输送到地表，由于地表的蒸发作用，将盐分析出，形成盐渍土。有些地区长期大量开采地下水，农田灌溉不当，也会造成盐分积聚。

2. 盐渍土的分布

盐渍土在世界各地均有分布。我国的盐渍土主要分布在西北干旱地区的新疆、青海、西藏北部、甘肃、宁夏、内蒙古等地势低洼的盆地和平原中，其次分布在华北平原、松辽平原等地。另外在滨海地区的辽东湾、渤海湾、莱州湾、杭州湾以及包括台湾在内的诸岛屿沿岸，也有相当面积的盐渍土存在。

有些盐渍土中以含碳酸钠或碳酸氢钠为主，碱性较大，pH 值一般为 8~10.5，这种土称为碱土(碱性盐渍土)，农业上称为苏打土，这种土零星分布于我国东北的松辽平原以及华北的黄、淮、海河平原。

◆ 盐渍土地基的评价

对盐渍土地基的评价主要考虑盐渍土地基的溶陷性、盐胀性和腐蚀性。

1. 溶陷性

(1)天然状态下盐渍土的自重压力或附加压力作用下，受水浸湿时产生的附加变形称作盐渍土的溶陷变形。研究表明，只有干燥和稍湿的盐渍土才具有溶陷性，且多数为自重溶陷。盐渍土的溶陷性可以用单一的有荷载作用时的溶陷系数 δ 来衡量，δ 的测定与黄土的湿陷系数相似，由室内压缩试验确定。

(2)由室内压缩试验确定溶陷系数：

$$\delta = \frac{h_p - h'_p}{h_0} \tag{9.15}$$

式中　h_p——原状土样在压力 p 作用下沉降稳定后的高度(mm)；

　　　h'_p——在同一压力下，浸水溶陷下沉稳定后的高度(mm)；

　　　h_0——土样的原始高度。

(3)溶陷系数也可以通过现场试验确定：

$$\delta = \frac{\Delta s}{h} \qquad (9.16)$$

式中 Δs——载荷板压力 p 时,盐渍土浸水后的溶陷量(mm);

　　　h——载荷板下盐渍土的湿润深度(mm);

(4)根据溶陷系数计算地基的溶陷量 s:

$$s = \sum_{i=1}^{n} \delta_i h_i \qquad (9.17)$$

式中 δ_i、h_i——第 i 层土的溶陷系数及其厚度(mm);

　　　n——基础底面下地基溶陷范围内土层数目。

(5)根据溶陷量可把盐渍土地基分成 3 个等级,见表 9.19。

表 9.19 盐渍土地基的溶陷等级

溶陷等级	Ⅰ	Ⅱ	Ⅲ
溶陷量 s/mm	$70 < s \leq 150$	$150 < s \leq 400$	$s > 400$

2. 腐蚀性

盐渍土中含有大量的无机盐,它使土具有明显的腐蚀性。对建筑物基础和地下设施构成了一种严重的腐蚀环境,从而影响其耐久性和安全性,盐渍土腐蚀性评价见表 9.20。

表 9.20 盐渍土腐蚀性评价

地基介质	离子种类	埋设条件	腐蚀性等级			
			无	弱	中	强
地下水中盐离子含量 /(mg/L)	NH_4^+	—	≤100	100~500	500~800	>800
	Mg^{2+}	—	≤1 000	1 000~2 000	2 000~3 000	>3 000
	SO_4^{2-}	—	≤250	250~500	500~1 000	>1 000
	Cl^-	全浸	≤5 000	—	—	—
		间浸	—	≤500	500~5 000	>5 000
	pH		>6.5	6.5~6	5~4	<4
土中盐离子含量/(mg/kg)	SO_4^{2-}	干燥	≤500	500~1 000	1 000~1 500	>1 500
		湿润	≤250	250~500	500~1 000	>1 000
	Cl^-	干燥	≤400	400~750	750~7 500	>750
		湿润	≤250	250~500	500~5 000	>5 000
	总盐量 mg/kg	有蒸发面	≤3 000	3 000~5 000	5 000~10 000	>10 000
		无蒸发面	≤10 000	10 000~20 000	20 000~50 000	>50 000
	pH		>6.5	6.5~5.0	5~4.0	<4.0

3. 盐胀性

盐渍土地基的盐胀性通常可分为结晶膨胀和非结晶膨胀两类。结晶膨胀是由于盐渍土因温度降低或失去水分后,溶于孔隙水中的盐浓缩并析出结晶所产生的体积膨胀。当土中硫酸钠含量超过某一值(约2%),且在低温或含水量下降时,硫酸钠发生结晶膨胀。

非结晶膨胀是指由于盐渍土中存在着大量吸附性阳离子,特别是低价的水化阳离子与黏土胶粒相互作用,使扩散层水膜厚度增大而引起土体膨胀。最具代表性的是碳酸盐渍土,含水量增加时,土质泥泞不堪。

◆ **盐渍土地基的处理措施**

在盐渍土地区进行工程建设,首先要注意提高建筑材料本身的防腐能力,如选用优质水泥、提高密实性、增大保护层厚度和提高钢筋的防腐能力等,同时还可采取在混凝土或砖石砌体表面做防水层和防腐涂层等方法。防盐类侵蚀的重点部位在接近地面或地下水干湿交替的区段,具体措施见表9.21。

表9.21 盐渍土地区防腐蚀措施

腐蚀等级	防腐等级	水泥品种	水泥用量 /(kg·m^{-3})	水灰比	外加剂	外部防腐蚀措施	
						干湿交替	深埋
弱	3	普通水泥、矿渣水泥	280~330	≤0.60		常规防护	常规或不防护
中	2	普通水泥、矿渣水泥、抗腐蚀水泥	330~370	≤0.50	酌情选用阻锈剂、减水剂、引气剂	沥青类防水涂层	常规或不处理
强	1	普通水泥、矿渣水泥、抗腐蚀水泥	370~40	≤0.40	减水剂、阻锈剂	沥青或树脂类、防腐涂层	沥青类涂层

此外,对搅拌混凝土或砂浆的用水和砂石料的含盐量也必须严格控制,应满足有关规定。

9.6 冻土地基

【基　础】

◆**冻土的分类及分布**

温度在零摄氏度以下,且土中水冻结成固态冰的土称为冻土。冻土可分为季节性冻土和多年冻土两类。

(1)季节性冻土指冬季冻结,夏季全部融化的冻土。季节性冻土主要分布在我国华北、东北与西北大部分地区。

(2)冻土的冻结状态持续两年或三年以上的土称为多年冻土。多年冻土主要分布在我国的东北大、小兴安岭北部、青藏高原及天山等纬度及海拔较高的严寒地区,占我国领土面积的22%。

【实　务】

◆**冻土的物理性质指标**

冻土的物理性质指标见表9.22。

表9.22 冻土的物理性质指标

分类	内容
冻土的含水量	(1)冻土的总含水量是指冻土中所有的冰和未冻水的总质量与土骨架质量之比,即: $$w_0 = w_i + w'_w \quad (9.18)$$ 式中 w_i——土中冰的质量与土骨架质量比(%); w'_w——土中未冻水质量与土骨架质量之比(%)。 (2)冻土在负温条件下,仍有一部分水不冻结,称为未冻水。未冻水的含量与土的性质和负温度有关。可按下式计算: $$w'_w = K'_w w_P \quad (9.19)$$ 式中 w_P——塑限(%); K'_w——与塑性指数和温度有关的系数,见表9.23
冻土的含冰量	(1)相对含冰量(i_0)。冻土中冰的质量 g_i 与全部水的质量 g_w(包括冰和未冻水)之比,即: $$i_0 = \frac{g_i}{g_w} \times 100\% = \frac{g_i}{g_i + g'_w} \times 100\% \quad (9.20)$$ (2)质量含冰量(i_g)。冻土中冰的质量 g_i 与冻土中土骨架质量 g_s 之比,即: $$i_g = \frac{g_i}{g_s} \times 100\% \quad (9.21)$$ (3)体积含冰量(i_v)。冻土中冰的体积 V_i 与冻土总体积 V 之比,即: $$i_v = \frac{V_i}{V} \times 100\% \quad (9.22)$$
土的冻胀量	(1)无地下水源补给时的冻胀量 h_n: $$h_n = 1.09 \frac{\rho_s}{\rho_w}(w - w_p)H \quad (9.23)$$ 式中 w、w_p——分别为土的含水量和土的塑限(%); ρ_s、ρ_w——分别为土和水的密度(kg/m³)。 (2)对于有地下水源补给的情况,冻胀量与冻结时间有关,应该根据现场实测确定
土的冻胀强度	单位冻结深度的冻胀量称为冻胀强度或冻胀率 η(%),即 $$\eta = \frac{h_n}{H} \quad (9.24)$$
冻胀力	土在冻结时由于体积膨胀对基础产生的作用力称为土的冻胀力。 冻胀力按其作用方向可分为作用在基础底面的法向冻胀力和作用在侧面的切向胀力。在无水源补给的封闭系统,冻胀力一般不大;当有水源补给的敞开系统,冻胀力就可能成倍增加。法向冻胀力一般都很大,非建筑物自重能克服的,所以一般要求基础埋置在冻结深度以下,或采取消除的措施。切向冻胀力可在建筑物使用条件下通过现场或室内试验求得。也可根据经验查表9.24确定
冻结力	(1)冻土与基础表面通过冰晶冻结在一起,这种胶结力称为冻结力。 (2)基础侧面总的长期冻结力 Q_d 计算: $$Q_d = \sum_{i=1}^{n} S_{di} F_{di} \quad (9.25)$$ (3)基础表面的长期冻结力 S_d 可按表9.25确定

表 9.23　K'_w 系数

土的名称	塑性指数	土温(℃)时的系数 K'_w					
		-0.3	-0.5	-1.0	-2.0	-4.0	-10.0
砂类土	$I_p < 1$	0	0	0	0	0	0
粉砂或黏土	$1 < I_p \leq 2$	0	0	0	0	0	0
	$2 < I_p \leq 7$	0.6	0.5	0.4	0.35	0.3	0.25
黏质粉土或粉质黏土	$7 < I_p \leq 13$	0.7	0.65	0.60	0.50	0.45	0.40
	$13 < I_p \leq 17$	*	0.75	0.65	0.55	0.5	0.45
黏土	$I_p > 17$		0.95	0.90	0.65	0.60	0.55

注：*所有土孔隙中的水处于未冻结状态(即 $K'_w = 1$)。

表 9.24　冻土对混凝土、木质基础的切向冻胀力　　单位:kPa

土的名称	含水程度	地基类型					
		基础容许有一定变形的非过水建筑物			基础基本不容许变形的过水建筑物		
黏性土	液性指数 I_L	$I_L \leq 0$	$0 < I_L \leq 1$	$I_L > 1$	$I_L \leq 0$	$0 < I_L \leq 0.5$	$0.5 < I_L \leq 1$	$I_L > L$
	切向冻胀力 τ_l/kPa	0~30	30~80	80~150	0~50	50~100	100~150	150~250
砂土、碎石土	饱和度 S_r 或含水量 ω/%	$S_r \leq 0.5$ ($\omega \leq 12$)	$0.5 \leq S_r \leq 0.8$ ($12 < \omega \leq 18$)	$S_r < 0.8$ ($\omega < 18$)	$S_r \leq 0.5$ ($\omega \leq 12$)	$0.5 < S_r \leq 0.8$ ($12 < \omega \leq 18$)	$S_r > 0.8$ ($\omega < 18$)
	切向冻胀力 τ_l/kPa	0~20	20~50	50~100	0~40	40~80	80~160

注：1. 地表水冻结时,对基础的切向冻胀力为 150~200 kPa。
2. 对粉质黏土、粉黏粒含量大于 15% 的砂土、碎石土用表中的大值。

表 9.25　冻土与混凝土、木质基础表面的长期冻结力 s_d　　单位:kPa

土的名称	土的平均温度/℃						
	-0.5	-1.0	-1.5	-2.0	-2.5	-3.0	-4.0
黏性土及粉土	60	90	120	150	180	210	280
砂土	80	130	170	210	250	290	380
碎石土	70	110	150	190	230	270	350

◆保持冻结状态下冻土地基设计

1. 基础采用的结构形式

(1)设置架空而且通风的底层地板。
(2)采用地下冷却装置(冷却管、地沟等)。

通风管或外墙上留的通风口的面积应经过热功计算。在夏季这些通风口应能封闭上,以免室外的空气进入。

2. 基础最小埋深

(1)融深设计值 Z_d^m 计算：

$$Z_d^m = Z_0^m \psi_s^m \psi_c^m \psi_w^m \psi_{t0}^m \tag{9.26}$$

式中　Z_0^m——标准融深；
　　　ψ_s^m——土质(岩性)影响系数,按表 9.26 的规定采用；
　　　ψ_c^m——覆盖对融深的影响系数,对草炭覆盖的地表取 0.7；
　　　ψ_w^m——湿度(融深性)对融深的影响系数,按表 9.27 的规定采用；
　　　ψ_{t0}^m——地形对融深的影响系数,按表 9.28 的规定采用。

表 9.26　土质(岩性)对融深的影响系数

土质(岩性)	ψ_s^m
黏性土	1.00
细砂、粉砂、粉土	1.20
中、粗、砾砂	1.30
碎(卵)石土	1.40

表 9.27　湿度(融沉性)对融深的影响系数

湿度(融沉性)	ψ_w^m
不融沉	1.00
弱融沉	0.95
融沉	0.90
强融沉	0.85
融陷	0.80

表 9.28　地形对融深的影响系

地形	ψ_{t0}^m
平坦	1.00
阳坡	0.90
阴坡	1.10

(2)基础最小埋深见表 9.29。

表 9.29　基础最小埋置深度 d_{min}

建筑安物安全等级	基础类型	基础最小埋深 d_{min}/m
一、二级	建筑物基础(桩基除外)	$Z_d^m + 1$
	建筑物的桩基础	$Z_d^m + 2$
三级	建筑物基础	Z_d^m

3.地基强度验算

(1)中心荷载时,应符合下式要求:

$$p = \frac{F+G}{A} \leq f \tag{9.27}$$

式中　p——基础底面处平均压力设计值;

　　　F——基础顶面竖向力设计值;

　　　G——基础用其台阶上土的总重设计值;

　　　A——基础底面积;

　　　f——地基承载力设计值,可按表 9.30 中的数值采用或按原位试验确定。

表 9.30　冻土承载力设计值

土的名称 \ 温度/℃ f值/kpa	-0.5	-1.0	-1.5	-2.0	-2.5	-3.0
块、卵石,碎、砾石类土	800	1 000	1 200	1 400	1 600	1800
砾砂、粗砂	650	800	950	1 100	1 250	1 400
中砂、细砂、粉砂	500	650	800	950	1 100	1 250
黏土、粉质黏土、粉土	400	500	600	700	800	900

注:1.冻土极限承载力可按表中数值乘 2。

　　2.表中数值适用按融沉性分类的 I、II、III类的多年冻土。

第9章 特殊土地基设计

3. 冻土含水量属于分类表中Ⅳ类土时,黏性土取值乘以 0.6~0.8(含水量接近Ⅲ类土取 0.8,接近Ⅴ类土取 0.6,中间取中值)。块、卵石土、碎、砾石土和砂土取值乘以 0.4~0.6(含水量接近Ⅲ类土取 0.6,接近Ⅴ类土取 0.4,中间取中值)。

4. 当含水量小于等于未冻水量时,按不冻土取值。

5. 表中温度时使用期间基础底面下的最高地温。

6. 本表不适于盐渍土、泥炭土。

(2)偏心荷载时,除符合式(9.27)外,还应符合式(9.28)要求:

$$P_{\max} = \frac{F+G}{A} + \frac{M-M_c}{\overline{W}} \leq 1.2f \tag{9.28}$$

$$M_c = f_c h_b l(1+0.5l) \tag{9.29}$$

式中 M——作用于基础底面的力矩设计值;

$\overline{W}$——基础底面的抵抗矩;

M_c——作用于基础侧表面与多年冻土冻结的切向力所形成的力矩设计值;

f_c——多年冻土与基础侧面间冻结强度设计值,应由试验确定,当无试验资料时,可按表 9.31~9.33 确定;

h_b——基础侧面与多年冻土冻结的高度;

b——基础底面的宽度;

l——基础底面平行力矩作用方向盘的边长。

表 9.31 冻土与基础间的冻结强度设计值 f_c 单位:kPa

类别	温度/℃						
	-0.2	-0.5	-1.0	-1.5	-2.0	f_c	-3.0
黏性土、粉土							
Ⅲ	35	50	85	115	145	170	200
Ⅱ	30	40	60	80	100	120	140
Ⅰ、Ⅳ	20	30	40	60	70	85	100
Ⅴ	15	20	30	40	50	55	65
砂土							
Ⅲ	40	60	100	130	165	200	230
Ⅱ	30	50	80	100	130	155	180
Ⅰ、Ⅳ	25	35	50	70	85	100	115
Ⅴ	10	20	30	35	40	50	60
砾石土(粒径<0.074 mm 的颗粒含量≤10%)							
Ⅲ	40	55	80	100	130	155	180
Ⅱ	30	40	60	80	100	120	135
Ⅰ、Ⅳ	25	35	50	60	70	85	65
Ⅴ	15	20	30	40	45	55	65
砾石土(粒径<0.074 mm 的颗粒含量>10%)							
Ⅲ	35	55	85	115	150	170	200
Ⅱ	30	40	70	90	115	140	160
Ⅰ、Ⅳ	25	35	50	70	85	95	115
Ⅴ	15	20	30	35	45	55	60

注:1. 表中类别为按融化下沉系数 δs 将多年冻土分类的类别。

2. 插入桩冻结强度按Ⅳ类土取值。

表9.32　盐渍化冻土与基础间的冻结强度设计 f_c　　　　单位:kPa

土的盐渍度/%	温度/℃			
	-1	-2	-3	-4
细砂和中砂				
0.1	70	110	150	190
0.2	50	80	110	140
0.3	40	70	90	120
0.5	—	50	80	100
粉土				
0.15	80	120	160	210
0.3	60	90	130	170
0.5	30	60	100	130
1.0	—	—	50	80
粉质黏土				
0.2	60	100	130	180
0.5	30	50	90	120
0.75	—	—	80	110
1.0	—	—	70	100

表9.33　含植物残渣和泥炭混合物的冻土与基础间的冻结强度设计 f_c　　　　单位:kPa

土的泥炭化程度 ξ	温度/℃					
	-1	-2	-3	-4	-6	-8
砂土						
$0.03 < \xi \leq 0.10$	90	130	160	210	250	280
$0.10 < \xi \leq 0.25$	50	90	120	160	185	210
$0.25 < \xi \leq 0.60$	35	70	95	130	150	170
粉土、黏性土						
$0.05 < \xi \leq 0.10$	60	100	130	180	210	240
$0.10 < \xi \leq 0.25$	35	60	90	120	140	160
$0.25 < \xi \leq 0.60$	25	50	80	105	125	140
泥类	20	40	75	95	110	125

4. 承载力计算

进行承载力计算时,应按照现行国家标准《建筑地基基础设计规范》(GB 50007—2002)采用融化土地基承载力,按实测资料确定;无实测资料时,可按现行国家标准《建筑地基基础设计规范》(GB 50007—2002)相应规定确定。

5. 变形计算

$$S = \sum_{i=1}^{n} \delta_{0i}(h_i - \triangle_i) + \sum_{i=1}^{n} m_v(h_i - \triangle_i)P_{ri} + \sum_{i=1}^{n} m_v(h_i - \triangle_i)P_{0i} + \sum_{i=1}^{n} \triangle_i \quad (9.30)$$

式中　δ_{0i}——无荷载作用时第 i 层土融化下沉系数,由试验确定;无试验数据时,可见《冻土地区建筑地基基础设计规范》(JGJ 118—1998)的附录 G;

　　　m_v——第 i 层融土的体积压缩系数,应由试验确定;无试验数据时,可按《冻土地区建筑地基基础设计规范》(JGJ 118—1998)的附录 G 确定;

　　　$\triangle_i$——第 i 层土中冰夹层的平均厚度(mm),当 $\triangle_i \geq 10$ mm 时才计取;

　　　P_{ri}——第 i 层中点处土自重压力(kPa);

　　　h_i——第 i 层土的厚度,也应小于等于 $0.4b$,b 为基础的短边(mm);

　　　P_{0i}——基础中心下,地基土融冻界面处第 i 层土的平均附加应力(kPa);

N——计算深度内土层划分的层数。

平均附加应力 P_{0i} 是 i 层的层顶与层底处的附加应力的平均值,应按下式计算:

$$P_{0i} = (\alpha_i + \alpha_{i-1})\frac{1}{2}P_0 \tag{9.31}$$

式中 α_{i-1}——基础中心下第 $i-1$ 层底面作为融化界面时土的应力系数(即基底附加应力 P_0 与 α_{i-1} 相乘后即得该处的附加应力),应按表9.34的规定取值;

α_i——第 i 层底面作为融化界面时的应力系数,按表9.34的规定取值。

表9.34 基础下多年冻土融冻界面处土中的应力系数 α

$\dfrac{h}{b_1}$	圆形 (半径=b_1)	矩形基础底面长宽比 a/b				条形 $a/b>10$	简 图
		1	2	3	10		
0	1.000	1.000	1.000	1.000	1.000	1.000	
0.25	1.009	1.009	1.009	1.009	1.009	1.009	
0.50	1.064	1.053	1.033	1.033	1.033	1.033	
0.75	1.072	1.082	1.059	1.059	1.059	1.059	
1.00	0.965	1.027	1.039	1.026	1.025	1.025	
1.50	0.684	0.762	0.912	0.911	0.902	0.902	
2.00	0.473	0.541	0.717	0.769	0.761	0.761	
2.50	0.335	0.395	0.593	0.651	0.636	0.636	
3.00	0.249	0.298	0.474	0.549	0.560	0.560	
4.00	0.148	0.186	0.314	0.392	0.439	0.439	
5.00	0.098	0.125	0.222	0.287	0.359	0.359	
7.00	0.051	0.065	0.113	0.170	0.262	0.262	
10.00	0.025	0.032	0.064	0.093	0.181	0.185	
20.00	0.006	0.008	0.016	0.024	0.068	0.086	
50.00	0.001	0.001	0.003	0.005	0.014	0.037	
∞	0.000	0.000	0.000	0.000	0.000	0.000	

6. 变形验算

地基变形量应符合下式要求:

$$S \leqslant S_y \tag{9.32}$$

式中 S——地基变形值(mm);

S_y——《建筑地基基础设计规范》(GB 50007—2002)规定的变形允许值。

附录

附录A 常见荷载取值

民用建筑中活荷载包括楼面均布活荷载、屋面均布活荷载、雪荷载、风荷载等,恒荷载包括结构自重、土压力、预应力等。表A.1~A.3为楼面均布活荷载、屋面均布活荷载、主要材料和构件自重。

表A.1 民用建筑楼面均布活荷载

项次	类别	标准值 /(kN·m^{-3})	组合值系数		
1	(1)住宅、宿舍、旅馆、办公室、医院病房、托儿所、幼儿园 (2)教室、实验室、阅览馆、会议室、医院门诊室	2.0	0.7	0.5 0.6	0.4 0.5
2	食堂、餐左、一般资料档案室	2.5	0.7	0.6	0.5
3	(1)礼堂、剧场、影院、有固定座位的看台 (2)公共洗衣房	3.0 3.0	0.7 0.7	0.5 0.6	0.3 0.5
4	(1)商店、展览厅、车站、港口、机场大厅及其旅客等候室 (2)无固定座位的看台	3.5 3.5	0.7 0.7	0.6 0.5	0.5 0.3
5	(1)健身房、演出舞台 (2)舞厅	4.0 4.0	0.7 0.7	0.6 0.6	0.5 0.3
6	(1)书库、档案库、贮藏室 (2)密集柜书库	5.0 12.0	0.9	0.9	j0.8
7	通风机房、电梯机房	7.0	0.9	0.9	0.8
8	汽车通道及停车库: (1)单向板楼盖(板跨不小于2 m) 客车 消防车 (2)双向板楼盖和无梁楼盖(柱网尺寸不小于6 m×6 m) 客车 消防车	 4.0 35.0 2.5 20.0	 0.7 0.7 0.7 0.7	 0.7 0.7 0.7 0.7	 0.6 0.6 0.6 0.6
9	厨房: (1)一般的 餐厅的	 2.0 4.0	 0.7 0.7	 0.6 0.7	 0.5 0.7
10	浴室、厕所、盥洗室 (1)第1项中的民用建筑 (2)其他民用建筑	 2.0 2.5	 0.7 0.7	 0.5 0.6	0.4 0.5
11	走廊、门厅、楼梯: (1)宿舍、旅馆、医院病房托儿所、幼儿园、住宅 (2)办公室、教室、餐厅、医院门诊部。 (3)消防疏散楼楼,其他民用建筑	 2.0 2.5 3.5	 0.7 0.7 0.7	 0.5 0.6 0.5	 0.4 0.5 0.3
12	阳台: (1)一般情况 (2)当人群有可能密集时	 2.5 3.5	 0.7	 0.6	 0.5

第9章 特殊土地基设计

表 A.2 屋面均布活荷载

项次	类别	标准值 /(kN·m^{-2})	组合值系数	频遇信系数	准永久值系数
1	不上人的屋面	0.5	0.7	0.5	0
2	上人的屋面	2.0	0.7	0.5	0.4
3	屋顶花园	3.0	0.7	0.6	0.5

表 A.3 主要材料和构件自重表

项次	名称	自重/(kN·m^{-3})	备注
1	木材	4~9	随树种和含水率而不同
2	铜	78.5	
3	铝合金	28	
4	石棉	10	压实
5	黏土	13.5~20	与含水率有关
6	花岗石	15.4	
7	普通砖	19	机器制
8	混凝土空心小砌块	11.8	390 mm×190 mm×190 mm
9	水泥砂浆	20	
10	素混凝土	22~24	振捣或不振捣
11	焦渣混凝土	16~17	承重用
12	泡沫混凝土	4~6	
13	钢筋混凝土	24~25	
14	焦砟	10	
15	普通玻璃	25.6	
16	岩棉	0.5~2.5	
17	水	10	温度4℃密度最大时
18	书籍	5	书架藏置
19	浆砌机砖 19		
20	双面抹灰板条隔墙	0.9	
21	C型轻钢龙骨隔墙	0.27~0.59	与层数及有无保温层有关
22	贴瓷砖墙面	0.5	包括水泥浆打底,共厚25 mm
23	木屋架	0.07+0.007l	按屋面水平投影面积计算,跨度l以"m"计
24	钢屋架	0.12+0.111	无天窗,包括支撑,按屋面水平投影面积计算,跨度l以"m"计
25	石棉瓦屋面	0.46~0.96	厚度6.3~12.1 mm
26	彩色钢板波形瓦	0.12~0.13	0.6 mm厚彩色钢板
27	玻璃屋顶	0.3	9.5 mm夹丝玻璃,框架自重以内
28	油毡防水层	0.25~0.4	与层数有关
29	V型轻钢龙骨吊顶	0.12~0.25	
30	松木地板	0.18	
31	缸砖地面	1.7~2.1	60 mm砂,垫层,53 mm面层,平铺
32	彩色钢板金属幕墙板	0.11	两层,彩色钢板厚0.6 mm,聚苯乙烯芯材厚25 mm
33	CRC墙板	0.11	厚10 mm
34	泰柏板	0.95	板厚100 mm,每面抹水泥砂浆厚20 mm
35	玻璃幕墙		1.0~1.5

参考文献

[1] 国家标准.(GB 50010—2002)混凝土结构设计规范[S].北京:中国建筑工业出版社,2002.

[2] 国家标准.(GB 50007—2002)建筑地基基础设计规范[S].北京:中国建筑工业出版社,2002.

[3] 国家标准.(GB 50021—2001)岩土工程勘察规范[S].北京:中国建筑工业出版社,2002.

[4] 国家标准.(GB 50202—2002)建筑地基基础工程施工质量验收规范[S].北京:中国计划出版社,2002.

[5] 国家标准.(GB 50025—2004)湿陷性黄土地区建筑规范[S].北京:中国建筑工业出版社,2004.

[6] 行业标准.(GBJ 112—1987)膨胀土地区建筑技术规范[S].北京:中国标准出版社,1988.

[7] 行业标准.(YB 9258—1997)建筑基坑工程技术规范[S].北京:冶金工业出版社,1998.

[8] 行业标准.(JGJ 120—1999)建筑基坑支护技术规程[S].北京:中国标准出版社,1999.

[9] 行业标准.(JGJ 118—1998)冻土地区建筑地基基础设计规范[S].北京:中国标准出版社,1999.

[10] 行业标准.(JGJ 6—1999)高层建筑箱形与筏形基础技术规范[S].北京:中国建筑工业出版社,1999.

[11] 行业标准.(YS 5203—2000)岩土工程勘察报告书编制规程[S].北京:中国计划出版社,2001.

[12] 行业标准.(JGJ 106—2003)建筑基桩检测技术规范[S].北京:中国建筑工业出版社,2003.

[13] 行业标准.(JGJ 94—2008)建筑桩基技术规范[S].北京:中国建筑工业出版社,2008.

[14] 冯忠居.基础工程[M].北京:人民交通出版社,2001.

[15] 赵明华.土力学与基础工程.第2版[M].武汉:武汉理工大学出版社,2003.

[16] 叶观宝,叶书麟.地基处理[M].北京:中国建筑工业出版社,2004.

[17] 滕延京.建筑地基基础技术规范理解与应用[M].北京:中国建筑工业出版社,2004.

[18] 肖先波.地基与基础[M].上海:同济大学出版社,2009.